光明讲坛书系 之二

Guangming Jiangtan Shuxi SIXIANGDEXIANGSHOU

思想的享受

计亚男 殷燕召◎主编

湖南科学技术出版社

序

前两年，《光明日报》出版社的“光明书系”专门出过一本“光明讲坛”辑录集，名曰《盛世兴学》。这次出版的辑录集取名为《思想的享受》。

这是收入此辑的王蒙同志一篇演讲的题目。他说，“思想可以成为一种精神享受，也可以成为精神游戏。”王蒙从 6 个方面谈了思想的享受，即生命的享受、智慧的享受、道德理想主义的享受、感情与激情的享受、自由想象的享受和语言的享受。

“光明讲坛”是《光明日报》很有特色的一个专版，专门刊登一些思想有深度，观点较新颖的演讲和学术报告文字稿。从 2006 年创办，至今已有 7 年。刚开始，半月刊发一次，每次对开两个整版，发一人的演讲或学术报告稿，并配数幅图片，在视觉上很有冲击效果。2011 年《光明日报》扩版后，光明讲坛栏日改为一周一次，一次一个整版。文字量虽少了，但人次增加了。

演讲，作报告，早在 2000 多年前就是人类传播知识、阐述观点、激励斗志的一种方式。远溯有苏格拉底、柏拉图等，近者有马丁·路德·金、毛泽东等。他们演讲所留下的文字，已成为经典名著。

现在，演讲已十分普遍，政界的、文化界的、经济界的，等等，大都热衷此种方式。政要，通过演讲阐述政治理念、争取支持、笼络人心，以巩固地位；学者，则通过演讲表达学术观点，传播思想，普及知识。通过演讲传达的那种思想的享受，在新媒体传播之下，更加是当时的、宽泛的、大众的了。

然而，当一个人静静地读着这些文字的时候，更多的不是激情感染，而是静谧而独自的享受，读到意会之处，则有某种“拈花一笑”

般的感悟。

《光明日报》是面向知识界、文化界的全国性大报，是中共中央联系知识分子的桥梁和纽带。为知识分子服务，精心耕耘“知识分子的精神家园”，是《光明日报》的职责所在。

这个集子，不敢说字字珠玑，但也可以说，篇篇都是好文，只要读一读，都可以获得一些思想的享受。

让思想者得到更多更好的展示平台，让思想的光芒穿透层层雾霾，照得更远，让更多的人精神得到一些享受，心灵得到一些慰藉。

读吧，开卷有益。

《光明日报》副总编辑　刘　伟

2013年7月9日

目录 CONTENTS

思想的享受

王蒙　中国当代作家，河北南皮人，生于北京。1953 年创作长篇小说《青春万岁》，1956 年发表短篇小说《组织部来了个年轻人》，后赴新疆生活、工作十多年。后任《人民文学》主编、中国作协副主席、中共中央委员、全国政协常委等职。著有长篇小说《青春万岁》、《活动变人形》、《季节四部曲》等，中篇小说《相见时难》等，专著《红楼启示录》、《王蒙话说红楼梦》、《王蒙讲稿》等。作品被译成英、俄、日等多种文字在国外出版。

主持人语　这个讲座的主题聚焦于思想。我们每天都接触外面的世界，并用自己的大脑来思考问题。但思想又往往是一个令人琢磨不透的东西。王蒙老师将从一个新的角度，来为我们诠释：思想为什么也能为我们带来精神的愉悦和享受？下面就让大家聆听王老师精彩的演讲——思想的享受！

开场白　大家好，我讲的题目是“思想的享受”。思想在人的一生当中占的时间太多了，那么思想是干什么的呢？简单地说思想是为了“了解情况，解决实际问题”。把思想和实用结合起来，是非常必要的。思想的生命力在于它能反映实际，能认识世界和改造世界。但是我们要想一想，所谓解决实际的问题，也包含着解决自己的精神世界的问题。思想的意义，在一个国家的政治生活、经济生活相对稳定的情况下，也可以不是直接地去解决一个社会问题，一个经济问题、一个政治问题，思想可以成为一种精神的享受，是一种精神的自我愉悦和充实，甚至于再说得过一点，思想也可以成为一种精神的游戏。

下面我说一下思想的享受。我准备从六个方面简单地说一下，即生命的享受、智慧的享受、道德理想主义的享受、感情与激情的享受、自由想像的享受和语言的享受。

生命的享受

西方的哲学家，喜欢通过思想寻找生命的真理，寻找对于生命的认识。中国人的思想一重道德，二重境界，或者是一重境界，二重道德，境界和道德是分不开的，但是又不完全一样。如果一个人对待自己的生命有了足够的认识和超越，就可以达到一种至少从心理上来说非常开阔，非常享受的境界

生命的享受，就像法国的哲学家笛卡尔说“我思故我在（Ithink

therefore I am)”。思想是你存在的证明，一个人在开始有自我意识后，他最感兴趣的问题是“我是什么？为什么我是我?”当你提出这个问题的时候，你就已经有了思想，按照西方人的说法是认识你自己。西方的哲学家，最喜欢举的例子就是斯芬克斯（Sphinx 狮身人面像）之谜。开罗郊区金字塔边上有一座斯芬克斯像，斯芬克斯见到每一个来的人都要提一个问题说：“有一种动物，早晨是四条腿，白天的时候是两条腿，晚上的时候是三条腿，这个动物是什么?”答案是人。因为人小的时候是爬，所以是四条腿，现在是二条腿，再年纪大一点，拄个拐杖是三条腿。西方的哲学家，喜欢通过思想寻找生命的真理，寻找对于生命的认识。

中国古代的学者，侧重的并不是“真理”这两个字，大家看古圣先贤并不是讲真理也不特别讲求真，他们更注重的是修身。修身追求的是通过思想的切磋、修养、精进、端正，来追求一种道德上的上乘，追求一种生命的境界。中国人的这个思想也很有意思，他是一重道德，二重境界，或者是一重境界，二重道德，境界和道德是分不开的，但是又不完全一样。“思无邪”指的是一种道德的品质，相反的“天人合一”、“三省吾身”这个本身就是一种境界。按孔子的说法“十五而志于学；三十而立；四十而不惑；五十而知天命；六十而耳顺；七十而从心欲不逾矩”，达到这样一种既是道德修养的高度，也是一种精神的境界。我们可以试着分析一下，按照中国人的理解，我们对自己生命的思想反过来说，是能够使我们的生命进入什么样的境界？能够得到一些什么样的充实？笛卡尔说“我思故我在”，从另一方面我们也可以视之为“我在我必思”，我只要还活着，就总在思想一些事，总在考虑一些事，其中也会思想、考虑自己的生命。

现在国外在争论所谓的心脏死亡和脑死亡。心脏死亡是把脉搏、心跳作为生命的主要体征，脑死亡就是把思想作为生命的主要体征。你的生命什么时候不存在了呢？当你的脑子已经彻底坏死了，你其实就已经不存在了，没有思想，没有感觉，你变成了一个植物人。这时，虽然还有呼吸，还能够饮水，但是你已经没有了自我的意识。所以，思想既是

笛卡尔像

人存在的证明，又是存在的第一要务，人活着就有思想，有想法。

有时候我想，人在一生当中，如果从生命和思想的关系上，我们会看到这样的一个途径。他可以是阶段的，也可以是并存的，我称之为第一是在游戏与生长中的生命。一个人的童年，婴儿时代我不知道应该怎么来讨论他的思想，我也缺乏这方面的知识。儿童时代是在游戏和生长当中度过的，这个时候一个人还没有特别严肃的思想，他的思想往往离不开游戏和生长。但到了学龄阶段，我称之为是学习与成长的阶段（这和生长不一样，生长是生理上的），这个时候他的很多思想是模仿性的、吸收性的、学习性的。到了青年时代，很多情况下，他的思想处在浪漫和伤感的阶段，他既对自己的生命开始有了充分的爱惜，就是对自己的生命有了一种珍惜和拥抱，同时与生俱来地他开始对生命的这种短促，对生命的意义不能完全找得到，而会产生怀疑、悲哀和伤感。

我所说的思想的享受中，对于生命的享受并不仅仅包括你的乐观、你的阳光、你的信心、你的信念，这些都是一种享受。但反过来说，对人生许许多多遗憾的觉察，就是说生命的滋味是酸、甜、苦、咸、辣都

梁启超

有的，不可能只有一种滋味，只有甜味，只有大白兔奶糖的滋味。自古以来，中国、外国不知道有多少人，在感叹生命的短促。这个也是一种享受，你既享受了生命的光彩、生命的宝贵，同时也享受了对生命短促的这种遗憾的心情，反过来这种遗憾的心情又促成了你对生命的拥抱和珍惜。如果生命不短促，每个人生命都是无限的，又何必去珍惜它呢？

同时在生命当中，如果更进一步，我说它会进入到一种辛劳与责任的阶段。在这辛劳和责任当中，恰恰成为大多数人的一种安身立命的心思。就是说虽然有很多问题解决不了，许多全球性的问题解决不了，许多太空性的问题解决不了，许多历史性的问题解决不了，但是我作为一个人，总有自己要做的事。总有对家庭的责任，对父母的责任，对社区的责任，对国家的责任，对社会的责任，我总要做这些事情。每天分得清意义也好，分不清意义也好，都要从早忙到晚。意义想得很透彻，要从早忙到晚，意义想得不透彻，也要从早忙到晚，因为要吃饭，要工作，要养家，要完成对国家、对社会应尽的义务，同时我也享受国家和社会给我的关照和关爱。对大多数人来说，辛劳与责任本身就已经是一种对生命的安身立命，已经可以使人安心下来了。

辛劳与责任的问题，使我常常会想起梁启超有一篇很有意思，也很浅显的文章。在我上小学的时候就学过梁启超的一篇文章，当然现在的小学不一定会有，叫做《最苦与最乐》。梁启超说什么事情最苦？有一个事情没有做完就是最苦；什么叫做最乐呢？就是把一个事情作完了最乐。不管大事小事，人的一天有很多的事情，你该做完的事情没有做完，就会觉得很苦，思想有负担。比如本来今天应该去看望一个病人，结果最后搞得没有去成，明天还要去，你就会觉得很苦。他的说法很浅显，很简单，但是从另一方面看又很高尚，你把应做的事情做了就是最乐，应做的事没有做这就是最苦。

中国的哲人在生命的问题上还有一个更高的要求，那就是能够超越对自己个人生命的关切，能够达到一种超越。起码在思想里面，把自己和世界，和天地，和宇宙，和空间，和时间能够结为一体，能够得到一种真正的自在。自由是近代以来新吸收的一个来自欧美的观念，自由更多地讲一个人在政治和社会上应该得到的保障，不受干扰，能够自己来决定自己的选择。中国人喜欢讲的是自在（zai，轻声），不能说自在（zài，第四声）。自在说的是一种内心的自由，就是我能够自得其乐，我能够不感受，我拒绝感受这种被动和痛苦，这是中国传统文化所追求的。

我刚才说的不是从价值判断、也不是从实用的意义上，而是从享受的意义上说的。但中国古圣先贤的思路有一种非常让人愉悦的地方，那就是你不完全这么做也没有关系。你该斗争还要斗争，该努力还要努力，该辩论还要辩论，该争论还要争论，但是同时你还要知道人对自己的生命可以有一种更从容、更和谐的掌握，这样你就会有一种享受感。我随便举一点古书上的说法，刚才讲到了"天人合一"，讲到了"道"，讲到了"三省吾身"，通过宗教或者由于自己的使命感，可以达到一种快乐、逍遥、无忧、无疚，享其天年或者是光辉、流芳百世、正气冲天。按道家的说法来说，他们特别强调享其天年。一个人应该活多长时间就活多长时间，活得自在，无忧无虑，不感其忧也不感其乐。或者从更有为的角度上我也可以为正义的事业牺牲，那么我就可以光辉，可以流芳百世，可以正气冲天。

我们常常会在思想当中感受到生命的这种愉悦，比如"学而时习之，不亦说乎？"，一上来就先告诉了你学习最快乐。"有朋自远方来，不亦乐乎？人不知，而不愠，不亦君子乎？"看起来非常随便的三句话，包含着一种学习，处世，待人，交友，它们把古人、读书人的一些最基本的生活内容都包括进去了，而且有一种天然的愉悦。或者说"仁者乐山，智者乐水"，不管怎么念，它是让你把生命和世界联系起来。山里面也有你的生命，水里面也有你的生命。

庄子像

《庄子·齐物论》里面有一段讲“至人神矣，大泽焚而不能热，河汉沍而不能寒，疾雷破山，飘风振海而不能惊。若然者，乘云气，骑日月，而游乎四海之外，死生无变于己，而况利害之端乎?”庄子说至人就是说一个人修养到家了，得了道，这样的人简直就跟神仙一样。到处起火烧着你，你不会热，河流都冻成冰了，你不会冷，有雷，有龙卷风，有海啸，但是你不害怕，这样的人乘云气，骑日月，而游乎四海之外。对生死都不在乎，何况是利害得失呢！他讲的是一种精神境界，如果一个人对待自己的生命有了足够的认识和超越，就可以达到一种至少从心理上来说非常开阔，非常享受的境界。这样的一些话，你当文学作品来读，当哲学的玄思来读，都是很享受的。

智慧的享受

智慧的享受有几个不同的层次。第一个层次是博闻强记性的智慧；第二个层次是融会贯通，触类旁通的智慧；第三个层次是了悟和选择的智慧；第四个层次是一种多向思维和重组的智慧；第五个层次是最高级智慧的享受，就是创造，就是创新，就是创意。

智慧是什么呢? 就是通过思想之后，把复杂的东西弄得越来越清晰了，弄得越来越明白了，把混乱的东西整理出头绪来了，过去别人不知道的东西，你现在知道了，你有所发现、有所发明，这种智慧对人的享受，可以说也是无与伦比的。我说智慧的享受包括了命题的喜悦与激动，就是你对一个什么事情，能提出一个问题和一个看法是别人所没有的，这是很激动人心的。

我们想一想，牛顿怎么能从苹果落到地上来开始研究，最后研究出“万有引力”学说。而且被事实所证明，不光是被地球所证明，还被宇宙所证明，被我们神七航天所证明。物体到一定高度就可以失重，人体的重量实际上是地球对我们引力的结果。这个让人觉得不可理解，因为东西往下落，我们认为这是很自然的事情，是不需要考虑的问题。孟子说“人性向善，就好像水一定向下”，说明孟子那个时候不知道水向下并不是水性，而是地球的引力，但是牛顿就能够有这样一个严密的逻辑求证，无懈可击，有所认知的欣然与明晰，判断与发现的狂喜，论述的势如破竹，切磋、辩论的享受，服膺真理的虔敬，力排众议与一鸣惊人的骄傲，智力高扬的满足感。一个会思想的人，他能够用自己的智慧感受到那种满足，那种高扬，那种欣然，那种喜悦。

对于这种智慧的享受，我也有一些初步的不成熟的说法。我觉得它有这样几个不同的层次。第一个层次，我说是博闻强记性的智慧。就是一个人可以做到博闻强记，可以有很多的具体知识，而对于大部分人来说，自己的智力的开发，只是很微小的一部分。就像一个电脑一样，它的硬盘可能有 20G，但是你也许只用了其中的不到 1/20，但用得好的人，就会变得非常博闻强记，知识非常丰富。比如说钱锺书的知识就非常丰富！钱锺书在国际讨论会上，谈到一个意大利的古代诗人，他一开口就可以把这个诗人的许多作品背诵出来。据说，钱锺书上大学的时候，在图书馆里头和他的同学说这个书架上的全部书我都会背。他的同学于是就随意找出一本问第 245 页的第 4 行是什么，他立刻背了出来。

更早一点的辜鸿铭，那更是博闻强记，欧洲的一切主要语言他都会，没有他不会的。他岁数大，胡适是后辈的，他第一次见胡适时问他干嘛呢？胡适说在北大教书。他就说我们是同事，又问胡适是教什么的，胡适说教西洋哲学史。他就改用拉丁语和胡适说话，胡适说：对不起，我不会拉丁语。辜鸿铭就说：你不懂拉丁语，怎么敢教西洋哲学史！辜鸿铭还梳着辫子，他主张中国传统文化好，他宣传多妻。他说：一个茶壶可以配四个茶碗，哪有一个茶碗能配四个茶壶的？所以可以多妻。他说多妻是中国文化的精髓，我娶三个老婆，三个老婆的关系都很好，而你们这儿多人爱一个人就要决斗，你们是多么的野蛮啊，我们才文明。辜鸿铭在伦敦坐地铁的时候，拿着《泰晤士报》倒着看。旁边的几个英国年轻人就笑，说他是猪尾巴（PIGTAIL），因为他留辫子，说这个PIGTAIL不认字就不认了吧，还看什么报纸。辜鸿铭就用标准的牛津音告诉他们说：你们的英文太简单，正着看对我的智力是一个侮辱，你们这点事我两眼全看完了，倒着看还行。这种博闻强记性的智慧很了不起啊，他知识就是比别人多。现在我们已经没有这样的人了。北京大学的季羡林先生，起码我知道的他就会英语、德语、梵语，原来北大的金克木他也知道得比较多，但也已经去世好几年了。

第二个层次，我称之为融会贯通，特别是触类旁通的智慧。这种智慧就不是前边说的博闻强记了，但是问题在于他能通。“通”也是中国古代的话，庄子也写文讲过这个“通”。通是指你懂得自然科学的道理，也能用它来解决人文科学的一些问题，你懂了西方世界的许多事情，也可以通过它来更好地理解东方世界发生的事情，能够融会贯通于古今，中外，东西，文理之间，而且要触类旁通，有些道理有某些一致性。对我们一般的人来说，学外语非常的困难，但是苏曼殊就研究中文和英语里头发音或者语意很接近的东西，他研究出很多东西来。我们很多人在那儿学英语，天天学，也学习得很好，但是从来没有人想到它们的这个相象。有的当然很简单，很容易，比如说英语的“fell”和我们的“飞”是一样的，而且这个是英语里面原来的词，不像是“typhoon”，这个本来就是从中文去的，甚至于“china”瓷器都和中文原来的词有关系，“Tea”福建话“te”，欧洲有的一种叫“cha”是广东话，但是他还研究出许许多多，我现在已经记不清了。

这种融会贯通和触类旁通的智慧，有时候会搞得牵强附会，但即使是牵强附会也让你自己高兴得不得了。就好像本来在这个房间里头，我没有开这个门，门是锁着的，但是我从墙缝里到了那边去了，这样一种快乐的感觉。我有一个朋友不知道是不是受苏曼殊的影响，他说英语很多地方和山东话接近，“I”就是“俺”，“Ithink”就是“俺寻思”。这个把它说成幽默的段子也可以，但是我也很佩服啊，我说这小子的脑子是怎么长的，从小道上，从山东话走到英语中来，这也不简单。

第三个层次是了悟和选择的智慧。就是我们所说的悟性，同样和一个人说一样的话，有的时候很费劲，怎么说都不明白，而有的人就一点即透，而且能做出一个正确的选择。西洋人讲政治家的时候很喜欢讲他们的直觉。比如说有几个方案，哪个方案能做，哪个方案不能做，当然如果让学者研究起来，研究十年也不见得研究得清楚。各有各的好处，各有各的害处，各有各的道理，各有各的风险，但是政治家往往会有一种直觉，三个方案一听就知道了。他实际早就决定了，只能采取这个方案，但是他道理说不清楚，然后再弄个研究室，请一帮子人，一帮子秀才，一帮子幕僚帮助他研究，最后找出 25 个理由来，其实没有这 25 个理由，政治家也早就明确了这个方案。所以，了悟和选择也是一种智慧。

第四个层次，是一种多向思维和重组的智慧。所谓多向思维就是既有正向的考虑，也有逆向的思维。对于每一个对象，每一个事物，如果大家都从正面说，我也可以从反面说说，但也不光是从反面说。你看老庄的很多东西就是故意地从反面说。我是觉得名家往往是这样的，大都喜欢这种逆向思维。像老子说“世人皆知美之为美，斯恶矣。皆知善之为善，斯不善矣”。你们都知道美是美的，美好的东西是美好的，这个事可就糟了，你们都知道善是好的，这个事可就不好了，不善了。这个话他说得非常地简单。一般的都认为他就是一个相对主义者，有善就有不善，有了不善就善，所以有了善必然就有不善，有了美就有了丑，没有美也就没有丑。钱锺书曾经特别提到：实际上，美人还是美，丑人还是丑，不能说有了丑了，所以美也不能称之为美了。我接触这一段话的时候很早，才二十几岁，那时候我做青年团工作，还没叫共青团呢，还是新民主主义青年团，我立刻就明白这个话了，虽然我的这个解释不一定是正解。

什么叫“世人皆知美之为美，斯恶矣。”很简单，比如今天大家在这里听我的讲座的同时还进行一件事，在听众当中要评出一个美女和一个帅哥来，我们这个讲座就进行不下去了。这就是捣乱嘛，首先你分化了群众，本来大家都是来听讲座的，现在要评美女还要评帅哥，然后听完这个课后美女发 20 万元钱，帅哥发 10 万元钱。“斯恶矣”这个绝对就是恶意，第一是破坏了平等性，第二引起了竞争性，第三引起了虚荣心，第四引起了利害心，第五如果这个规矩以后有了，上海图书馆每次举行讲座都评一个美女，那么可能以后就有带着面具来的，有做了假胸来的，有从美容医院来的，它必然引起竞争。今天我举这样一个例子是什么意思呢？就是有时候你从逆向思维也能有所发现，所以我主张既不是单向思维，也不是逆向思维，而是多向思维。多向思维以后你会发现，对于一个对象，一个命题，一个判断，可以有许多解释，当然一个时期会有一个重点。这种多向的思维往往会纠正一些错误，可以帮助你和别人进行一些辩论，可以让你享受到思想的快乐，只有这种多向的思维，才能够尽情享受自己的智慧。

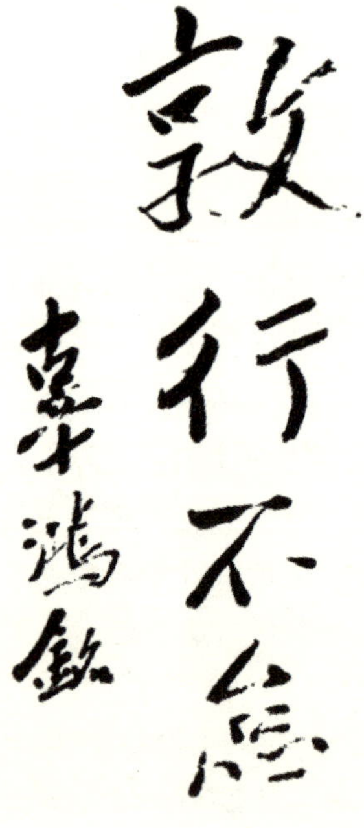

辜鸿铭的手迹

第五个，也是最高级智慧的享受就是创造，就是创新，就是创意。通过思维，提出了与众不同的，前所未有的，新的论点，或者写出了与众不同的，前所未有的，带有开创性的作品，这样的定律，这样的公式，所谓创造的享受，可以说是人类智慧里最大的享受。创造的享受包括个性的享受，包括纠错，包括与众不同的立论等等。

道德理想主义的享受

人的思想当中必然会有道德理想主义，会有一种对于最高级的世界，最高级的人生，最高级的人格的享受

人的思想当中必然会有道德理想主义，会有一种对于最高级的世界，最高级的人生，最高级的人格的享受。全世界都是这样的。中国早在几千年以前，在《礼记·礼运篇》里边就提出了对大同世界的理想："大道之行也，天下为公。选贤与能，讲信修睦。故人不独亲其亲，不独子其子……"这是一段非常漂亮的说法。这个说法对人的感染力非常强。我为什么从少年时代就接受了社会主义，共产主义这样的一些宣传，这样的一些书籍？我上初中的时候就已经开始偷着读《社会发展史》、《论联合政府》等，这和我从小对大同世界的理想是分不开的。外国当然也有很多所谓对理想国的描述，如伯拉图讲的理想国，他推崇哲学家和诗人，把他们说成是理想国里面真正应该掌握国家命运的人。

也有比较消极的理想，像《桃花源记》，起码从消极的方面来说不会被乱世所残害。尽管我们今天读大同篇，知道这个世界并不会完全做到这一点，短期内不会做到，中期内也不会做到，长期内也还需要作出极大的努力，但我们读了以后，仍然感觉到人类的社会有一个盼头。我们读理想国，如培根的《新大西岛》，以至于读到这种消极理想《桃花源记》的时候，我们同样也会有一种精神的享受。在现实里没有这种世界，

木刻陶渊明像

但是脑子里有，书上有，心里有，谈话中有，讨论中有。允许不允许呢?现实中没有的东西，难道谈话中也不许有吗?现实中没有的这种正义和公正，难道在文章中也不能够有吗?如果有，它当然是一种精神的享受。当然写这种理想国的也有反面乌托邦，就是设想一下一个社会可以反面到什么程度，可以坏到什么程度。这些在我们国家都出版过，世界有三本最著名的反面乌托邦，《我们》、《一九八四》、《美丽新世界》。就是讲当一个社会如果极权化，如果一个社会流水线化，就是从生产线出来以后，人都变成了具体的，生产阶段的奴隶，丧失了人性。

感情与激情的享受

人需要享受什么?人除了要享受喜悦，享受自在，享受逍遥，享受主动，享受智慧以外，还需要享受大喜大悲。你说它是刺激也可以，因为人生当中有这种大喜大悲。大开大合，大喜大悲，是真正的一种强烈的激情，尤其是通过一些文学、艺术的作品，再加上你自己的想象，加上你自己的思想，你会痛感到人生当中的这种仁爱和残忍，这种高尚和卑鄙，这种希望和失落。不知道什么叫希望，不知道什么叫失落，不知道什么是高尚，不知道什么是卑鄙，那就活得太冤枉了。我不想细说了，比如像霸王别姬，还有史记上的许多故事。我当然相信司马迁是作了非常认真的调查研究的，但同时他也是充分地文学化了的，有各种的动人故事，荆轲刺秦，范雎蔡泽，孙膑吴起。太多太多这种戏剧性的激情，在莎士比亚的戏剧里面，在雨果的小说里面。而如果一个人缺少思想，缺少头脑，他经历了这些东西后，就得不到感情的享受，激情的享受，包括生离死别这些享受。

自由想象的享受

思想的主动性,思想的超前性，是思想的自由性的一种表现。思想的空间永远大于行动与经验的空间思想有一个特点，就是是来自实际的，但是它也有可能脱离实际。只要我们自己有足够的清醒，只要我们自己不至于把我们想象的东西看成是真实的存在，思想有时候脱离一下实际并不是罪过，而是思想的主动性，思想的超前性，是思想的自由性的一种表现。思想的空间永远大于行动与经验的空间，我们行动的空间非常有限。比如说我现在在上海，过两天我去南京，行动的空间是很有限的。而思想却可以想到神七，可以想到月亮，可以想到太阳，甚至可以想到周口店，想到半坡村，想到埃及的卡尔奈克神庙。人恰恰是在思想当中扩展了自己的心灵，使自己达到了超经验的程度。比如说永恒，谁能够看到永恒？只有死了以后，才能看到永恒，但是死了以后就没有办法思想了。比如说无限，比如说辽阔，当然在大海上，在沙漠里，也能感到一点辽阔，但是和真正的辽阔还是不一样。所以这种自由的想象，是对人生经验的一个宝贵的补充，是对人的行动的一个宝贵的补充。但是不要把你的这种还处在想象中的东西，当成实际要操作的东西。毛主席在“文化大革命”当中的悲剧，在某种程度上就是把他有些想象当中的东西，比如说他的“五七指示”，把全国办成一个大学校，在学校里要学农，学工，学军，要批判资产阶级，这是他想象的东西，但想象的东西并不完全是实际的东西。当然，有这种想象力的人，和没有这种想象力的人生命的质量是完全不同的。

语言的享受

语言本身由于有它的语音、逻辑、语意，文字也有自己的形状，尤其是汉字，有自己的很美的形状，所以语言本身也可以成为一种享受。一个人能够因语言享受，这样的人是不可战胜的

人的思想不可能绝对地离开语言，当然对这个问题，语言学家，心理学家都有许许多多的争论。有所谓的“裸思想”，就是说他没有构成一个语言，但是一般的人，每天思想的过程，实际上是你自己脑子里，自己构成语言的过程。比如说我今天晚上想不吃饭想减肥，实际上这是几个字构成的“今天”，“晚上”，“不吃饭”，“减肥”，这是一个语言的过程。但是语言本身由于有它的语音、逻辑、语意，文字也有自己的形状，尤其是汉字，有自己的很美的形状，所以语言本身也可以成为一种享受。

每个人都可以想象，每个人都有自己想听的话。我随便举一点例子，《诗经·汉乐府》上的“江南可采莲，莲叶何田田！鱼戏莲叶间。鱼戏莲叶东，鱼戏莲叶西，鱼戏莲叶南，鱼戏莲叶北。”这是最简单的话，而且它互相重复，简单得像幼儿园的话。但写出来以后，那种动感非常的好，我每次看到这个鱼，比看一幅画还生动，画不会动，这个还会动，东、南、西、北，中，游来游去特别的好。

沉默是金（Silence is gold），这句话我很喜欢，但我常常做不到。如果我要做得到的话，那么今天来到这里，落座以后，我应该说“朋友们，Silence is gold”，然后闭上我的嘴。但这个话我仍然反复地引用，我很喜欢“沉默是金”。

老子说“治大国如烹小鲜”，对此有各种解释，最具体的解释，说治大国如烹小鲜，不要挠，不要翻，把它变成了一个烹调的原理，不用解释就看这几个字，你就会感到高兴得不得了：治大国感觉和烹小鱼一样。

李白的诗里头有“天生我材必有用，千金散尽还复来”。其实不一定“天生我材必有用”，一个材最后没有用，没有机会可用，最后完蛋的情况也有。“千金散尽还复来”就更不一定了，你拿一千块钱出门，被人偷走了，你还复来，谁给你来？但是李白的这个诗太好了，如果你丢了钱，如果你碰到钉了，如果你对你的职业不满意，没关系，反正“天生我材必有用，千金散尽还复来”。老子既然能丢钱就一定能挣钱。这是享受，我先享受一下，我挣不到钱我也享受了。你如果不知道这两句诗的美好，在那儿干生气，碰到一点挫折，就生气，那么你的细胞就会恶化，癌化。我碰到挫折时，就去看李白的这两句诗。

“无产者失去的是锁链，得到的是全世界。”《共产党宣言》里这话也太漂亮，太棒了，失去的是锁链，得到的是全世界！

丘吉尔说：我到处讲民主，不要以为我认为民主很好。不，民主非常糟糕，但是没有民主更糟糕。丘吉尔太会说话了。

现在有这么一首歌，有很多女性很喜欢其中的一句话：“我行我素”。这话很简单，非常简单，但是你听着很好听，“我行我素”。她不捣乱，但是她也不听你的，保持着自己的尊严和选择。“君子素其位而行，不愿乎其外。素富贵行乎富贵，素贫贱行乎贫贱”这是《礼记·中庸》里的话。不用看它的原文，你就记住这四个字“我行我素”，就可以终生受用不尽。

有些是完全无意义的语言也可以享受。比如说“吃葡萄不吐葡萄皮”，没有任何意义。但如果你了解了其中的含义，也可能成为一种享受。1996 年，我在德国找出了一个根据，那是二十年代德国一个老汉学家写的一本《北京俗话研究》，其中有一个绕口令的原文是："您吃葡萄，就吐葡萄皮。您不吃葡萄，就不吐葡萄皮。"原来是很合乎逻辑的，可是侯宝林先生用荒诞派的手法，把它改成了"吃葡萄不吐葡萄皮"。然而这一句倒是不很荒谬。我解释一下，只有中国的汉族吃葡萄才吐葡萄皮，我所接触的美国人，德国人，包括中国的少数民族，吃葡萄都不吐葡萄皮，葡萄皮的营养非常的好。但是"不吃葡萄倒吐葡萄皮"，这个太荒谬了，你不吃葡萄你嘴里哪来的葡萄皮啊？我从德国查出这么一本书来，我觉得对北京口语研究上也有自己一点微小的发现。所以无意义的语言也可以享受。

当然也可以有自己很骄傲，很自得，很满足的语言。比如说波斯诗人的诗"我们是世界的精英和果实，我们是智慧之眼的黑眸子，如果把偌大的世界看作一个指环，无疑我们就是镶在上面的宝石"。我是在"文革"中看到的手抄本的乌兹别克语的这首诗，就是这个意思。啊呀，我觉得忽然之间我就偷偷地牛起来了，虽然是夹着尾巴已经夹了很多年了，但是一想你们都不知道这个诗，这是手抄本，也是乌兹别克语，这是我的翻译。一个人能够因语言享受，这样的人是不可战胜的。

语言，甚至于包括游戏的语言，荒谬的语言，重组的语言，都有极大的享受性。我说的意思就是思想和生活既有统一性，也有非统一性，非同步性，思想的魅力在于它对生活的发现，它的客观性和实践性。思想为什么有魅力？因为它是客观的，是能够指导实践的，它对生活有发现。但我斗胆说，同时思想的魅力还在于它的非实践性，超前性，不确定性，主观性，自主性，自由性，直到随意性。当然我说的是思想，但是你不能够把你的主观，随意的思想，任意地付诸实践。如果你任意地付诸实践，就会很麻烦。我讲的并不是思想的主要方面，如果讲主要方面，那么我们应该讲思想怎样来认识世界，怎样变成能够改造世界的力量，理论要掌握，要作出正确的判断，要作出正确的决策等等。我恰恰是从一个非主要的方面来讲一讲，我们可以发展自己的精神能力，拓展自己的精神空间。

演出中的侯宝林

问　答

问：好像中国古人是认为思想、思维也就是人的思考器官是心，而西方人认为是大脑，我想请问一下王蒙老师您怎么看？您刚刚讲到思想会带给我们精神上的愉悦，同时也会带来一些烦恼，困惑的东西，会不会有一种“世上本无事，庸人自扰之”的感觉？

王蒙：你提这个问题很好。中国的古人认为“心之官则思”，因为心脏处在正中。一个人在焦虑当中，快乐当中，兴奋当中，心跳血压都有变化，但是他认为心脏是管思想的，无论如何这是解剖上的误区。因为现在已经有很清楚的证据证明，是脑子在统帅思想，脑子里面有管语言的，有管运动的，可以分析得非常清楚。在这一点上来说，我并不能是为了维护中国文化，就把心脏看成是一个思想的器官。但是我们谈到思想，尤其是谈到感情的时候又喜欢说心，这一点中国和外国是一样的。外国人说我的情人的时候他说“My sweet heart（我的甜心）”，他表达爱是画一颗心，他不会说“My sweet brain（我的甜脑）”，没有这么说话的。说明在这一点上，把思想感情和心联系起来不是也不算是完全错误。

您说的第二个问题其实非常重要，我今天忘记讲了。思想是享受的根源，思想也是烦恼的根源，确实是这样，但是我们所要求的是一种超越。可以说一个人在童年时没有多少思想，是非常快乐的，那个时候并没有烦恼。当一个人真正有很多的阅历，学识，他的精神达到了一定的境界的时候，他才有能力来超越这些烦恼，克服这些烦恼，在这个过程中他是不断地在烦恼不烦恼，焦虑不焦虑中度过的。思想本身包含着被我们称之为焦虑、担忧、怀疑、悲哀、伤感的东西，我们所说的思想享受不是说不承认这种东西，而是期待着对这种负面的情绪和心理状态的包容和超越。

问：在当今社会，人们比较注重的是物质上的享受，那么怎样才能让社会上更多的人在思想上得到享受？

王蒙：我们一般说到享受，很容易想到的是那些物质的东西，这个也是必然的。而且应该说，老百姓、人民有权追求物质上的自己最基本的满足，或者是起码的满足，但是同时也应该有精神的享受。我相信我们也能看出来，在小康的社会当中，大家对文化生活越来越有兴趣，对艺术有越来越多的兴趣，我们去剧院，去图书馆，去展览馆，包括来听讲座，都说明我们对思想、精神、文化有越来越多的追求。特别的办法我也不知道，但是这个和教育的普及，和文化工作者的努力，以及国家对文化建设的重视是分不开的。

问：以前我们大家都知道精神享受，好像不太听到思想享受，这是不是一个比较新的名词?

王蒙：是这个意思，因为精神享受我们很容易就会想到对艺术的欣赏，看画，听音乐，看戏，听歌。你说你去听歌星开演唱会，全场又蹦又跳这也是一种精神的享受，但是思想的享受，要求你进入一个最严肃的领域，而这个更严肃的领域同样可以给你带来更高级的享受。

科学的昨天、今天和明天

王渝生 1943年生于重庆。1966年毕业于四川师范大学数学系，1981年毕业于中国科学院研究生院，相继获理学硕士、博士，德国慕尼黑大学博士后。曾任中国科学院自然科学史研究所研究员、副所长、博士生导师，中国科学技术馆馆长、研究员、技术委员会主任。现为全国政协委员、教科文卫体委员会委员，北京市科协副主席、科普工作委员会主任，国家行政学院、中央社会主义教育学院兼职教授。著有《自然科学史导论》、《科学寻踪》、《科技百年》、《中国算学史》等，荣获国家图书奖、中国图书奖、20世纪科普佳作奖、国家中长期科技发展规划战略研究突出贡献奖等。全国科普先进个人。享受政府特殊津贴。

主持人开场语　科学技术是人类文明重要的组成部分，它的历史和人类自身一样久远。进入21世纪我们最深切的感受是当代科学技术的发展日新月异，她改变了并继续改变着世界的面貌。今天，让我们一起来听一听中国科技馆原馆长王渝生先生的演讲，他告诉我们：科学技术是怎样产生和发展的，她的过去、现在和将来都是什么样子。

古代科学技术的萌芽与发展

今天，我想就科技发展的历史、现状和前景作一简要的回顾与展望，这涉及到科技对经济发展和社会进步的影响，也讲一点个人的体会。下面我讲四个问题。我们要讲科学，首先要“正名”。古人曰，名不正则言不顺。什么是科学？各种辞典有多种说法，我讲自己的体会。什么是科学？第一，科学就是知识。第二，科学不是一般的零散的知识，它是理论化、系统化的知识体系。第三，科学还是科学家群体、科学共同体对自然、对社会、对人类自身规律性的认识活动。第四，在现代社会，科学还是一种社会建制。第五，邓小平同志说，科学技术是生产力，科学技术是第一生产力。我补充一句，科学还是一种文化，科学文化理所当然属于先进文化。

科学的诞生和人类的历史一样久远。我们人类已经在地球上生活了700万年，过去说350万年，前两年我在美国的科学杂志上看到，在非洲中部发现了700万年前的人类遗迹。地球的年龄已经有46亿～47亿年了，太阳的年龄约60亿年左右，整个宇宙产生于150亿～200亿年前的一次原始大爆炸。人类700万年的历史，绝大部分处于蒙昧状态、野蛮状态。据考古发现，大约距今30万年前，原始人就在制造石器的过程中，开始了认识自然、改造自然的活动。在距今一两万年前，原始人发明了新的劳动工具——弓箭。弓箭的发明对人类社会的发展和科技的进步有着十分重要的作用。一方面利用弓箭有组织地狩猎，提高了生产效率，而剩余的猎物则被饲养起来，使人类由狩猎进入畜牧时代；另一方面利用弓弦绕钻杆打孔的方法钻木取火，又发明了摩擦生热的制火技术，不仅极大地提高了人类的生活质量，而且增加了生产的手段：用火烧制粘土，发明了制陶技术；用火熔化铜和铁，制造出金属农具，使人类结束了一万多年的迁徙不定的生活，进入自给自足的农业社会，从而开始了人类至少五千年的文明史。

人类文明的第一个形态是农业文明。我们说中华文明上下五千年，实际上不止，浙江河姆渡出土的炭化稻谷有七千年，古埃及、古巴比伦、古印度等人类文明遗址也有六七千年，所以说在六七千年前，有四大文明古国出现在世界上。当时的农业文明就有了一些科学知识的萌芽和原始的技术，因为农耕文明需对土地、阳光、水分等自然条件有一定的认识。因此，四大文明古国都是产生在大江大河流域。所以，从农业时代开始就有了科学的萌芽。如果说六七千年以前，世界文明四分天下的话，中国有其一。到了两三千年前，古埃及、古巴比伦、古印度文明相继衰亡，出现了中断现象，而古代中华文明还在持续发展。到了两千多年前，欧洲地中海沿岸崛起了一个新的城邦奴隶制文明，那就是古希腊文明和其后的古罗马文明。可以说，在两千年前，古代中国和古代希腊罗马的文明就像两颗璀璨的明珠，一颗在东方，一颗在西方，两者交相辉映，那时的世界文明两分天下，中国有其一。公元 476 年，日尔曼雇佣军攻占了罗马城，西罗马帝国灭亡，标志着欧洲封建时代的开始。从西罗马帝国灭亡到 14～16 世纪欧洲文艺复兴之前，差不多一千年左右，欧洲开始了政教合一的封建时代，宗教裁判所可以因为布鲁诺信奉哥白尼的日心地动学说而判他死刑，把他烧死在罗马繁花广场上。欧洲的中世纪被称为是黑暗的中世纪，科技经济的发展和社会的进步在这个时期受到了极大的阻碍。而这一千年中华封建文明在大踏步前进，独具特色的农学、中医药学、天文学和筹算学四大传统科学体系取得若干领先世界的成就。这一切，引起英国科学史学家李约瑟的极大关注。李约瑟，英文名约瑟夫·尼达姆，生于1900年12月9日，卒于1995年3月24日，英国近代生物化学家和科学技术史专家。他所著的《中国科学技术史》对现代中西文化交流影响深远。他的关于近代科学为什么没有在中国诞生的“李约瑟难题”也引起各界关注和讨论。他写的7卷本34分册的巨著《中国科学技术史》，每册的扉页上都印上他的这样一句话：“在公元3世纪到13世纪，中国保持了一个其他地区和民族所望尘莫及的科学知识水平。”也就是说，一千年前，中华文明在世界上一枝独秀！从四分天下到半壁江山到独领风骚，中华文明一直在前进。

到了14～16世纪，西方出现了宗教改革、文艺复兴、科学革命三大近代化运动，出现了思想启蒙运动、资产阶级革命和资本主义生产方式，一下就把在封建老路上蹒跚爬行的中华封建大帝国远远抛在了后面，但是，西方的近代科学和资产阶级革命的进步和发展，中国古代科学成就在其中是产生了巨大推动作用的。譬如说，中国的指南针、造纸术、印刷术、火药这“四大发明”，英国政治家、哲学家弗兰西斯·培根在1620年就曾指出，指南针、印刷术和火药这“三大发明”改变了整个世界事物的面貌和状态，没有一个帝国、没有一个教派、没有一个大人物对人类事务的影响，能像这三种发明那样巨大和深远。马克思说过：“火药把骑士阶层炸得粉碎，印刷术则变成新教传播的工具，而指南针使世界航海和殖民成为可能。”因此，中国的四大技术发明是资本主义产生的前提和条件。只是在四五百年前我们没有顺应历史潮流发展，没有像西方那样从封建时代进入资本主义时代，后来我们又遭受帝国主义侵略，沦为半封建、半殖民地国家，所以我们落后了几百年。

近代科学革命与技术革命

近代科学是什么时候诞生的？近代科学诞生有一个标志，那就是天文学革命。1543 年波兰科学家哥白尼出版了《天体运行论》，提出了日心地动学说。中世纪欧洲教会一直主张地心说，认为太阳围绕地球转。哥白尼经过观察实验，认为是地球围绕太阳转，这是符合事实的科学真理。但是，他受到了教会的迫害。1543 年他去世前几天，在病床上才看到了刚刚出版的《天体运行论》。他去世以后，伽利略、开普勒、布鲁诺等捍卫他的科学真理，伽利略坐了牢，布鲁诺被烧死了。科学革命与社会革命一样，也是要抛头颅洒热血的。科学家与革命家一样伟大！无独有偶，1543 年比利时医生维萨里也出版了一本书《人体构造论》。过去的医学、生理学都没有建立在解剖和实验的基础上，维萨里的《人体构造论》就创立了人体解剖学。《天体运行论》、《人体构造论》，前者从自然界的大宇宙，后者从人体的小宇宙，分别把天文学、生理学建立在观察和实验的基础上，因此，我们就说，近代科学革命开始了。

过了 100 多年，到了公元 1687 年，英国的大科学家牛顿出版了《自然哲学的数学原理》这本巨著，当时的自然哲学就是自然科学，主要是物理学。今天我们学物理的时候，运动学的三大定律——惯性定律、加速度定律、作用力和反作用力定律就是牛顿三大定律，再加上万有引力定律，这就是《自然哲学的数学原理》的内容。它的价值就在于把 100 多年前哥白尼、伽里略等人奠基的实验科学数学化了，自然规律用数学公式来表达。所以，现代科学的本质是实验科学，是建立在观察和实验的基础上并且同数学的逻辑推理相结合的。从这个意义上说，近代科学是公元 16～17 世纪才诞生的。从溯源的意义上来讲，可以说古代中国、埃及、巴比伦、印度的科学知识是科学的萌芽状态，还包括中世纪除中国以外的阿拉伯国家的科学等。但是，真正能够称为今天的科学的是从哥白尼、伽利略、牛顿才开始的，他们使科学成为了一个理论化、系统化的知识体系，使人们用数学方式来表达自然规律。

16～17 世纪的天文学革命、科学革命对于后世的科学发展产生了巨大的影响。到了 18、19 世纪，产生了两次技术革命。第一次是 18 世纪的蒸汽机革命，它的旗手是英国工程师瓦特，1781 年他在前人研究基础上发明了普遍使用的蒸汽机，技术由量的积累实现了质的飞跃，它不仅大大提高了纺织业的生产效率，而且也促进了机器制造业、钢铁工业、交通运输业的发展，并为资本主义工厂制造业的生产方式代替封建社会手工作坊式的生产方式提供了重要的物质基础，推动了社会生产力的迅猛发展。这便是近代史上第一次技术革命，也称为产业革命、工业革命。第二次是19世纪的电力革命。19世纪70年代，具有实用价值的电动机和发电机先后问世，继而在80年代又实现了电力的远距离传输。同时，内燃机技术不断得到了改进与广泛应用，它们不仅提供了方便而廉价的能源，推动了一系列新兴工业的发展，带动了一系列新技术发明，如美国发明家爱迪生1879年发明了电灯、贝尔1876年发明了电报等等，而且为资本主义国家提高生产社会化的程度和资本的进一步集中，为自由资本主义向垄断资本主义的过渡提供了重要条件。这是近代史上第二次技术革命。

我们人类本来出自于自然界，而在今天，我们除了要面对原本的自然界，还要面对人类利用科学技术创造发明出来的一个崭新的物质世界。譬如我们今天几百多人聚集在这里开会，举目四望，天花板、地板、门、窗、墙，哪里还有多少自然界的影子？除为了美化环境而放置的花草树木外，所使用的桌椅、扩音器、电脑，都不是原本自然的东西，而是人类利用科学技术创造发明出来的东西了。调节温度用空调，出门代步用汽车。我早晨还在北京家里吃早饭，中午就到苏州，现代技术的使用已经潜移默化地支配着我们的生活，给我们带来了舒适。但是，有没有副作用？有没有不好的方面？我们考虑得比较少。北京在这方面讨论得很激烈，有人提出科学是双刃剑，我认为没有双刃剑这一说，因为凡是剑都是双刃的，单刃的不是剑，而是刀。第一你的表达方式不对。第二科学就是客观存在的规律，自然界告诉我们地球就是围绕太阳转，重力加速度就是9.8米/秒^2，你只能认识自然，利用自然，尊重自然规律，按自然规律办事，与自然和谐相处，你一定要无限改造自然甚至于征服自然，那你就要倒霉。马克思说过，人类对自然界的每一次掠夺，自然界都会加倍报复人类。与其说科学是“双刃剑”，还不如说人类是“双刃剑”，科学是客观真理，它像一把钥匙，既可以开启天堂之门，给人类带来福祉，也可以开启地狱之门，给人类带来灾祸。科学本身没有错，关键是人类怎么发展和利用科学技术。

在发展利用科学技术过程中，必然要消耗能源资源，必然要破坏生态平衡，带来环境污染，这是不可避免的。人类文明的第一个形态是农业文明，农业文明要种庄稼，从开垦第一块处女地开始就破坏原有的生态。工业文明要开山采矿，搞工业大生产，在地下挖煤、石油、天然气，就消耗了资源，在工业生产过程中，不可避免要对环境有所污染。

但是，我们要解决资源消耗、生态破坏、环境污染、人口爆炸、能源枯竭这些问题也要靠科学技术，也要靠发展生产，靠科学发展观。一方面发展是硬道理，一方面要坚持以人为本，坚持可持续发展，特别是要统筹兼顾。我认为科学发展观最重要的是协调。我是学数学的，学过协调论、协同论、统筹方法，只有统筹了，兼顾了各个方面，才能够比较全面和可持续发展。我们资源有限，自然条件有限，人力有限，人的觉悟有限，我们就要有所为有所不为，就要协调统筹发展，构建社会主义和谐社会。

二十世纪的科学发现与技术发明

20 世纪科学技术的发展是在 19 世纪的科技成就，如热力学、电磁场理论、化学原子论、细胞学说和生物进化论等这些基础上发展起来的。19 世纪末，有所谓实验物理学上的三大发现：1895 年发现了 X 射线，1896 年发现了放射性元素，1897 年发现了电子。

电子的发现不得了！从 2000 多年前古希腊的德谟克利特到近代的道尔顿的原子论，都认为组成物质的最小微粒是原子，而 1897 年发现原子内部还有构造，发现了电子，电子带有负电荷。到 1911 年发现了质子，1932 年发现了中子。所以，19 世纪末的三大发现引发了 20 世纪头 30 年的第二次科学革命。第一次科学革命是天文学革命，第二次科学革命是物理学革命。

第二次科学革命诞生了两个科学理论：相对论和量子力学。

相对论的创立者是德国物理学家爱因斯坦，他是 20 世纪也可以说是人类有史以来最伟大的科学家，他在 1905 年创立了狭义相对论。狭义相对论有个推论：质能相当关系式，就是说质量与能量可以相当，写出来是一个相当漂亮的数学表达式：$E=mc^2$，E 是能量，m 是质量，c 是光的速度（300000 千米/秒）。用这个公式来计算物质内部的能量大到惊人的程度，如把 1 克物质代入 m，算出的 E 可以相当于 36000 吨优质煤在常规状态下完全燃烧所释放的热能。爱因斯坦在 100 年前就指出，1 克物质内部蕴藏着 36000 吨煤炭所具备的热能！谁说科学不是生产力？谁说科学不是第一生产力？爱因斯坦写出这个公式的时候是 26 岁！既不是博士，也不是教授，是瑞士伯尔利专利局的一名小小的职员，但是，他掌握了科学真理，得到了诺贝尔物理学奖。1945 年他 66 岁，第一颗原子弹爆炸，实现了

他的公式。从科学理论到技术实现用了 40 年。到了 1915 年爱因斯坦又提出了广义相对论，揭示了物质、运动和时间、空间之间的内在联系，改变了人类的时空观。

20 世纪前 30 年的物理学革命还有一个成就叫做量子力学。量子力学是几代科学家经历了二三十年的努力搞出来的，1900 年德国物理学家普朗克提出量子论，他认为能量的发射和吸收不是连续的，而是一份一份的。后来爱因斯坦说，我在研究光，光是一种光波，也是粒子。1923 年，法国物理学家德布罗意提出物质波的概念，所有的物质都具有波粒。到了 1928 年，26 岁的英国物理学家狄拉克写了《量子力学原理》。相对于量子力学而言，牛顿力学是量子力学在宏观低速运动状态下的特殊情况，而量子力学要考虑宇观世界、微观世界、介观世界高速运动的情况。现

在一切物理学、一切自然科学都离不开爱因斯坦的一个假设：光速不变原理。人类所有活动的速度不能超过光速，超过光速时间就倒流了。声音在空气中传播速度是 340 米/秒，如果没有扩音器，距离我 340 米的人听到我的声音是 1 秒钟之前发出的。同样，现在坐在前排、后排的人可以同时看到我，是因为灯光照到我脸上反射给你们，在你们的眼睛视网膜上成像，光的速度是 300000 千米/秒，我们这里几十米的距离就忽略不计，从理论上说，如果你们站在 300000 千米以远，你们看到的我就是 1 秒钟之前的我，如果现在的宇宙飞船能够达到光的速度，你们看着我，你们同时坐着 300000 千米/秒速度的宇宙飞船离我而去，飞船走了 1 年，你看到的我，还是此时此刻的我！飞船飞了 1 年、10 年、100 年，你看到的我还是现在的我，永远长生不老的我，因为光的传播速度跟飞船的速度一致。如果飞船的速度超过了光速，你们看到的我就越来越年轻！马上会看到我的青年、少年、童年。纯科学理论与实际的东西有时候是不太一致的。

20 世纪前 30 年，两个理论成就，一个是相对论，一个是量子力学，这就是 20 世纪前 30 年的物理学革命。20 世纪后 70 年，所有科学技术的发展都与相对论和量子力学有关。即所谓四大科学模型和八大高新技术。四大科学模型是宇宙的大爆炸模型、物质结构的夸克模型、全球大地结构的板块模型、遗传基因 DNA 分子结构的双螺旋模型，简单地说，就是大爆炸、夸克、板块、双螺旋。宇观世界有个大爆炸模型，微观世界有个夸克模型，地球宏观有个板块模型，对人和生物世界的认识有个双螺旋模型。我在这里开个玩笑，这四大科学模型本来可能是我王渝生的发明创造，因为这四大发现都是我小时候最关心的问题。我的名字叫王渝生，生在重庆，长在重庆，我的家就在嘉陵江畔，我从小在嘉陵江边玩耍，在嘉陵江里游泳。白天我仰望天上的太阳云彩，晚上我凝视天上的星星月亮，我心里就想，天有多高？有多远？有多深？有多大？茫茫宇宙是怎么形成的？这是我关心的第一个问题。我坐在嘉陵江边的沙滩上，把沙拿在手上，捻了又捻，很细的沙，里面还有没有更小的东西？这不是在思考物质结构吗？我在嘉陵江里面游泳，我知道，嘉陵江注入长江，长江流入东海，“海纳百川，有容乃大；壁立千仞，无欲则刚”，多好的话。地球表面71%是海面，29%是陆地，海陆是怎么形成的？这不是关心第三个问题吗？我关心天、关心地、关心沙，为什么不关心自己呢？我最关心的就是：自己和同学们为什么都长得与父母亲那么相像？种瓜得瓜，种豆得豆，这是遗传规律。到底是怎么回事？1953年美国25岁的生物学博士沃森与英国38岁的物理学博士生克里克两个人在剑桥大学卡文迪许实验室搭起了一个双螺旋模型，这就是DNA分子结构。我小时候就关心这四个问题，但为什么我没有作出这四个科学发现呢？我想这与我们传统的家庭教育、学校教育、社会教育都有关。我举个例子，我小时候很聪明，家里的闹钟拆掉居然能够还原。但是，我读了一本科普书，书上说1947年发明了晶体管，晶体管可以代替电子管，可以把收音机做得像一个肥皂盒那么大小。我大吃一惊，我用家里的收音机听孙敬修爷爷讲故事，我就想，要是能够把收音机带在身上，带到学校多好！我赶紧回家把电子管收音机后盖撬开，看到里面有几个电子管，就拔了一个电子管下来看怎么回事。这时候，我爸爸回来了，问我：干什么？我一紧张，电子管掉在地上摔碎了。老爸给我一巴掌，这一下打得我现在还痛，这一来我就再也不敢动手了。我从小爱问，爱动手，但是，父母亲就不准，学校老师不准我乱说乱动。我们大家就希望每个人成为社会上有序的分子，但没有想到分子是在每时每刻地做着无规则运动的，中学物理有布朗运动嘛。人是活的，要他规规矩矩什么都不动怎么行？所以我就想，一个人，首先要做社会上一个有为的分子，他在有为的过程中运动着，最后总会找到自己的位置，在有为的基础上达到有序。我们当家长、老师、领导的，一定要改变过去那种对孩子对人的要求。生物是多样性的，人也是多种多样的，千人不同面，千文不同体，与其控制不住不如放开一点，从有为自然就到有序，开始要求有序就难有作为。我在中国科技馆当馆长的时候，有位诺贝尔奖获得者、美国科学家来访问，我带他到展厅，正好碰见一队幼儿园小朋友，他就顺便问，你们多大了？

小朋友们全部伸出一个巴掌，奶声奶气地回答 5 岁。美国科学家就说，5 岁的孩子是天生的科学家。我琢磨这个问题，回想自己 5 岁的时候，有一种天性，好问好动，对未知世界充满好奇。好问就是科学家的素质，好动就是发明家的天性。我们只准规规矩矩，不准乱说乱动，就把他们科学家的素质和发明家的天性磨灭掉了。科学研究的动力有三心：好奇心，责任心，功利心。我原来以为责任心是第一位的，像我们的两弹一星功臣，他们为了国家可以埋名隐姓到祖国的大戈壁从事科学研究。功利心我过去是很鄙视的。好奇心好像又低级了一点，为了好奇去搞科学研究，好像不对头。后来我在科技馆经常请一些科学家来作报告，我希望他们正确引导青少年，讲责任心，但他们讲的全是兴趣爱好。开始我对他们不以为然，后来我好好想了一想，恐怕他们是实事求是的。给孩子们讲责任心，恐怕早了一点，主要是培养兴趣爱好，“兴趣是最好的老师”。所以我觉得，好奇心应当是科学研究最原始的动力，也是最持久的动力。好奇心是与生俱来的，是个人的内在动力，是生活的第一需要。前些年我到天津拜访著名数学家陈省身，90 多岁高龄的陈省身为在北京举行的国际数学家大会的一个青少年数学夏令营题词，就四个大字：“数学好玩”！他就认为数学好玩有趣，他就像玩一样研究数学，所以能够成为第一流的数学家。我把陈省身的题词发扬光大，认为不仅数学好玩，而且科学好玩，学习好玩，工作好玩，生活好玩。今天我来给大家讲 3 个小时，不是负担，而是很好玩，很有趣，多好的事儿！（笑声）当然要达到这样的境界也不是那么容易的。我以上这番话是为了把问题讲透，可能要矫枉过正，可能要绝对化一点，可能要极端一点，但对于我们转变观念是有好处的。

20 世纪的八大高新技术有不同版本。所谓“八大高新技术”是上个世纪 80 年代从国家科委即后来的科技部出来的，譬如核技术、航空航天技术、生物技术、环境保护技术、激光技术、信息技术、新材料技术、新能源技术，有时还有海洋技术等等，不管怎么说，一开始都要说核技术、航空航天技术，也就是我们的两弹一星，载人航天。我们讲的“两弹一星”到底是哪“两弹”？哪“一星”？“两弹”是……（听众回答：原子弹、氢弹），“一星”是……（听众回答：人造地球卫星）。如果满分100分，只能给67分！错了一个！正确的答案是：核弹、导弹，人造地球卫星。原子弹和氢弹作为一弹“核弹”，另一弹是导弹。1956年国家制定12年科技发展规划的时候，有一个重大专项就是“两弹”，原子弹和导弹。氢弹是超额完成任务。原子弹和氢弹统称核弹。原子弹是用重金属铀235、铀238，利用中子轰击，产生核裂变和链式反应；氢弹是利用氢的同位素氘和氚，产生核聚变，是热核反应，两者都是要把原子核内部的能量释放出来，所以原子弹、氢弹统称核弹。有了核弹没有运载工具是没有办法发挥威力的，还得要有依靠自身动力装置推进、由制导系统控制飞行并导向目标的导弹相配合。1956年提出的重大专项“搞两弹”就是指原子弹和导弹，后来又有了氢弹，就把导弹忽略了。“一星”当然就是1970年发射成功的人造地球卫星。所以，“两弹一星”充分反映了我国核技术和航天技术的发展，但我国的航空技术不行，我们现在坐飞机，不是空客就是波音，钱都让欧盟和美国赚了。我们两弹一星出来了，载人航天成功了，难道大飞机不能造？现在国家2006～2020年中长期科学技术发展规划有一个重大专项，就是大飞机，我们要搞400～500座的大飞机。只要重视，只要拿钱，我们人才济济，大飞机是能够搞出来的。新能源、新材料、海洋、环境保护等等，都是20世纪出现的高新技术。

我个人认为，20世纪最重要的有三项高新技术，第一信息科学技术。人类社会从几千年前的农业时代到几百年前的工业时代到当今的知识经济时代，知识经济时代的核心技术就是信息技术，因此我们把21世纪称为信息时代。对于20世纪，我们过去曾经有过多种说法，40年代有了原子弹，就说人类进入了原子能时代，50年代又说人类进入了空间时代，因为有了人造地球卫星和后来的宇宙飞船。再早一些，也说过19世纪是电力时代，18世纪是蒸汽机时代。不要小看蒸汽机时代、电力时代这些提法，革命导师列宁在描述时代特征的时候就用了这些提法，他说，蒸汽机时代是代表资本主义的，电力时代是代表社会主义的，而共产主义就等于苏维埃政权加全国电气化。这是100年前列宁说的话。作为高新技术的信息时代是从什么时候开始的呢？1945年有了第一台电子计算机，以它为标志，以微电子技术为核心，人类有了这样一个高新技术，进入了信息时代。

第二个高新技术是生命科学和生物技术。生命科学作为前沿科学是从1953年发现DNA双螺旋结构开始的。生物技术作为高新技术是从1970年基因重组技术开始的。1968年和1970年两位美国科学家阿尔伯和内森斯发现细胞中有两种“工具酶”，一种酶可以像剪刀一样把基因剪切下来，另外一种酶可以把基因像浆糊一样粘贴连接上去，这样就可以重组基因。这就是作为高新的生物技术的开端。现在，生物技术发展成了生物工程。生物工程有基因工程、蛋白质工程、细胞工程、酶工程、发酵工程，其中最重要的是基因工程。现在，基因与我们的关系太密切了！CCTV—10《百家讲坛》请我去讲基因，我一口气讲了基因与健康、基因与疾病、基因与寿命、基因与伦理、基因与道德、基因与专利、基因与法律、基因与战争、基因与世界、基因与未来，讲了很多基因与我们的关系。2000年6月26日宣布人类基因组测序完成，中国科学家参与人类基因组测序1%，跻身于美、英、德、法、日等发达国家基因组测序梯队之列。过去认为，人类的疾病只有极少数是与先天有关，绝大多数疾病是后天造成的，现在，基因技术揭示出来新的认识，人类几乎所有的疾病，或多或少，或直接或间接，都与基因有关，都可以通过基因技术治疗。寿命也与基因有关。高新技术的发展促使人类对自身和科学的认识带来深化和改变。

第三个重要的高新技术是纳米技术。20世纪80年代以来，随着电子隧道显微镜的出现，人们对物质的研究和应用延伸到分子和原子的微观领域，1纳米$=10^{-9}$米，即十亿分之一米。物质在纳米尺度有许多特殊的物理、化学性质，所以纳米材料是一种新材料。我们在开展全民科学素质调查的时候，有一道题目就是“纳米”的三个选择。结果选择“长度单位”的只占18%，选择“新材料”的占22%，选择“水稻新品种”的占5%，剩下55%选择“不知道”。目前纳米材料还很昂贵，纳米产品尚未进入市场。因为一个产品称为纳米产品，必须主要材料是纳米材料，主要工艺采用纳米技术。现在所谓的纳米洗衣机、纳米冰箱，可能仅仅在其内胆、内壁上抹了一点纳米材料，有一点消毒、漂白、防臭等作用，但这种产品可能出现纳米粉末污染。纳米粉末进入人体后可能有副作用。因此，对高新技术在生活中的运用必须持谨慎态度。

21世纪的最重要的高新技术就是信息、生物技术、纳米技术三足鼎立，并驾齐驱。2006年1月9～11日中央召开了全国科学技术大会，主要内容是要加强自主创新能力，建设创新型国家。这次会议在科技发展历史上具有里程碑意义。

胡锦涛总书记在大会报告中列举了新中国成立以来在科学技术上取得的辉煌成就，有以下7个方面：第一是“两弹一星”，第二是载人航天，第三是杂交水稻，第四是陆相成油理论及实践，第五是高性能计算机，第六是人工合成牛胰岛素，第七是基因组研究。这些就是我们国家50多年来自主创新的标志性科技成就。其中有前沿科学研究，也有高新技术；有自主创新，有集成创新，也有引进、消化、吸收基础上的再创新。

二十一世纪的科学技术发展前景

进入21世纪，又有一场新的综合性的科学技术革命。其内容第一是信息科技；第二是生命科学和生物技术；第三是能源科技；第四是纳米科技；第五是空间科技；第六是基础研究。这些是21世纪科学技术的发展方向。

可以预见，21世纪是科学技术更快发展的世纪。以物质科学和生命科学的突破，信息技术、生物技术、纳米技术和新能源的广泛应用为代表，科学技术将成为人类社会变革和经济发展的主导力量，科学技术将深入到人类生活的各个方面，改变我们的生活方式，重塑我们的文化模式，重新构造新的社会结构和价值观念，建设和平、和睦、和谐的世界，为人类提供一个充满希望的未来。

21世纪初，将是中国科技、经济和社会快速发展，国家创新体系建设的关键时刻。建设国家创新体系，胡锦涛总书记的报告和国家科学技术中长期发展规划中也有表述，基本上是五大体系：第一是以企业为主体、以市场为导向、产学研相结合的技术创新体系；第二是科研机构与高等院校有机结合的知识创新体系；第三是军民结合、寓军于民的国防科技创新体系；第四是各具特色和优势的区域科技创新体系。第五是社会化、网络化的科技中介服务体系。

2006年，国务院颁布了《全民科学素质行动计划纲要（2006—2010—2020年）》。这个纲要提出了16个字的指导方针：政府推动，全民参与，提升素质，促进和谐。《全民科学素质行动计划纲要》的重点是提出了两个方面内容，一是以重点人群的科学素质行动带动全民科学素质的提高，重点人群四个：第一是未成年人，第二是农民，第三是城镇劳动人口，第四是领导干部与公务员，将来领导干部与公务员的培训、考试、晋升都要考核其科学素质。二是国家科普能力建设基础工程，也是四个方面：第一是科普教育与培训，第二是科普资源开发与共享，第三是大众传媒科普能力提高，第四是科普场馆等基础设施建设。通过十几年的公民科学素质建设工作，到2020年我国公民的整体科学素质要达到世界主要发达国家20世纪初的水平；再经过30年，到本世纪中叶，要达到我国公民人人具备基本科学素质的宏伟目标，实现中华民族的伟大复兴。

大科学家爱因斯坦在70年前就说过：科学的社会功能有两个，科学的第一个功能是科学直接地但更多的是间接地转化为生产工具促进生产力的发展；科学的第二个功能是它的教育功能，科学作用于人类的心灵。

第二个功能看起来不像第一个功能那样明显，但是与第一个功能同等重要。

大文豪高尔基在 90 年前说过：我认为世界上没有任何别的力量比得上科学和文学对人的影响那么大，我在讲这句话的时候，是真心诚意把科学放在文学之上的，因为文学太容易受到个人的情绪和思想的支配，因此真正属于全人类、真正属于全世界的文学是不存在的，而科学是属于全世界、属于全人类的，科学只有一个，这个科学深深扎根于观察与实验的肥沃土地之中，受数学的铁的逻辑的支配，这个科学是人类认识自己过去欢乐和苦难的根源，这个科学带领我们奔向更加光辉灿烂的明天。科学万岁！

星系会休息吗

西德里克·维拉尼 1973年出生，现在是法国里昂大学教授，巴黎庞加莱研究所所长，也是法国高等科学研究院（THES）的访问教授。他的主要研究在偏微分方程方面，主要是和统计力学，特别是波尔兹曼方程有关的研究。他和另一位法国数学家罗朗·德维列特一起，第一个展示了初值不接近平衡态的统计物理体系的收敛速度，他还和克莱蒙·木霍一起研究了非线性朗道阻尼。他就是因为这两项工作得到了菲尔兹奖。他也研究了最优传输理论及其在微分几何中的应用。菲尔兹奖（Fields Medal）是一个在国际数学联盟的国际数学家大会上颁发的奖项。每四年颁奖一次，颁给有卓越贡献的年轻数学家，每次最多四人得奖。得奖者须在该年元旦前未满四十岁。它是据加拿大数学家约翰·查尔斯·菲尔兹的要求设立的。菲尔兹奖被视为数学界的诺贝尔奖。

从远古开始，人们就开始对于星系是如何演化的产生兴趣。德国天文学家开普勒给出了描述行星运动的三大定律。这些结果直接导致了牛顿的万有引力定律。

如果要用牛顿定律描述太阳系的行星运动的话，那么我们可以知道，描述十个星球的运动需要 60 个方程（每个星球的位置和速度各有三个分量）。

那么一个来自远古的自然的问题就是，我们生活的太阳系是不是稳定的。换句话说，这个体系会不会崩溃？

太阳系的一大优点是，所有行星的质量和太阳的质量相比都是非常小的。所以，我们可以把行星之间的相互作用看成是微小的扰动。从而用微扰（或者叫摄动）方法加以研究。

那么对于一般的星系来说，情况是怎么样的呢？

按照牛顿定律，一个 10000 亿颗星球的星系就会对应一个有 6 万亿个未知数的 6 万亿个方程的方程组，这就促使人们用全新的方法来研究这样的系统。

方法之一，就是不再把星系看成是一个一个质点构成的体系，而是把它们看成一个连续的体系，用一个密度分布函数来表述。这就和统计物理方法联系了起来。

统计物理中的一个核心的方程是所谓的波尔茨曼方程，这个方程的提出哪怕在今天看来都是一件很神奇的事情。从这个方程可以推导出统计物理体系的熵是严格单调增加的，由此使得系统向平衡态演化。

而到了二十世纪六十年代，Lynden－Bell 发现，有一些平衡态，在系统趋向这些平衡态的过程中，熵增加的量是如此之小，以至于不能用熵增加来解释系统收敛到平衡态的过程。

Lynden－Bell 对此的解释是伟大的苏联物理学家朗道在 1946 年提出的所谓朗道阻尼的概念。这一理论是说，从一个平衡态出发，经过小扰动，系统会最终收敛到另外一个平衡态。

这个观点马上引起了很多批评，重要的一点是朗道本人考虑的是线性化的方程。同样的结论对于非线性的方程是否成立，经过了长达五十年的研究，经过 Backus（1960），O'Neil（1965），Isichenko（1996），Kaganovich（1997）等许多人的工作，直到 2009 年才由 Villani 和他的合作者 Mouhot 一起解决了。

这一结果不仅解决了一个长期悬而未决的问题，而且为未来的研究打开了一扇大门。

缅怀华老

杨乐　著名基础数学家。江苏南通人，1939 年 11 月 10 日生，中国科学院院士。1956 年起就读于北京大学数学力学系，1962 年毕业后考入中国科学院数学研究所做研究生，1966 年毕业留所工作。先后任中国科学院数学研究所研究员、副所长、所长，1998～2002 年任中国科学院数学与系统科学研究院院长。并曾长期担任全国政协委员；中国科协全国委员会常委；中国数学会常务理事、秘书长、理事长，国务院学位委员会委员与数学评议组召集人与成员；中国科学院主席团委员，全国科技奖励委员会委员，《数学学报》主编，《中国科学》A 辑主编等职。1980 年当选为中国科学院数学物理学部学部委员（院士）。

杨乐在复分析，特别是整函数与亚纯函数的值分布理论方面有系统的、深入的研究、其成果获得了国内外同行的高度评价和广泛引用。由于研究成果突出，曾先后获得全国科学大会奖、国家自然科学奖、国家科技进步奖、华罗庚数学奖、陈嘉庚数理科学奖、何梁何利奖与国家图书奖等多项重大奖项。1979 年以来，杨乐先后在美国康乃尔大学、普渡大学，瑞典皇家科学院，美国普林斯顿高等研究所、哈佛大学、圣母大学作访问教授，应邀到美国、英国、苏联、德国、日本、瑞典、芬兰等到国 50 多所大学和研究所作学术演讲，在 20 次国际学术会议上作主要报告或邀请报告。1996 年 6 月，杨乐与世界著名数学家、菲尔兹奖获得者丘成桐教授一起，共同创建了中国科学院晨兴数学中心。十余年来中心组织的研究项目与学术活动取得了十分显著的成绩。

巨星陨落

1985年6月12日晚上十一二点了，电话铃声骤然响起，夜深人静，显得分外响亮。上世纪八十年代中期，国内居民家庭安装电话的还不多，我下班回家很少有几个电话，晚上九时以后一般不会再有电话铃响，是看书与思考问题的好时光。拿起听筒，研究所党委书记潘纯同志打来了电话。老潘是位很正派的老干部，然而我们通常只在所内会议上见面与谈话，并没有个人联系。一听到他的声音，我感到可能发生了重大的事情，并有不详的预感。

然而，当我听到他在电话中通报：华老当天下午在日本东京大学作完学术报告以后突发心肌梗死，经抢救无效，已于晚上十时逝世时，我还是极端惊愕，茫然不知所措。不仅当时如此，而且在随后的几天里，到机场迎接专机运回华老的骨灰盒，以及到八宝山大礼堂参加告别华老的仪式，我一直为这种惊愕与茫然的情绪所笼罩着。当时，人民日报曾希望我写一篇纪念文章，然而在那些天里，我无法稳定情绪，理好思路，完成这项任务。

不久，我遇到日本数学家H. Komatsu与M. Morimoto教授，他们分别给我详细介绍了华老6月12日下午在东京大学作最后演讲的情况。华老的讲题是"在中国推广数学方法的一些个人体验"，由Komatsu教授主持，四时开始。起初，华老用中文演讲，由翻译译为日语。不久，华老觉得不十分如意，改用英文直接对听众演讲。谈起他自己的研究工作，应用与推广，他感到得心应手，淋漓欢畅。他先将西装外套脱下，又将领带除去。即便如此，据说华老依然汗流不止，以至衬衫有点湿透了。由于内容十分丰富，演讲比规定的一小时超过了10分钟。当演讲完毕，听众报以热烈的掌声，日本友好人士白鸟富美子女士正要送上鲜花时，华老却从台上的椅子突然滑下。东京大学医院的医生立即实施抢救，但迅即宣告不治，我国驻日使馆仍坚持继续尽一切力量抢救，然而回天乏术，华老于当天晚上 10 时逝世。

天才在于勤奋　聪明在于积累

早在故乡江苏南通读中学时，便听说过传奇式的数学家华罗庚。当时一个偶然的机会，看到了一张四十年代后期的旧报纸，上面有一长篇文章，介绍华罗庚的经历与故事，把他和陈寅恪并列为清华大学两位最具特色的教授。

1956 年 9 月，我考入北京大学数学力学系学习。实数、极限、函数连续性等十分严谨的叙述与相关的理论，让许多同学遇到障碍，感到困难。然而，他们在中学时都是数学成绩突出的优秀学生，于是一些人怀疑自己是否适合学习数学，专业思想产生了动摇。这时，系里请来了华罗庚教授给大家做报告。报告在北京大学的办公楼礼堂举行，作为一名听众，我第一次见到了这位伟大的学者。在报告里，华老提出要随时发现问题，并努力思考。他举例说，在街上看见一辆汽车牌照的数字，那么就可以问它是不是素数，或者它正好是几个素数的平方和或立方和，这使大家感到十分新鲜与有趣。华老特别指出，天才在于勤奋，聪明在于积累。一些悲观的同学受到鼓舞，重新树立了努力学习的信心。

1959 年，我们上四年级时分了“专门化”，我所在的“函数论专门化”有二十余人。当时还组织活动，到中科院数学所请华罗庚先生给我们讲学习函数论的意义与方法。在华老的办公室里，我们围坐在他身旁，聆听他的教诲，感到十分亲切，受到很大的鼓舞。

真正与华老有稍多一些的接触是在 1962 年我由北大毕业，考入数学所成为熊庆来先生的研究生以后。当时华先生是所长，熊先生则是函数论研究室的主任。华先生在多复变函数论的研究生钟家庆、孙继广、曾宪立，以及熊先生的研究生张广厚与我，都在函数论室，平时与已经工作的青年科研人员没有什么差别。钟、孙、张与我在北大六年均是同一小班的同学，十分熟悉；曾宪立在北大后三年，也与我们四人在同一专门化，相互了解。

当时，熊先生已年逾古稀，半身不遂，极少来所。华先生刚五十岁出头，经常到所上班，他的办公室位于四楼正中（412 室）。他约其研究生谈学习与研究工作时，有时也把张广厚与我一起找去。头两次主要是谈打基础的重要性，华老特别要我们认真研读 E. C. Titchmarsh 的函数论。谈话最后，他谦虚地对我们说：你们是熊先生的研究生，我的话作为参考，你们要听从熊先生的安排。

拳不离手　曲不离口

五十年代末，随着大跃进的浪潮，数学所规模扩大了很多，几年间进了不少人。1961～1962 年，全国进行调整，华老作为数学所所长，觉得要在所里认真开展研究工作，就必须对那几年到所的年轻人的业务摸清底细，以便打好基础。1962 年上半年，对全所青年科研人员进行了考试，内容并不高深，只是华老一向重视的基础：“三高”，即：高等分析、高等代数与高等几何。然而有些年轻人成绩很不理想，甚至是零分。

针对这种情况，华老在全所大力提倡打好基础，提出“拳不离手，曲不离口”，办起了提出数学问题和征求解答的壁报，就放在他办公室外的墙壁上，称为“练拳园地”。

关于研读经典著作与文献，打好基础，华老有不少名言与精湛的方法。例如，他提出：读书要先从薄到厚，再从厚到薄。其意思是，数学书一般写得比较精炼，省略了一些推导与计算步骤，开始学的时候必须十分认真与仔细，将这些省略的计算与推导补齐，这就是从薄到厚。等到这本书学完以后，不可能全部细节留在脑子里，而是将最重要的思想和提纲保留着，这样就由厚到薄了。

在全所青年人员考试以后，华老还对在科研工作上有显著表现和成绩优秀的人员作了提升。王元、陆启铿、万哲先、丁夏畦、王光寅等提升为副研究员，陈景润、许以超、岳景中等成为助理研究员。与此同时，又将成绩很差的人设法调动工作，离开数学所。这种“考试、提升、调动”的做法后来受到了非议，加上有人认为纯数学研究理论脱离实际，使得华老于1963年底毅然离开了数学所。经反复协商、挽留，华老仅同意保留所长的名义，而研究工作与培养学生则改在中国科技大学进行。

虽然如此，在几年以后的文化大革命中，华老还是未能免去遭受数学所造反派冲击的命运。他过去的做法被称为是砍向革命群众的“考、提、调”三板斧，大受批判。华老作为反动学阀，被造反派严厉批斗。批斗会上，“打倒华罗庚”的口号彼伏此起。会后还让素有腿疾、行动不便的华老打扫走廊卫生。当然，与苏步青教授等在学校里受到年轻学生更多的凌辱与体罚相比，华老的处境已经算是较好的了。

提携青年

1976年10月，一举粉碎了“四人帮”，华老重新焕发了青春活力。我也有很多机会与华老接触。1977年初，我和张广厚的科研工作得到新华社与全国各大报纸报导后，一次华老向我和张广厚说起：“当时，我在黑龙江推广优选法，因病住进哈尔滨的医院，医生和护士问我，报上刊载的杨乐和张广厚是不是你的学生？我说不是，他们两人是我的师弟，我们有相同的老师熊庆来。”无独有偶，1988年9月陈省身先生请我在南开数学所作学术演讲，由他亲自主持并作介绍，介绍中也特别提到“杨乐教授是我的师弟”。能为华老和陈先生这两位伟大的数学家认作师弟，这是我无比的荣誉。

华老对他的学生与其他青年人，也是满怀期望，全力培育与帮助的。六十年代初刚到数学所时，就听说华老在讨论班上要求如何严格，学生在黑板前讲解、推导与演算时，华老不断提问，并且穷追不舍，以至一些学生最终难以回答，这种情况称作“挂黑板”。我到所后，已经很少看到这种现象，较多的则是华老对大家的期望与鼓励。例如，华老当时说：我希望年轻人站在我的肩膀上，向上攀登。

华老勉励青年人，提出学习要十分勤奋。他说：年轻的时候，别人用一个钟头做的事情，我用两个钟头来做，并且将这种做法长期坚持下去。过了几年以后，情况就不一样了。别人需要一个钟头做的事情，我二十分钟就做完了。三十年代在清华大学物理系读书的钱伟长教授，曾向王元和我说起，他原想习文，“九・一八”事变使他改变了志愿而学习物理，但他并未受过中学的系统教育，于是在清华时十分用功，每天早上五点钟就起来念书。原来以为自己是全校最用功的，后来才发现华罗庚先生比他还用功，每天早上四点半钟就起来念书了。

华老提醒青年人要学习前人已有的知识，注意积累。他说在清华刚开始学复变函数论，他就证明了一些定理，起初以为是新结果，后来才知道这些是 Cauchy 定理等等，是早已有的。他还说，如果没有后来到清华与剑桥大学获得很好的学习与做研究的机遇与环境，如果他仍然留在金坛老家，充其量只能做一位较好的中学老师。那时在金坛，华老能看到的最深奥的数学书就是一本 50 页的微积分。

华老还对我们说，当学生和年轻人提出问题时，应该当时和他们一起做，而不是回去经过认真与精心的准备，第二天将漂亮与完整的答案拿给他们。和他们一起做，就会使同学们看到，无论是老师或者专家，并不是拿到问题后就有完整的想法，也可能茫然，可能碰壁，或者走入歧途。在推导与演算中，并不是一帆风顺的，可能遇到困难与挫折。经过一番努力，最终才将问题解决。这样可使青年同学知道专家和老师并不是天才，他们自己也不愚蠢，从而增强学好数学的信心。

1979 年 3 月，中国数学会在杭州举行全国理事会议，浙江省与杭州市邀请部分数学家与青少年见面。在杭州一座很大的剧场里坐满了大约两千余位中学生，华老、苏步青、江泽涵、柯召、吴大任等老一辈数学家出席了见面会，我也参加了会见。华老讲话勉励同学们努力学习，长大成才。见面会前一阶段结束后，华老等退场，由我向同学们作关于学习数学的重要意义与学习方法的报告。我还记得华老退场时，微笑着向我说："这里就交给你了。"我顿时感到肩上的担子重了起来。

汇报演出　弄斧班门

学术交流对数学研究有着特殊的意义，华老对此十分重视，并提出要和同行专家、和高手进行交流。他常说，弄斧必到班门。

1981 年初，华老访美五个月返国。他提出：演员们出国或到外地巡回演出，回来后要作一次汇报演出。现在，我们许多学者都出国作过访问，在外面作过什么学术报告，学到了什么，我们是不是也来一次汇报演出？于是，他以身作则，到合肥的中国科技大学作学术演讲，为时四周。王元、谷超豪、夏道行、张广厚与我也应邀前往。

我给科大数学系师生作学术报告时，华老到场听讲，十分认真。由于听众中有许多研究生与青年教师，我就多讲了一些较浅的内容，其中包括一个用到的不等式。华老在纸上记下了这个不等式，在演讲结束后还继续思考这个不等式，揣摩其含义，并用了一个多小时给出其证明，然后再和我进行讨论。当时，华老还说：一个学术演讲，有些专门的内容听不懂，但是有些东西，比如这个不等式，完全可以懂。我就抓住它，加以思考。从这一件很小的事例，反映出华老在学术上勤于思索与一丝不苟的态度。

七十年代末，我国刚实施改革、开放政策，我到欧美一些国家访问。当时，中国大陆的数学家，由于近二十年的闭关锁国，在国际数学界几乎没有什么影响，欧美一些著名大学的图书馆里，也没有什么大陆数学家撰写的论著。只有华老是一个例外，许多大学图书馆里都有他的英文版的“堆垒素数论”，“典型域上的调和分析”。谈起华老时，许多学者都知道他的名字与工作。记得 1979 年秋天，我在 Cornell 大学访问时，一次在数学系的走廊里，一位系里的教授问我：你认识华罗庚吗？我回答：当然。他说：四十年代末，华在 Illinois 大学担任教授时，他是那里的学生。他要我回国后向华转达诚挚的问候。1980 年 2 月，我在德国访问，德国数学家表示要加强中德数学交流。他们在与我闲谈之中提出如果授予一位中国数学家荣誉博士，谁最合适？我回答说：自然是华罗庚。他们皆表示同意。当我遇到华的一些老友，如 L. Ahlfors，A. C. Offord，周炜良时，都曾谈起华老。

快发表　稳评价

从 1977 年开始，我有机会与华老一起参加了很多会议。1977 年九十月间，全国一千余位科学家在西颐宾馆（即现在的友谊宾馆）用了一个多月时间，开会制订 1978～1985 年科学发展规划。华老和我都在大会的主席团里，超过四五十位数学家参加了会议。会上，胡世华先生提出，国内有些论文刚发表出来就作出一些学术评价，是否妥当？这些论文是否不要急于发表？夏道行教授则认为有些论文要与国外同行抢时间，必须迅速发表。对此，华老提出“早发表，晚评价”。次年 11 月在中国数学会的全国代表大会上，华老又修改为“快发表，稳评价”，得到大家的赞同与拥护。

1978 年 3 月，举行全国科学大会，华老、陈景润、张广厚与我，在同一个小组，与许多物理学家，如严济慈、钱三强、赵忠尧、汪德昭、张文裕、施汝为、陆学善等在一起。在小组会上，华老谈了推广“优选法”与“统筹法”的情况与体会。华老传奇式的经历、崇高的威望和广泛的影响，以及当时发表不久徐迟关于陈景润与哥德巴赫猜想的长篇报导的震撼，使得我们小组成为记者关注的焦点之一。记者们为华老、陈景润、张广厚和我一起拍摄了不少照片，有些在报刊公开发表并流传至今。

1981 年 5 月，中国科学院举行改革开放后的第一次学部委员大会。事实上，中科院学部自 1955 年成立以来，在五六十年代曾先后举行过三次学部委员大会，因而 1981 年是第四次学部委员大会。邓小平、赵紫阳、彭真、邓颖超等曾会见大会主席团，并出席了开幕式。当时决定学部委员大会与学部作为中科院的权力机构，由大会任命正、副院长与学部正、副主任。（这些规定在一两年后即作了改变。）于是学部委员大会的主席团显得十分重要，曾就人事、章程等问题举行过几次会议。在大会主席团里只有华老和我两位数学家，他曾和我谈起对中科院与数理化学部的一些看法（当时数理与化学还是一个学部），我是十分同意的。由于有些事涉及到华老，这些意见由我在主席团会议上作了表述。

中国数学界的舵手

新中国成立不久，华老就担任了中国数学会理事长，对全国数学研究、人才培养、学术交流以及奥林匹克竞赛等发挥了领导作用。十年浩劫期间，全国科协被完全撤销，下属的全国各学会荡然无存，中国数学会自然不能例外。改革开放以后，科协与各学会恢复了组织和活动。从 1978～1983 年，华老继续担任中国数学会理事长，我忝列常务理事，有机会多次与华老在一起参加会议。记得在筹备 1978 年 11 月于成都举行的全国代表大会时，几位有影响的党员数学家曾酝酿在会议期间建立党组织进行领导，党员代表要把“组织关系”带去。华老则认为如果那样做，会降低学会的群众性，也冲淡了会议的学术气氛，在全国科协的领导下，这种“左”的设想与做法未能实现。

那时期，与华老还有其他较多接触的机会。数学所有重要外宾来访时，我们都请华老出席主持。1981 年，我国开始实施学位制度，全国成立了各学科的评议小组，用以审批各大学与科研院所相应学科的博士点、硕士点与博士导师。华老系数学评议小组召集人，我也忝列小组成员，一起开过一些会议，审核了头几批博士点、硕士点与博士导师，标准掌握得比较严格。

中国大百科全书数学卷虽然是在华老逝世后，直到 1988 年底才出版发行的，然而编辑工作在七十年代末即开始酝酿。八十年代的头几年里，我们阵容强大的编辑委员会在主任委员华老和苏老的主持下，举行了好几次会议，确定总的原则、体例、分支学科的划分以及中、外数学家独自列成条目的名单。

对待所里的事情，华老十分注意防止文革浩劫时的悲剧重演。1983 年，华老访美前，在一次会见外宾以后，郑重嘱咐我：这次出去时间比较长，你们要防止文革阴魂不散，防止“左”的东西不断干扰。遇到事情不必等我回来，可以直接请示院里。

1982 年 2 月，中国科学院举行工作会议，华老因故没有出席。后来，他让助手陈德泉找我，借去工作会议上发的重要文件，包括胡耀邦在学部委员大会期间讲话的文件。在那篇讲话里，胡耀邦提出科技工作者要主动“找米下锅”，为国民经济建设服务。华老十分高兴地说：我们正是这样做的。3 月，他给胡耀邦写信汇报推广优选法的体会，说明“有生之年屈指可数，愿集中力量做三件事：①为国民经济服务的数学应用；②理论研究（这也是应用的基础）；③把十年浩劫期间‘偷’、‘抄’、‘散’的手稿，回忆一些写一些。年复一年，更时不我待矣。”并表示“一息尚存，此志不渝。”胡耀邦随即给华老回信，毛笔遒劲有力，希望他能把一生为科学而奋斗的动人经历，以回忆录的形式写下来，留给年轻人。

率真的性格

虽然在大事情上，华老十分认真和坚持原则，然而平时却很直率与随和，有时还开点玩笑。当时的中国数学会常务理事中，华老、柯召、吴大任、吴新谋均系 1910 年出生，属狗。于是召开常务理事会议休息时，华老说：“我们今天这里有好几只狗。”

七十年代末，我与张广厚赴美访问，他让所里的翻译替他草拟一封给老友 L. Ahlfors 的信，托我们带交。这位翻译毕业于英语专业，水平不错，然而华老不尽满意，一边看着那封信，一边和我们说：“这英文不怎么样嘛，和我差不多。”不过，他还是签字，交给我们带走。1981 年 9 月，在杭州举行多复变函数论国际会议，组织者之一的哈佛大学萧荫堂教授在黑板上撰写会议通知，华老看了以后发出由衷的赞叹：“多漂亮的英文啊！”

三十年代初，担任清华大学数学系主任的熊庆来教授，看到华罗庚先生初有表现，不顾他仅有初中文凭，通过其同乡唐培经先生将其召到系里，并为其设立了“助理”的位置，对华先生以后的发展提供了很好的机遇。

1936 年，由到清华讲学的 R. Wiener 教授的推荐，华先生利用中英庚款到剑桥大学数论权威 G. H. Hardy 教授处访问与开展研究工作两年。后来，熊先生曾对我说过，他对华先生那次赴英的派遣也起了协助的作用。

华先生对熊老一直十分敬重。我六十年代做熊老的研究生，一次新年时去看望熊老，片刻后华先生也到熊老家拜年，在那里相遇。1969 年

2 月，熊老受文革浩劫的摧残逝世，华先生得知此消息时遗体已运抵火葬场。华先生急忙赶到那里，翻遍盖尸布，才找到熊老的遗体，作最后告别。

八十年代初，华老访美回来后，曾两次和我们提起：在 Berkeley 时陈省身招待他住在家里，一边欢聚，一边回忆往事，十分愉快。他并和我们说，他与陈先生之间并无芥蒂，数学界有些人对他们两人的关系有些猜测和误会。他让我们得便时多做些解释工作。此外，他还和我提起能否买到刘长瑜主演的“春草闹堂”的录像带，因为三十年代一起在清华、后来长期在海外的徐贤修教授很喜欢这场戏，华老想作为礼品送给徐。

华老在数论方面有非常精湛的研究与杰出的成果，在多复变函数论方面有创新与领先的系统工作，在代数方面有十分漂亮的定理，在积分近似计算与推广“统筹法”和“优选法”方面有重要的贡献与影响。他是我国现代数学研究的杰出代表。无论是早期在清华大学与西南联大期间，还是后来在中国科学院数学所，应用数学所与中国科技大学期间，华老开设课程，主持讨论班，使许多学生、研究生、同事获益匪浅，一大批青年人才在他的培育、指导与熏陶下成长起来。几十年来，他领导中国数学会，创建中国科学院数学所与应用数学所，创建中国科技大学数学系，倡导国内外学术交流，为提升我国的数学水平不遗余力。正如 A. Selberg 教授指出的那样：“很难想象，如果他不曾回国，中国数学会怎么样。

80 年前的 1931 年，华老由家乡金坛来到清华大学，走上数学研究之路；60 年前的 1951 年，新中国成立不久，华老毅然放弃海外优越职位返抵北京，领导中国数学事业发展。现在我国数学界的中青年学者，过去都没有直接接触过华老，未能聆听他的教诲与演讲。我们宣扬华老的贡献与成就，就是希望广大青年学者以华老为光辉榜样，继承和发扬他的精神，齐心协力，努力奋斗，将我国的数学研究与应用提升到一个崭新的水平，为世界科学发展与我国经济建设作出重大贡献。

物理激发的数学

刘克峰　1965年12月生，现任浙江大学数学中心执行主任兼数学系主任、光彪讲座教授、美国加州大学洛杉矶分校数学系教授。专业方向：微分几何、拓扑、数学物理。刘克峰教授先后在国际一流杂志上发表学术论文70余篇。现任国际顶尖数学杂志《几何与分析通讯》主编。他荣获了全球华人数学最高奖“晨兴数学金奖”和2004年国家教育部十大科技进展。他还获得了国际上著名的谷庚海默奖、全球华人数学家大会银奖、Sloan奖、Terman奖等。

开场白 法国高等科学研究院（IHES），位于法国巴黎郊外的一个从事数学和理论物理的基础研究的私立研究机构。在上海举办世博会期间，该院联系到法国馆，于2010年10月12日在法国馆的报告厅，举办了一个极富特色的“会见解码者”公众报告会，由八位法国顶级的数学家与中国数学家一起，为中国公众做了一系列的学术报告，目的是吸引公众来了解一些现代数学，会见一些在一线工作的第一流数学家。数学家们以公众可以接受的语言，深入浅出地介绍现代数学的一些美妙结果，这样的大数学家和公众见面交流的机会，在世界范围内都是不多见的。我们从中撷取法国和中国几位专家的报告，以飨读者。

曾经有一些伟大的数学公式改变了人类历史的进程，如牛顿的第二力学定律，F＝ma，爱因斯坦的质能方程，$E＝mc^2$，以及牛顿的万有引力定律。这些公式极其简单，却蕴含了万物的相互作用和变化规律。今天我们能够制造飞船登上月球，能够利用核能量为人类服务，这些公式为此提供了重要的理论基础。这些美妙的公式也印证了老子的名言：“大道至简。”

“政治是暂时的，而数学方程式是不朽的。”

古今科学家们都坚信，数学是表达大自然规律最好的语言。任何科学理论最终和最完美的表达方式应该是数学方程式。爱因斯坦曾说过：“政治是暂时的，而数学方程式是不朽的。”作为数学家和物理学家，我们苦苦追寻的就是这样的方程式，它们简单、漂亮，能够深刻地揭示大自然的奥秘。

历史上有许多伟大的数学物理学家，比如阿基米德，他发现了杠杆原理和穷竭法；牛顿，发现了万有引力定律，发明了微积分；欧拉，发现了流体力学的欧拉方程和数学的变分法；高斯，发现了电磁场的高斯定律，也奠定了微分几何基础；爱因斯坦，其广义相对论不仅是宇宙学的基础，也推进了现代微分几何与微分方程的发展。

在历史上，最成功的两个物理理论是量子场论和广义相对论

许多主要的数学领域，也是由于物理的刺激而发展起来的，如微分方程、微分几何、算子代数等等。我这里要阐述的是近三十年来由弦理论激发出的一系列数学成果。

在历史上，最成功的两个物理理论是量子场论和广义相对论，他们分别精确地描述了微观世界里的粒子和宏观世界里的星球的运动规律。量子场论中的基本方程是薛定谔方程，广义相对论的基本方程是爱因斯坦场方程，它们在一定程度上却互不相容。从爱因斯坦开始，几代物理学家梦寐以求的就是将这两组方程统一到同一个理论框架下，这样大至星球，小到粒子这些宇宙万物的运行规律和相互作用都由这一组方程式来描述。这就是大统一理论，被人们称为“万有理论”，或者“终极理论”。经过几代物理学家的努力和无数次的失败，弦理论到目前为止被认为最有希望完成大统一的梦想。弦理论的基本假设是，宇宙最基本的粒子是一些高速震荡的弦。就像振颤的小提琴琴弦给我们美妙的旋律一样，弦理论中这些震动的弦作为最基本的元素构成了我们五彩缤纷的世界。

大统一理论应该是唯一的，但是在过去三十年间，弦论学家们发展了五种自恰的弦理论，这五种理论看起来很不相同，但每一种都很合理地揭示了一些物理中的奥秘。在 1994 年的第二次弦理论革命中，威滕提出了 M－理论将这五种理论联系在一起，发现它们彼此是通过弦对偶互

相等价的。

我们说两种理论相互对偶，如果他们可以描述同一种物理现象。过去十几年间，弦对偶已经产生出了很多惊人的数学与物理成果。把在不同的弦理论中的计算公式通过对偶等同起来，人们得到了许多令人叹为观止的数学公式和方程。

数学中的流形翻译于英文的 manifold，取自于文天祥的著名诗句：天地有正气，杂然赋流形，下则为河岳，上则为日星。

弦理论中一个最基本的研究对象是卡拉比—丘流形。数学中的流形翻译于英文的 manifold，取自于文天祥的著名诗句：天地有正气，杂然赋流形，下则为河岳，上则为日星。它可以描述任何可以用局部平坦空间所覆盖的物体。在 1976 年，丘成桐先生证明了著名的卡拉比猜想，此猜想断言，任何第一陈类为零的特殊流形，叫作紧凯勒流形，都具有黎奇平坦的度量，这一类流形现在被称为卡拉比—丘流形。而这里的陈类是以陈省身先生的名字命名的一种深刻的几何不变量，由陈先生在上世纪四十年代所发现。

复三维的卡拉比—丘流形在弦理论中非常重要，它们代表着弦理论所需要的，我们目前无法看到的四维时空之外的六维空间。弦理论断言，有了这神秘的六维空间，就有了万有理论。

通过比较不同弦理论的数学描述，人们常常发现意外而深刻的数学猜想，得到许多令人兴奋的数学结果。比如镜对称，大 N 陈—赛蒙斯与拓扑弦理论的对偶。而所有这些又往往与卡拉比—丘流形紧密地联系在一起。

通过弦对偶，人们找到了实三维流形的拓扑几何与复三维流形的复几何之间的惊人联系。很多困难的数学计算，在转化到实的三维空间后变得异常简单。而实三维和四维空间中的一些意想不到的联系也通过复三维的卡拉比—丘流形被发现。基于对偶理论的猜想和新的想法，许多困难的数学问题得到解决，而这些新的方法和结果又往往是数学家们此前连做梦都想不到的。这些来自弦对偶的猜想的解决又反过来帮助物理学家最精确地验证了这些物理理论的正确性，这也是当今世界还无法用传统的试验方法能够做到的。

“上帝是个数学家”

为了让大家能够对历史上数学与物理之间激动人心的交融有所了解，我这里介绍几个我过去二十年间亲身经历的例子。我们将看到卡拉比—丘流形与弦对偶在这些进展中所起的奇妙作用。

我的第一个例子是 IIA 与 IIB 两种弦理论的对偶，这也被称为镜对称理论。这种对偶的一个基本的假设是，一个卡拉比—丘流形都有它的一个镜像，它们描述等价的物理理论。通过镜对称理论得到的最惊人的数学发现是著名的坎德拉斯镜公式。这个 1991 年发现的公式曾经令数学界与物理学界都兴奋异常。它使得数学家们开始密切关注弦论的进展，而物理学家们也开始学习最深刻的数学。这里涉及的数学问题有近百年的历史。数学家们一直想要计算出，对每一个给定的正整数，我们称作阶，在一个特殊的卡拉比—丘流形，即五次卡拉比—丘超曲面中有多少条有理曲线。用更通俗的语言就是说在这个特殊的卡拉比—丘空间中，对每一个阶，我们能够放进多少个球。当阶为 1 的时候，我们知道为 2875，而阶为二的时候为 60925。这两个数字的计算曾花费了数学家上百年的时间。

令人惊奇的是，这个问题在 IIA 弦理论的计算中也出现了，他们把这些数叫做瞬子数。通过镜对称理论，坎德拉斯研究小组把这个问题转化为 IIB 弦理论中一个简单的，计算镜像卡拉比—丘流形的周期问题，而这只需要求解一个常规的四阶常微分方程。这样我们就可以一下子非常轻松地算出所有想要的数字。比如 3 阶时，我们得到 317206375；而 10 阶时，我们会得到 704288164978454686113488249750。坎德拉斯公式在 1997 年由我与连文豪、丘成桐以及吉文图分别独立证明。

陈省身、杨振宁、丘成桐是三位伟大的华人科学家。陈省身的重要贡献包括陈—韦伊理论和陈—赛蒙斯理论，这都与他的陈类相关；除了以宇称破缺获得诺贝尔奖；杨振宁在理论物理中以杨—米尔斯方程和杨—巴克斯特方程最为著名；丘成桐则以卡拉比—丘流形，正质量猜想的证明而广为人知，他们的这些贡献在数学与理论物理中都有划时代的意义，我们将看到他们的工作通过弦对偶理论深刻地联系在一起。

在过去二十年间，通过几何工程化技巧，弦论学家们已经成功地把陈—赛蒙斯、杨—米尔斯理论等同为弦理论的一部分。通过弦对偶，人们发现了许多与扭结不变量，黎曼面模空间等有关的惊人而美妙的数学公式。这其中很关键的工具是诺贝尔奖获得者特胡福特的大 N 展开技巧，就是在李群 SU（N）中令 N 趋于无穷，并以此发现全新的现象。

1986 年，当代伟大的弦论学家威滕首先意识到陈—赛蒙斯理论是一种量子场论，并用它构造出了扭结不变量，即著名的琼斯不变量。随后数学家用量子群重新构造了扭结与三维流形的不变量，这样陈—赛蒙斯不变量就可以通过量子群来构造。而量子群中最基本的方程就是杨—巴克斯特方程。

黎曼面的模空间是经过几代伟大数学家的发展而成为数学许多学科中最基本的研究对象，对许多研究领域的发展起到了重要的作用，许多数学工具也都可以应用到模空间的研究中去。

计算模空间上的浩治积分是很重要也很困难的数学问题。从 1980 年开始，经过近十年的努力，数学家们也只能计算出一些很简单的特例。直到 1990 年，威滕根据物理中的矩阵模型与二维引力场的对偶作了一个惊人的猜测，认为一大类浩治积分的无穷生成函数满足一系列的偏微分方程。1992 年，康切维奇证明了这个猜想，这揭开了这个研究领域激动人心的序幕。在 2007 年，通过找出威滕方程的循环精确解，我与徐浩证明了著名的法波猜想。数学家法波 1992 年提出的这个猜想给出了无穷多个浩治积分精巧的显式表达式。

在过去的二十年间里，通过对卡拉比—丘流形做手术，威滕、大栗博司、瓦法等一批弦论学家把陈—赛蒙斯理论系统地发展成为弦理论的一部分。基于这一理论，在 2001 年，对于一大类浩治积分的无穷生成函数，马利诺和瓦法提出了一个由陈—赛蒙斯不变量表达的有限闭公式猜测。在 2003 年，我与刘秋菊、周坚一起证明了这个漂亮的公式。而前面提到的威滕猜想和其他几个有关浩治积分的著名公式都可以通过对马利诺—瓦法公式求极限来得到。

弦论学家拉巴斯提达、马利诺、大栗博司、瓦法等进一步发展了陈赛蒙斯理论并将其与 M 理论联系在一起。2000 年他们作出了另一个惊人的猜测，我们称作 LMOV 猜想。他们的猜想宣称由无穷多个陈—赛蒙斯扭结不变量组成的生成函数具有不可思议的代数性质并可以转化成另一个整系数的生成函数。在 2007 年我与彭磐一起证明了 LMOV 猜想。

在上面的几个例子里，我们从弦理论中学到了生动的一课。很多时候计算单个的积分也许会非常困难，但把无穷多个积分放在一起的生成函数可能会很容易一起算出来，因为这些生成函数往往满足一些犹如天赐的规律和方程。

受弦论学家的启发，数学家们发展了一系列新的猜测来理解一些不变量的整性，而这些新的不变量本质上都是从陈—赛蒙斯或者杨—米尔斯理论中来的。到这里我们看到，陈省身、杨振宁、丘成桐这三位伟大的华人科学家的工作通过弦理论密切地联系在了一起。

数学中还有其他许多由物理启发出来的激动人心的发展。数学家唐纳森在 1980 年用杨—米尔斯理论革命性地推动了四维拓扑学的进步；物理学家赛博格—威滕在 1996 年发现了著名的新方程，再次革新了低维拓扑学。受弦理论的启发，在 2002 年，佩雷尔曼扩展了哈密尔顿的黎奇流，这是他开始解决庞加莱猜测的出发点。1986 年数学家与弦论学家们互相启迪，并一起发现了椭圆亏格，把几何中的指标理论与数论中的模形式神奇地联系在一起，而指标理论中的关键是物理学家狄拉克发明的狄拉克算子。1990 年，通过研究共形场论，弦论学家维林德发现了著名的维林德公式，给出了黎曼面上平坦向量丛模空间上一个奇妙的公式，这立刻刺激了这个领域的飞速发展。数学家辛钦受物理的启发，构造了西格斯模空间，而这个模空间是 2010 年费尔兹奖得主吴宝珠解决基本引理的基础。

综上所述，我们看到，弦理论帮助数学家们发现了数学中许多主流分支之间不可思议的联系，他们的想法和远见帮助数学家解决了许多极为困难的数学问题。由此，物理的大统一理论引发出了数学大统一理论的可能性。从这个意义上讲，我们也许可以说："上帝是个数学家。"

成功＝工作＋玩耍＋闭上嘴巴

最后，我想把爱因斯坦的一个有趣的公式送给国内的孩子们。令 A 代表生活中的成功，X 代表工作，Y 代表玩耍，Z 代表闭上嘴巴。那么，我们有 A＝X＋Y＋Z。我想说的是现在的孩子们也许玩儿得太少了，过多的考试消磨了他们创造力，所以我们的教育至今还没有培养出大师。

汉字——我们的精神家园

赵平安　教育部“新世纪优秀人才支持计划”入选者（2004年），清华大学历史系教授，博士生导师，清华大学出土文献研究与保护中心副主任，兼任中国文字博物馆学术委员会副主任。长期从事文字学、古文字学和出土文献研究。出版过《隶变研究》、《〈说文〉小篆研究》、Chinese Characters then and now（合著）、《新出简帛与古文字古文献研究》等著作，发表学术论文百余篇。论著曾获中国社会科学院青年语言学家奖、王懿荣甲骨学研究奖。

各位好！很高兴有机会和大家一起来聊聊汉字。

刚刚逝去的2009年，在汉字的历史上是一个特别重要的年份。这一年的11月16日，国家“十一五”重大文化工程——中国文字博物馆，在河南安阳震撼开馆。这标志着我国文字保护与研究进入了一个新的阶段。作为文字工作者，我特别感到高兴。如果有机会，希望大家都走走看看，亲身感受一下汉字五千年的文明。当我们涵泳汉字的历史长河，既“溯洄从之”，又“溯游从之”，才会真正体会到汉字的无穷魅力，无限风光。

今天我就尝试给各位当一回向导，就汉字与文化做一些粗浅的讲解，希望能引起大家的兴趣。但各位若想真正过把瘾，还是要到中国文字博物馆去看一看，或者去国家图书馆，安安静静地读几本书。

这次讲解将围绕汉字的起源和发展、汉字的结构、汉字的承载、汉字的传播展开。

汉字是土生土长的文字

汉字大体来源于两个系统：一是刻画系统，一是图画系统。以图画系统为主，刻画系统为辅。汉字的产生与国家形成同时，大约在夏代。

在古人的心目中，文字的创制是一件很神奇的事情。“仓颉四目”（《论衡·骨相篇》），“产而能书”（《淮南子·修务训》），是说造字的人长了四只眼睛，从娘肚子里一出来就会写字。造字时“天雨粟，鬼夜哭”（《淮南子·本经训》）——天上掉谷子，鬼神夜哭嚎。试想，那是怎样惊天动地的事件啊！这些秦汉时代留下来的文字，至今仍闪烁着神异的光芒。让人肃然起敬，怦然动容。大家知道，甲骨文是现在所能见到的最早的成体系的文字，已有三千多年的历史。然而，甲骨文已相当发达，离文字起源已十分久远。甲骨文以前的文字面貌如何？由于资料匮乏，特别是缺少正确的理论和途径获得令人信服的证据，长期得不到合理的解释。无数学者孜孜以求，为此倾注了巨大的心力。

近代汉字起源的探索，是从古文献、民俗学、考古学等方面着手的。古文献的记载零星不成系统，时代也比较晚出，但其中一部分，如“上古结绳而治，后世圣人易之以书契”（《周易·系辞传》），“仓颉作书”（《荀子·解蔽》），“惟殷先人有册有典”（《尚书·多士》）等等，包涵了很有价值的历史信息。民俗学的角度是从没有文字或文字不发达的民族那里，去考察他们的意识和活动对文字产生的作用，用外民族在相同文明阶段的相似性来佐证汉字。考古学是从寻找古人类遗物方面去探索汉字的源头。已经发现了刻画符号和象形符号两个系统。刻画符号在全国各地都有发现，以陕西西安半坡和临潼姜寨最为典型，是距今六七千年的新石器时代晚期遗存，呈几何形，数量不多，前后变化不大，往往有特殊用途。象形符号以大汶口文化为代表，距今四千五百年左右。大汶口文化的象形符号以山东莒县陵阳河遗址最为集中。有的在不同地点重复出现，有的是复合型的，一般认为已属于原始文字的范畴。如果把上述三个方面的材料综合起来看，便可以得出初步的结论：

汉字形成之前，汉族祖先经历了长期用实物记事的时期。

汉字大体来源于两个系统：一是刻画系统，一是图画系统。以图画系统为主，刻画系统为辅。

汉字的产生与国家形成同时，大约在夏代。

在汉字形成的过程中，个别人可能发挥了特殊重要的作用。

这些结论已经获得了广泛的认同。因此可以肯定，汉字是土生土长的自源文字。西方学者提出的汉字是从近东两河流域成熟文明传播过来的说法，可以抛到九霄云外去了。

汉字就像先民播下的一颗希望的种子，在中原文化肥沃的土壤里生根、发芽，茁壮成长。最终成为一棵参天的大树，枝繁叶茂，风华独绝。在世界文字之林，可谓“风景这边独好”。

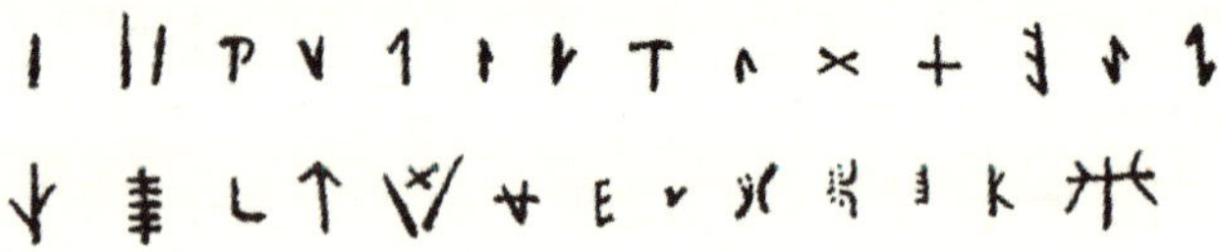

半坡刻画符号

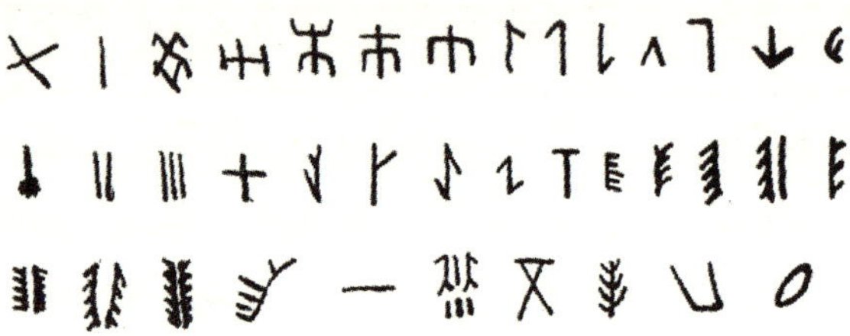

姜寨刻画符号

汉字是民族文化的结晶

由于先民所处的环境不同，生活方式不同，反映出的文字面貌客观上是很不一样的。同样是为山造字，两河流域的丁头字用三个不连属的山丘表示，埃及圣书字用两个连属的山丘表示，甲骨文用三个连属的山峰表示。

大汶口文化的象形符号，(1)为一团云气托着一轮红日，(2)在(1)下加山形，(3)像斧钺，(4)像锛子。(1)和(2)是自然界的景象，(3)和(4)是人类发明的工具。这些原始文字的取象都是当地先民所熟悉的事物。在近代流行的"三书"架构里（唐兰、陈梦家、裘锡圭都有系统的界说)，这些原始文字属于表意字范畴，所描绘的或者是具体事物的形象，或者是生活当中的场景，或者是生活当中的事件，都是

"近取诸身，远取诸物"(《说文解字·叙》)的。

《说文解字》解释"象"字说：长耳长鼻，南越一带的大野兽，每三年产子一次，像耳朵、牙齿、四只脚的样子。《说文》是汉代人的著作，说明至少在汉代，大象已经南迁到今广东一带。从考古发掘看，商代中原地区气候温暖，适宜大象生存。商人对象的驯化蔚然成风，达到了很高的水平。《吕氏春秋·古乐篇》说"殷人服象，为虐于东夷"。甲骨文的"为"像以手牵象，正是服象之形，表示"作为"的意思大约是从服象引申出来的。象是先民相当熟悉的动物，服象是先民相当熟悉的行为。两字的创制都是基于先民熟悉的生活。试想，在当时交通不便交流很少的情况下，没有见过大象怎么会知道象有长鼻，并造出长鼻的象字呢！没有见过用象劳作，又怎么能造出表示服象的为字呢！

由于先民所处的环境不同，生活方式不同，反映出的文字面貌客观上是很不一样的。同样是为山造字，两河流域的丁头字用三个不连属的山丘表示，埃及圣书字用两个连属的山丘表示，甲骨文用三个连属的山峰表示。丁头字和圣书字山的写法和甲骨文丘相似。在古汉语里，山和丘是有区别的，山指石头大山，丘指"似山而低"的小土山。这大概和两河流域、古代埃及地势平缓、山峰不高，黄河流域到处崇山峻岭有关。同样是为老造字，圣书字和甲骨文都用老人拄杖这一形象表示，甲骨文老人是长发，圣书字老人和一般人形无别。它们在反映老人不良于行这一点上是共同的，反映的蓄发习俗却是不同的。汉族祖先很早就有蓄发的传统，取象长发的表意字就有老、髟、长等，由它们构成的形声字就更多了。饮字，丁头字从人头从水，是饮水的写照。甲骨文像人抱着酒坛子，是饮酒的写照。大概和两地酒文化的差异有关。汉族祖先很早就发明了酒，汉字里从酉（酒）的字非常发达。当时饮酒成风，致有君王饮酒无度，荒废国政，祀绝国忘的记载。用饮酒表示饮，正是这种强势酒文化的反映。

不同民族思维方式不同，观念形态不同，反映在文字上的差异更大。都是为男女造字，两河流域的丁头字分别用男女生殖器来表示，甲骨文用犁田表示男，用双手放在胸前坐着的女子形象表示女。丁头字着眼男女生理特征，甲骨文着眼社会特征。前者比较直接，后者比较委婉。似乎隐约折射出不同的民族性格。

上面所说的都是造字时的情形。实际上对汉字形体改造也是如此。表示土地神的社，从示从土。到了东周时期，出现了从“木”的写法（《说文》古文，中山王鼎）。为什么社会从木呢？周朝的礼制，二十五家立一个社，各种植那里土地所适宜生长的树木。鲁哀公问社于宰我，宰我说，夏代用松木，殷代用柏木，周代用栗木。原来社旁要种植树，神主要用树木制作。社字从木，反映了社和木之间种种内在的联系。

大汶口文化图画符号

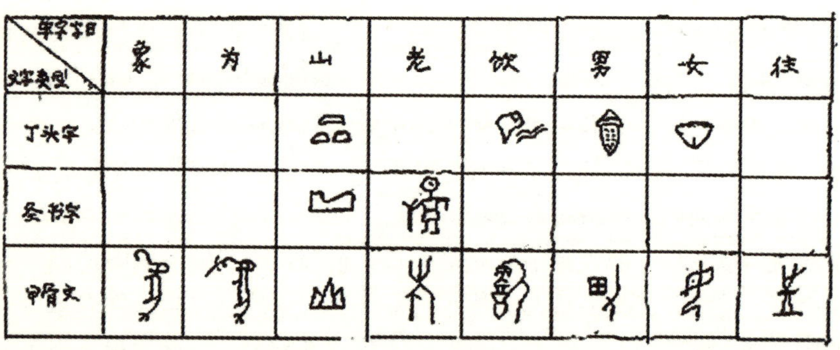

（字 表）

字 表

汉字独特的发展道路

汉字适应汉语，走上了一条以形声字为主体的发展道路。这是汉字自觉的选择。直到今天，汉字仍然能够很好地记录汉语，适应语言新的发展变化，这是一件非常了不起的事情。

在汉字创立的时候，汉语的词是以单音节为主的，声母、韵母相同的很多。根据这个特点，先民造字着眼单音节词，一个单音词配置一个字。这样就形成了一词一字，字词对应的局面。配置的字可以是表意字，也可以是假借字和形声字。按照裘锡圭先生的解释，表意字只在意义上和它所记录的词有联系。传统六书中的象形字、指事字、会意字都可以归入这一类型。假借字只和它所记录的词发生语音关系。形声字和它所记录的词既有语音关系，又有意义联系。这三类字中，表意字在表现极相似、极复杂的事物或者极抽象的概念时往往力不从心。假借字借音同音近的字来记录另一个词，理论上讲是可以扩展开去的，但假借太多会造成大量同音字，给识读带来困难。因此假借字也有明显的局限。只有形声字几乎可以为任何词造字，是最能产的造字方法。形声字兼具表意字、假借字的优点，声旁表义，形旁表音，字形和词的音义同时联系起来。譬如甲骨文往字，从止王声。往要动脚，用止（趾）作形旁，往王读音相近，用王作声旁。这样甲骨文往字便用两条纽带紧紧地和往这个词联系在一起。比起单纯表意和表音的字来，形声字与语言的关系更紧密，更能够多方位的表现语言。这样，形声字便从表意字和假借字里脱颖而出，一跃而成为汉字主流的构形方式。

在汉字自身调节过程中，形声字也有明显的优势。有些表意字废掉换成新的形声字，有些通过加形旁或声旁的方式改造成新的形声字。假借字的情况类似，有些新造了表意字或形声字，多数是通过加形旁的方式改造成形声字。

我们向来主张造字和对字的改造应当加以区别。当语言的词已经有了自己的书写符号时，其加工的方法便是改造法，还没有书写符号时，为了记录语词的需要，给它造一个或借一个书写符号，都属于造字，其方法便是造字法。对于某个特定的词的书写符号来说，造字在先，改造在后。改造法和造字法都属于汉字结构的方法，改造法是造字法的继承和发展。汉字自身的调节过程，主要是汉字自身的改造过程。

中国文字发源地——殷墟

一部汉字发展的历史，可以说是形声字不断壮大的历史。在商代甲骨文里，形声字的比例占到百分之二十以上。在《说文》小篆里，形声字占到百分之八十以上，在现代汉字中占到百分之九十以上。由于统计的范围、角度、方法不同，统计者掌握的宽严度不同，统计得出的结论会存在一定的差异。但它们反映形声字壮大的趋势确是高度一致的。

汉字适应汉语，走上了一条以形声字为主体的发展道路。这是汉字自觉的选择。直到今天，汉字仍然能够很好地记录汉语，适应语言新的发展变化，这是一件非常了不起的事情。

汉字所走的路，是一条独特的发展道路。民族文化决定了它的走向，赋予了它无穷的生命力。虽然西方的拼音文字曾无情地冲击它，许多人跃跃欲试，要把它改成拼音文字，但它至今仍然活跃着，成为世界上唯一活着的古老文字，不能不说是一个奇迹。

汉字承载之重

汉字通过记录汉语所承载的历史文化信息十分厚重，是古代文化的核心部分、主体部分，没有汉字，继承传统文化就会成为一句空话。

汉语和其他有声语言一样，受到时间和空间的限制，话说完就消失了。在录音机发明以前，这是很无奈的事情。于是当社会发展到人们要把话记录下来，或者传播远方的时候，文字作为一种交流思想的语言的辅助工具，就适应着这种要求而产生了。自从有了文字，就有了书面语言，我们今天了解古代语言，只能从书面语入手。大家知道，古代书面语言是我们认识古代历史文化的最直接最丰富的资料。西方学者根据圣书字，进入了古代埃及的世界，认识了伟大的埃及文明。我们要了解中原古代的文明，也必须从古代书面语言入手。

譬如要了解西周春秋的诗歌，不能不看《诗经》；了解夏商周三代的政事，不能不看《尚书》；了解古代礼制，不能不读三礼（《周礼》、《仪礼》、《礼记》）；了解古代卜筮，不能不读《易经》；了解西周春秋的历史，不能不读《国语》《春秋左氏传》。汉字通过记录汉语所承载的历史文化信息十分厚重，是古代文化的核心部分、主体部分，没有汉字，继承传统文化就会成为一句空话。由此看来，汉字与文化的关系实际包括两个层面，一是汉字形体结构本身所蕴涵的，一是汉字通过记录汉语这种方式来实现的。后者比前者要丰富得多。

上个世纪八十年代，形成了一波汉字研究的热潮，越过世纪，至今不衰。但是回过头来看，这场研究有一个明显的缺陷，就是未能很好地区别文字与语言，把文字结构中的文化现象和文字所记录的语言所反映的文化现象混为一谈了。在我们今后的工作中，希望能够汲取教训，避免犯类似的错误。

汉字——文化传播的使者

世界文字可以分为表意文字和表音文字，汉字属于表意体系的文字。现在世界上绝大多数文字都是表音文字，只有汉字的根本性质没有改变，仍然属于表意文字。汉字的这个特点，是由汉语决定的，是由民族文化决定的。

土生土长的汉字，不仅能够出色地记录汉语，而且承载着灿烂的中原文明，对周边民族产生了广泛深远的影响。大约从夏商时期开始，汉字就从中原向四周传播。影响所及，南边有楚、吴越、闽越、南越、西瓯、骆越、壮族、苗族、瑶族、侗族、傈僳族、水族和越南，北边有白狄、匈奴、西夏，东边有朝鲜、日本、琉球。西南有古代巴蜀、彝族、南诏和大理，东北有高句丽、渤海国、契丹、女真。汉字在外族的传播有一个基本模式：第一阶段，当地人说汉语、用汉字，把汉字作为记录汉语的工具和盘接受；第二阶段，用汉字假借字或者自造汉式字来标记本民族语言；第三阶段创制民族文字，全面标记本民族语言。比较典型的例子是越南、朝鲜和日本。在经历了漫长的第一阶段以后，越南把现成的汉字或汉字偏旁重新组合来记录越南语，创造了喃字。经过喃字、汉字并用，汉字、喃字、拉丁文并用，20世纪中期开始，汉字和喃字被废，拉丁文成为越南的通用文字。在日本，为了使汉字适应记录日语的需要，用汉字音来记录日语音，用汉字字义来表示日语中的同义或近义词，形成了所谓“音读”和“训读”。后来又利用汉字单字或半字创造了纯表音的片假名和平假名。在朝鲜则是用汉字或汉字变体来标记朝鲜语，出现了所谓“吏读”、“乡札”、“口诀”，又利用古篆字形和反切原理创造了纯表音的“谚文”。越南、朝鲜、日本从没有文字，到引进汉字，改造汉字，最终都确立了适合自己的拼音文字。越南用拉丁文，朝鲜和日本用脱胎于汉字的自创字母。但除越南语完全不用汉字之外，日语中至今还保留着两千个左右的“常用汉字”，韩语中一些特定场合也在使用汉字。

回溯汉字传播的历史，总是以中原文化为先导，中原的政治制度，礼仪风俗，生活方式，物质文明先行进入，然后才是汉语汉字跟进。汉语汉字的传播，使得中原文化的传播更加广泛，更加深入，更加牢固。长期浸润的结果，在受汉字影响的地区，形成了一个巨大的汉字文化圈。在这个圈子里，对我国中原文化有着很强烈的认同感。

改革开放以后，出于经贸的需要，学习汉语汉字的外国人越来越多。国内的许多大学办起了以教授汉语汉字为主的留学班，在国外办起了越来越多的孔子学院，即便这样，仍然不能满足外国人学习汉语汉字的需要。在经济全球化的过程中，作为传播文化的使者，汉字承续光荣传统，正在发挥新的更大的作用，令我们感到无比骄傲和自豪。

需要注意的是，汉字也在传播的过程中不断地充实壮大自己。据俞敏先生研究，汉字中的歹就是来源于藏文的。

我们知道，世界文字可以分为表意文字和表音文字，汉字属于表意体系的文字。现在世界上绝大多数文字都是表音文字，只有汉字的根本性质没有改变，仍然属于表意文字。汉字的这个特点，是由汉语决定的，是由民族文化决定的。通过上面的讲解，相信大家对此会有比较深刻的认识。

关于汉字与文化，今天就讲到这里。不对的地方，请批评指正。谢谢大家。

北京奥运会开幕式上的中国文字表演

国史上的“大事因缘”解谜

——从重建秦墨史实入手

何炳棣　1917 年生于天津，1938 年清华大学毕业，1952 年获美国哥伦比亚大学英国史博士学位。1966 年、1979 年、1997 年分别获选为台湾“中央研究院”院士、美国艺文及科学院院士、中国社会科学院名誉高级研究员。1975～1976 年荣任美国亚洲学会会长，乃该会首位亚裔会长，也是 20 世纪唯一的华裔会长。1965～1987 年任芝加哥大学历史系汤逊讲座教授，是任该职位的首位华裔史家。他长期研撰中国史，成就卓著。最近十多年，他研撰重心转到先秦思想史上一些关键性的课题。

主持人语　杨振宁

今天，我们非常高兴能请到何炳棣教授给我们做一场学术报告，这是黄长风讲座的第一讲。黄长风是当代实验物理学家，他早年毕业于上海震旦大学，后来在法国获得物理学博士学位，以后在美国、欧洲做了很多年工作。他一生非常严谨，没有结过婚，他的遗产差不多有一千万美元，其中很大的一部分，他捐给清华大学高等研究院，所以，使我们今天能够设立黄长风讲座。

何先生是抗战以前清华大学毕业的。他当年和今天在座的林家翘教授是同学。在抗战时期，何教授在西南联大。比我大五岁多，所以那时不太认识他。第一次看到何教授，是我们获得清华大学庚子赔款去美国留学在昆明到美国的途中。很多年以后，九十年代在台湾的一个会场，我和他都坐在台上，当我介绍到何教授时说：何教授和我是同时考取了第六届庚子赔款的留美公费生，前几天我在清华大学，看到了我的考分是 68 分多，何先生是 73 分多。这时，何教授便站起来说：不错，我比他高六分（笑声）。大家注意，这是很不容易的，因为理科生考个九十几分并不困难，但文科生要考到七十多分是很困难的。所以，他总分能够比我高了将近六分，这是非常不容易的一件事情！（事后何先生解释，他的考分是 78 分多，名列清华大学第六届庚子赔款的留美公费生第一名。）

后来，何教授在美国哥伦比亚大学专攻英国史及西欧史，得到了博士学位，接着在大学做了讲座教授。今天，他被公认为用近代方法研究中国史方面的世界第一人。他的研究领域非常宽阔，从明清人口、经济、社会史开始，后来又研究中国文化的起源，近年来又涉猎到先秦的思想和制度历史。

我们非常高兴，今天能把何先生请回到他的母校，来做黄长风讲座的第一讲。谢谢！

编者按

六十多年前，陈寅恪先生认为，两宋新儒学的产生，是我国思想史上最重要的“大事因缘”。但是，何炳棣先生却认为，我国思想史上最重要的“大事因缘”应该是墨者协助秦国完成统一大业，而本身却消溶于时代政治洪流之中。秦国转弱为强，人们一般都归功于商鞅变法，但事实上，应该归功于墨者的帮助。他说：“完成此篇论文之后，却不由得对墨子及其忠实信徒非讲一两句纯感情的话不可：墨者原有兼爱非攻无私救世的清补良药，竟被时代巨变无情地化为本身生命的强酸消溶剂——这是国史和人类史上值得讴歌赞叹的永恒悲剧!”

四年前，何炳棣先生开始思索这件大事，经过大量考实之后，近日他撰写了三万多字的《——从重建秦墨史实入手》一文。5 月 13 日下午，何先生在清华大学高等研究院黄长风讲座上，为 300 余位清华师生讲解了这篇论文。著名科学家杨振宁主持演讲，林家翘、李学勤和陈来教授分别提出了相关问题。

本篇论文分为五个部分，即河西地在秦史上的重要意义、墨者巨子制始末考辨、献公朝墨者仕秦考实、图强运动中墨者的主要贡献和结论。由于本刊版面所限，只能刊登部分内容。如果读者朋友需要这篇论文，请来电告知，本刊可免费提供。

开场白

解放前，说到清华精神，林家翘先生曾说过这样一句话，这不是在清华大学对我说的，而是在 1965 年芝加哥大学请他作一个星期的访问，他刚到，我们就在郭晓岚（1912～2006 年，美籍华人，清华第六届留美公费生，世界著名气象学家，大气动力学的一代宗师）家里相聚，一见面，林教授就说：“我们又有几年没见了，不管搞哪一行，要紧的是千万不要搞第二等题目——这就是清华的精神!”是的，我们不仅要有第一等的考试成绩，还要搞第一等的题目。

这是开头的话，现在言归正题。

两千年来，人们将秦国转弱为强都归功于商鞅变法，连荀子也持这样的看法——《荀子·议兵》四世之说。四世指秦孝公、惠文王、武王、昭（襄）王，四君在位公元前 361～251，共百十年。

事实上，秦国图强运动必须上溯到孝公之父献公。这也就是我们今天讨论的目的：笔者通过史料解读和论证认为，从献公起秦国开始转弱为强，主要应该归功于墨者的帮助。

《史记·六国年表》："秦灵公元年（公元前424年）生献公。"前415年灵公卒，庶长等专权，不立献公而立其叔祖简公。于是年仅九岁的献公即被流放于东邻魏国。

为了较充分了解献公图强的决心，有必要蠡测其青少年时代及即位初期所饱受的一系列心灵上的创伤和感情上的震撼。他十六岁（公元前408年）即开始蒙受莫大的国耻与国难——祖国国防上最险要的地区竟变成魏国的西河郡。另方面，他流亡几近三十年间，目睹魏国变法的成就，这对他精神上既不无启发，更多所刺激。

但是，他一生最大的外来冲击，莫过于即位后四年（公元前381年）所发生的惊天地泣鬼神的连锁事件：阳城君因参加攻杀藏身于楚悼王尸体之下的吴起犯罪失国；阳城君的失国，导致墨者巨子孟胜及其弟子百八十五人的集体身殉以践墨子之义。

河西地在秦史上的重要意义

经过近数十年来中西学者的研究，墨者与统一之前的秦国有密切关系已成定局。墨子壮年就以城防及军械发明制造闻于列国。远早于古代西方，墨子及其精于工艺的信徒即懂得杠杆和滑车的原理。

献公上任第一个目标，就是重新夺回河西地。

这段黄河东边的汾水和涑水流域是三晋政治、经济、文化和人口的重心；西边陕西境内的洛水和渭水下游平原是有待嬴秦充分开发的宝藏。这些河流及其众多支流都汇集此区，注入龙门、潼关之间的黄河。所以无论从军事或经济的观点都是秦魏必争之地。

由于黄土高原土质疏松，长期流水的侵蚀把表层的黄土堆积切割成沟壑原梁纵横破碎的地貌，而如此复杂的地貌正是刺激战国初期攻守战术和武器创新的主要因素之一。

根据河西战争史事表，魏国在公元前419～408年这十一年间，攻占秦河西地的战略完全成功。开头经过三年的拉锯战已初步完成少梁要塞的工程。随即居高临下沿着黄河南进。读到《史记》魏“围繁庞，出其民”即可体会出这两短句不啻是司马迁大写意笔法描绘的一幅攀城蚁附浴血肉搏的图画。

魏军攻占合阳之后，即转而麾师西南，进入洛水下游行将注入渭水的平原地带。这地带川流异常曲折，港汊纵横，激战之后双方都需要选择地点高垒深堑。魏一度进军深入渭水以南的郑（今陕西华县境内），然后自动撤回到渭北建筑新根据地合阳和洛阴。弱势的秦只能退守下游洛水的西和南：“堑洛，城重泉。”《括地志》：“重泉故城在同州蒲城县东南四十五里，”应在今大荔县境内，距今西安市东缘仅仅一百二三十公里了。可见魏占领下的全部河西地已如一把利剑直指秦国的心腹了。

古今学人几无不同意现存《墨子》书尾《备城门》等十一篇最为难读，这是由于历代重文轻武，更由于原书有关城守诸篇部份原简在汉代遗失和错置。经过半个世纪中西学者的注、译和考诠，这些篇章里的错字、专词、术语和内容大致已能通读；读后大有助于加深了解秦魏河西战争在军事及政制史上的重要意义和墨者对增强秦国攻防战术的贡献。

读了《墨子》最后这十一篇再重温《史记》，就会联想到选择地点修筑一座要塞城所需空中、地面、道路、桥梁、水面、地穴全方位所需军事工程技术及规模之艰巨和交战时动用机械与大小兵器种型之可观。坚而且厚的要塞主城城墙的顶部之内必须筑有利于与敌人短兵相接的“女垣。”主城四隅尚须筑有更高的“望楼”和与主城配合向敌人交叉侧射的若干“行城”和“杂城，”更无论外围的濠池、吊桥和木栅等屏障了。

《备城门》开宗明义，禽滑厘请教墨子如何抵御攻城的十二法：“临、钩、冲、梯、堙、水、穴、突、空洞、蚁傅、轒辒、轩车。”大体而言，“临”是攻者在城外：“积土为高，以临我城，”也指敌人所用高达数层楼的撞城车。“堙”也是积土为坡，主要似为填塞壕池。“钩”是钩引兵士上城的大钩梯。“冲”是从侧面攻城的“冲车。”云“梯”易懂，无须再释。“轒辒”据《通典》卷一六〇《兵十三》是“攻城战具，作四轮车，上以绳为脊，生牛皮蒙之，下可藏十人，填隍推之，直抵城下，可以攻掘，金火木石所不能败，谓之轒辒车。”“轩车”大概也是有掩盖的大车。“水”指灌水淹城。“空洞”指挖地洞和地道。但“穴”和“突”原文残阙，“穴”或“火”之误，“突”部份的音义是敌人用重器突破城根时，守者以“突门”防堵，并施烟熏。“空洞”是挖地道，叶山绘有墨家地道内通烟管道示意图，并有利用鼓风设备通过管道烧艾烟熏敌人的简述。“蚁附（傅）”源自《孙子》，是形容士兵密集攀登城墙的行动和搏斗。

经过近数十年来中西学者的研究，墨者与统一之前的秦国有密切关系已成定局。墨子壮年就以城防及军械发明制造闻于列国。远早于古代西方，墨子及其精于工艺的信徒即懂得杠杆和滑车的原理。墨家所发明和改进的军事机械虽无法一一详考，但其最重要的发明之一，投石机的构造保存于《墨子》本书、《通典》和《武经备要》诸书。其威力之大，射程之远，命中率之高，部分地反映于它捽背（“夫”）长度的——30至35尺之间。这在古代世界是无与伦比的。

图强运动中墨者的主要贡献

由于饱受多年流亡生涯的苦痛和即位后四年所受墨者集体殉义的感召，献公自始即对墨者有充分的信任，以致墨者似乎成为秦国军队中的全能干部和严格纪律的执行者。

军事方面

献公之前的半个世纪，秦弱魏强只是一种相对的说法。就疆域、人口、资源而论，秦本有足够的潜力演变成为一等军事强国，关键在有英明的君主领导改革。

根据笔者的多边考释，献公即位后的第四年，即墨者首任巨子孟胜及其弟子集体死楚阳城君之难那一年，献公与墨者应即开始合作，而且关系如鱼得水异常融洽。所以，城防要区集军政大权于一身的“守”都从墨者甄选。

秦制城防最高长官“守”之下，还有由墨者充任的“尉”。《墨子·备城门》篇说明“城上四隅……四尉舍焉。”“百步一亭……亭一尉，尉必取有重厚忠信可任事者。”亭尉掌旗帜。各种城防士卒，包括童子及女子，都依照“青、赤、黄、白、黑”五色旗帜各守岗位。敌人攻城由远而近时，亭尉手执大旗，有如近代童子军领队之“打旗语”，并鼓声，指挥部队的行动。夜间只好用火。此外还有门尉，责任是执行极严格的监守城门、防谍杜奸的规令，白昼必须亲自巡察三次，夜间巡察一次。尉的主要责任虽是防谍杜奸，严格执行罪罚，还有训练基层吏员及士卒射弩技术的责任。

由于饱受多年流亡生涯的苦痛和即位后四年所受墨者集体殉义的感召，献公自始即对墨者有充分的信任，以致墨者似乎成为秦国军队中的全能干部和严格纪律的执行者。

被聘募的墨者也一再表示对献公效忠之忱。平时对“重室子”（贵家子弟）表面上予以优待，而事实上是严加看守。敌军来攻时，令重室子居城隅高楼上作侦察守候的工作，“失候斩”。其他“守城之重禁”和“大奸之所生”“具以闻于上”。墨者对秦中央集权消除异己方面的贡献是不容怀疑的。

此外，秦国当局自始即极力汲取利用墨者对军事工程及武器制造方面的专长也是可以肯定的。总而语之，墨者对秦军事上转弱为强的重大贡献，在献公晚年与魏战于石门、斩首六万、天子贺以黼黻的大凯旋中得到充分的证实。

户籍与连坐

传统和近代中外学人研究古代中国以军统政的地缘组织的起源，每多上溯到齐桓公（在位，前685～643年）时管仲的创举和公元前543年郑国子产的改革。事实上齐、郑的改革都不能认为是秦制的先例。

管仲军政统一原则下行政单位的划分，事实上仅限于分属于桓公及国子、高子二上卿直辖的“乡”区。全国分成二十一乡之后，其中六个工商之乡与兵役无关，只有十五个“士乡”才分别由桓公和国子、高子二上卿统帅。即便在全国有限的“乡”区之内，国君都不能享有统一指挥的权力；而且维系这十五士乡人员的力量还是大部要靠旧家族的感情纽带。这种依然联系到宗法亲属关系的问题说明齐管仲的改革决不会是秦献公全国统一性户籍编制的历史前例。

近代国际汉学界研究古代中国户籍制度的第二个误解，是以为公元前543年郑子产法令中“庐井有伍”，就是全国性以军统政户籍制度的创立。为审慎计，有必要将《左传》原文及十九世纪理雅各（James Legge）英译征引如下：

《左传·襄三十年》：

子产使都鄙有章，上下有服，田有封洫，庐井有伍。

Legge译文：

Tsze—Ch'an made the central cities and border lands of the State be exactly defined, and enjoined on the high and inferior officers to wear [only] their distinctive robes. The fields were all marked out by their banks and ditches. The houses and tsing (井) were divided into fives, responsible for one another.

英译是根据杜预的诠释，文字非常清楚明白，在国际上影响很大。但杨伯峻《春秋左传注》充分汲取《左传》权威、伯父杨树达的淹博精深，往往能做出比较正确的注释。他特别指出“都鄙有章”不过是都邑和鄙野应保持传统的区别，并不意味这两种不同地区都需要精确丈量后划定（exactly defined)。“上下有服”的“服”不是指服装，而是指职守。

最重要的是“庐井有伍”的“伍”应是“赋”的借字，是纳赋税之意，而不是户籍中由五家构成的基本单位。杜预注：“使五家相保”更会引起古今读者的误会，以为是五家连坐法的初现。上世纪前半叶，童书业根据顾颉刚早期课堂笔记而撰的《春秋史》，更把"庐井有伍"释为"五家为伍的保甲制度"的滥觞。至于"庐井有伍"的"庐"字，《汉书·食货志》颜师古注："庐，田中屋也。春夏居之，秋冬则去。"庐井一词尚具井田古制遗义，怎能是全国性军政合一的户籍制度中五家构成的基本单位呢?

为探求关键词"伍"的真义，只靠古今诸家注释是不够的，必须要了解子产颁布"庐井有伍"背后的政治实况和理念。幸而《左传》襄廿九及卅年的叙事是根据最原始的《郑书》(当时郑国的史籍)，复杂繁琐之中每有耐人寻味的话语。简而言之，子产是在内外危机重重、几乎无法形成一个能勉强运作的政权的情况下，强行被命为执政的。他背后的全力支持者是无私让贤的罕氏族长正卿子皮。当"郑子皮授子产政"时，子产坚辞，因为深深了解"国小而逼，族大宠多，不可为也。"秋间受命执政初期，在答复子大叔(美秀而文的游吉，廿一年后继子产执政为正卿)问难的谈话中，子产毫无虚伪地征引《郑书》中的谚语："安定国家，必大焉先。"意思是欲求国家的安定，必须先使世卿巨室安心。这个坦诚露骨谈话的时间大概是在前543年秋八月，《左传》紧接此项谈话的纪事就是子产颁布的"使都鄙有章，……庐井有伍"的法令了。如果这串法令的颁布不会晚到年底的话，他从执政之初到颁布一系列法令只有三几个月的时间。试问，在这样匆迫的时间之内，更在施政必须先姑息大族巨室原则之下，"庐井有伍"怎会是户籍制度革命的首发巨炮呢?

事实上，细读国人对子产法令的反应也会得到同样的论断。《左传·襄公三十年》:

从政一年，舆人诵之，曰："取我衣冠而褚(贮)之，取我田畴而伍之。孰杀子产，吾其与之。"及三年，又诵之，曰："我有子弟，子产诲之；我有田畴，子产殖之。子产而死，谁其嗣之?"

杨伯峻训"伍"为"赋"之借字，是根据《吕氏春秋·乐成》篇"我有田畴，而子产赋之。"杨注极是，因初征此税之时，国人不无疑惧，勉强从命，三年以后，田畴因封洫水利而增值，子弟乡校教育也得到改善，所以由怀疑转而歌诵；处处反映乡里聚落秩序依旧，决未曾有过强迫执行户籍制度革命性基层组织单位改革的痕迹。五年后（昭公四年，前538年）“郑子产作丘赋”是进一步征军赋，其性质大体与前此鲁、楚等国之用心相似，征赋主要是为改良扩充多种武器的质量，都不是从事军政合一户籍制度革命的先例。

秦国变法成功最重要的是户籍制度的革新。传统及近代中外学人几无不归功（或归罪）于商鞅。其立论的文献根据不外：

（1）《韩非子·和氏》：“商君教秦孝公以连什伍，设告坐之过。”

（2）《韩非子·定法》：“公孙鞅之治秦也，设告相坐而责其实，连什伍而同其罪。”

（3）《淮南子·泰族训》：“商鞅为秦立相坐之法……。”

（4）《史记·秦始皇本纪》附《秦纪》：“献公……十年（公元前375）为户籍相伍。”

（5）《史记·商君列传》：孝公六年（前356）“以卫鞅为左庶长，卒定变法之令。令民为什伍，而相牧司（伺）连坐。”

本文以下所论与前此诸说不同之处在指出连坐法禁渊源甚古，“连什伍而同其罪”则始于献公，而且俱深受墨者影响。为简捷计，先论连坐。

墨子政治理论的核心是“尚同”。笔者十余年前发现《尚同》的篇名，实际上是《孙子兵法·计》篇“道者，令民与上同意也”一语最忠实巧妙的简化。此语乍读之下似不足为奇，但具有纠正春秋“政多出门”历史积弊的深意。为适应战国初期列国间竞争日趋激烈的新情势，墨子就把这句名言引伸利用为建立一元化中央集权政体理论与实践的张本。《尚同》理论的出发点是在“未有政刑”的初民社会里，人人追逐自己的私利，人人有自己的意见，“天下之百姓皆以水火毒药相亏害，……天下之乱，若禽兽然。”欲使政治及社会上轨道，惟有人民自乡里而上，层层都服从各级的“政长”，最后所有各级的人民和政长都绝对服从于天子。这种政体一定是公正合理的，因为天子是上天为人民福利而选择出来的。

《尚同》上中下三篇一再出现“一同天下之义”的语句，下篇更进而推论：“治天下之国，若治一家；使天下之民，若使一夫。……圣王皆以尚同为政，故天下治。”这显然是“道者，令民与上同意也”理论范畴最大可能的延伸和提升。

笔者无意深究墨子“政原论”逻辑上有欠圆通，但有必要考辨何以“尚同”模式的政体在国史上首度出现于秦献、孝之世。案：墨子为实现他所憧憬的一元化政制，订下一条指令性的原则：“上同而不下比。”上同之义无须再释，“不下比”的意思是，下边的百姓不准比周勾结，对当地的政治情况有所隐匿。换言之，唯有以天下百姓为耳目，高高在上的天子才能赏善惩恶，顺利推行政体的运作。

《尚同·中》：“是以数千万里之外有为善者，其室人未遍知，乡里未遍闻，天子得而赏之。数千万里之外有为不善者，其室人未遍知，乡里未遍闻，天子得而罚之。是以举天下之人皆恐惧振动惕栗，不敢为淫暴，曰：天子之视听也神。”我们必须秉公指出，墨子的手段虽不无类似近现代独裁特务统治之处，但他的居心是善良的、反侵略的，试求改善人民生计的。

最堪注意的是《尚同·下》征引已佚《大〈泰〉誓》——武王伐纣师渡孟津的誓言——:“小人见奸巧乃闻，不言也，发罪钧。”清代江声的解释：“发，谓发觉也。钧，同也。言知奸巧之情而匿不以告，比事发觉，则其罪与彼奸巧者同。”这就是“连坐”。再《尚书·汤誓》：“尔不从誓言，予则帑戮汝，罔有攸赦。”郑玄注：“大罪不止其身，又帑戮其子孙。”同篇中武王历数纣的罪行内有“罪人以族”，可见殷代已有“连坐”《史记·秦本纪》载秦文公十三年“初有史以纪事”，二十年（公元前746）“法初有三族之罪。”三族指父母、妻子、同产（兄弟）。可见早于商鞅四百年秦国已有连坐法了。

献公即位之初，百废待举，抵御外侮，莫先于巩固城防；巩固城防，莫先于征募墨者。墨者自始即发现，“上同而不下比”的政治理念和手段，几乎无一不与献公的图强愿望与步骤同轨合拍。献公难忘回国过关的危难，城防立法之初，宁失之过严，勿失之过疏，所以本文上节所引《墨子·号令》篇围城禁令是很极端的规定，在平常的情况，同伍连坐之罪有一定的范围，伍人检举也非漫无限制。无论如何“相牧司连坐”决非始自商鞅是可以肯定的。

《史记》之《秦纪》献公十年“为户籍相伍”必须与《商君列传》“令民为什伍，而相牧司连坐”一起诠释。首先应该讨论的是什和伍这两个户籍上最低层统计单位的特点。如本节上引《国语·齐语》所载管仲在全国十五个“士乡”编制军队的各种单位是始由五家组成的“轨”，也就是伍，十轨为里，四里为连，十连为乡，根本不提什这个单位。所以如此是因为什不是最小的单位，也就不宜作为全部统计的基数。事实上，什的单位是存在的。《管子·立政》：“分国以为五乡，乡为之师。分乡以为五州，州为之长。分州以为十里，里为之尉。分里以为十游，游为之宗。十家为什，五家为伍，什伍皆有长焉。”同书《禁藏》和《度地》等篇也都提到什伍之制。至于什作为组织单位的特殊功能，《尉缭子·伍制令》有很好的说明：

夫什伍相结，上下相联，无有不得之奸，无有不揭之罪，父不得以私其子，兄不得以私其弟，而况国人聚舍同食，乌能以干令相私者哉？

正是为了整军图强防谍杜奸，献公户籍改革之初即定下什伍之制。这不是全凭揣想，而是有幸《墨子》书中保存了原始第一性的记录。《备城门》：“城上十人一什长”；《迎敌祠》：“司马视城修卒伍……五步有伍长，十步有什长，百步有百长。”经过笔者多方考证，《迎敌祠》所言皆献公早期事，《备城门》甚至言及征募墨者之初，主客双方必要的考虑，大有助于了解秦墨早期的活动，其史料价值之高远在《史记》三言两语式叙事之上。

至于什伍所辖士兵的种型和原来的身份，《备城门》篇中两条“示范性”的规律都有说明。“守法，五十步丈夫十人，丁女二十人，老小十人，计之五十步四十人。城下（或应作上）楼卒，率一步一人，二十步二十人。城小大以此率之，乃足以守围（御）。”如果敌人大举进攻，无论师众多少，只能分四路进攻，届时守城兵士不过“丈夫千人，丁女子二千人，老小千人，凡四千人而足以应之。”可见户籍是兵农不分军民合一的。什伍战时与平时的成员可能不完全符合，但二者间必有密切的联系。从《韩非子》和《史记》相关词语及注释揣测，什伍之制应该自始即逐步推行于全国的，其最初主要动机是为防止人民违法犯禁的，防止人民犯禁最适宜的组织单位是什伍，而防止犯法的工作平时较战时更为根本。所以《商君列传》“令民为什伍，而相牧司连坐”的综述相当正确，唯一需要纠正的是什伍和连坐不始于商鞅，而始于十九年前的献公。这应该是合理的论断。

由于秦简中尚未发现户籍原件，其具体形式尚无法确知。但张金光在其廿余年心血结晶的《秦制研究》对秦户籍特色及其主要意义有扼要的解说和评估：

……秦户籍为户，役册合编，户籍同时是应役者的徭役档案。此制为汉及后世所承。……秦户籍，就其内容而言，为综合体式，详于籍注，……凡国家治术所掌握的每一个人口的一切状况、家庭关系等等，尽在户口一簿之中。因之，政府只要一簿在手，便可统理庶政。秦所开创之户籍实为人籍之综合百科人事档，是国与家最为重要的典章，是典中之典，为国家一切章法之根本。……编籍与“相伍（即编户）”相为表里，相互为用。户籍组织与社会行政编组是统一的，以县系乡，以乡系里，以里系伍，以伍系术户，以户系口。这便构成了以秦户籍为纲的一条完整的系术绳索。

从社会及政治观点，献公的户籍改革既彻底扫除传统乡遂国野的区分，又奠下走向统一集权国家的通衢大道。

参与初步推广县制

秦为增强新征服的边区冲要之地设县，可以上溯到春秋中期。穆公以后，《史记》之《秦本纪》及《六国年表》仅记有厉公二十一年（公元前456年）县频阳（今陕西富平县东北）及惠公十年（前390年）县陕（今河南三门峡西）。献公朝〈秦本纪〉只记有二年（前383年）“城栎阳”，但因《集解》引徐广“徙都”之说，引起不少近代学人误会。实际上献公决心设置具有国防意义的县，始于即位后的第六年（前 379 年）“初县蒲、蓝田、善明氏，”再五年后才“县栎阳”。

近年考古发掘证明即使筑成重要国防和经济基地的县以后，栎阳城垣面积和建筑规模还是远远不能与都城雍和未来的都城咸阳相比。按常理推测，当献公决意兴建一系列的县以为军事根据地时，必有墨者精英及军事工程技术专家参与筹划及领导。

推动《尚同》理念的实践

另外，尚须推测评估墨者对献公政治改革理念及实践方面的影响。

自宗师墨翟始，散于列国的弟子以专长论可分为三派：“论辩”者游说从政，“说书”者传播学说，“从事”者制器守卫。“从事”派的墨者固为献公所急需，然“论辩”、“说书”之杰出者亦决不会错过赴秦入仕的黄金机会。另方面“从事”者中的精英亦必能通解宗师的中心政治理念与实践的原则、方法和步骤。饱经沧桑的献公深明富国强兵有赖政治、社会、经济力量的平行发展，所以元年即下令废除殉葬旧俗，七年“初行为市”，十年即“为户籍相伍”。恰巧臣民之间只有外来的墨者，除技术专长外，还能秉承墨翟的尚同理念及推行政制一元化的原则与方法。唯有墨者才能背诵“小人见奸巧乃闻，不言也，发罪钧”的历史教训。笔者相信献公之所以自始即决心迈向政制一元化的崭新大道是与墨者一再阐发《尚同》精义分不开的。此项推论的合理性，反射于一个多世纪后荀子的视察和评估之中。

《荀子·疆国》：

应侯（范雎）问孙卿子曰：“入秦何见？”

孙卿子曰：“其固塞险，形势便，山林川谷美，天材之利多，是形胜也。入境，观其风俗，其百姓朴，其声乐不流污，其服不挑（佻），甚畏有司而顺，古之术也。及都邑官府，其百吏肃然，莫不恭俭、敦敬、忠信而不楛，古之吏也。入其国，观其士大夫，出于其门，入于公门，归于其家，无有私事也；不比周，不朋党，倜然莫不明通而公也，古之士大夫也。观其朝廷，其朝间，听决百事不留，恬然如无治者，古之朝也。故四世有胜，非幸也，数也。”

范雎于公元前266年封为应侯，卒于前255年。荀子亲自观察到的秦晚期的政风民俗，岂不是百年后墨子“上同而不下比”理念高度实现的最权威的见证吗？荀子这著名的论断中唯一需要修正的是“四世有胜”的“四”应改为“五”，因为四世只能上溯到孝公，五世上溯到献公才符合本文考证的结果。总之，从上述重建多方面史实反思，献公朝确是转弱为强的枢纽，而促成这种演变的核心力量却是来自仕秦的墨者。

军事方面

献公之前的半个世纪，秦弱魏强只是一种相对的说法。就疆域、人口、资源而论，秦本有足够的潜力演变成为一等军事强国，关键在有英明的君主领导改革。

根据笔者的多边考释，献公即位后的第四年，即墨者首任巨子孟胜及其弟子集体死楚阳城君之难那一年，献公与墨者应即开始合作，而且关系如鱼得水异常融洽。所以，城防要区集军政大权于一身的“守”都从墨者甄选。

秦制城防最高长官“守”之下，还有由墨者充任的“尉”。《墨子·备城门》篇说明“城上四隅……四尉舍焉。”“百步一亭……亭一尉，尉必取有重厚忠信可任事者。”亭尉掌旗帜。各种城防士卒，包括童子及女子，都依照“青、赤、黄、白、黑”五色旗帜各守岗位。敌人攻城由远而近时，亭尉手执大旗，有如近代童子军领队之“打旗语”，并鼓声，指挥部队的行动。夜间只好用火。此外还有门尉，责任是执行极严格的监守城门、防谍杜奸的规令，白昼必须亲自巡察三次，夜间巡察一次。尉的主要责任虽是防谍杜奸，严格执行罪罚，还有训练基层吏员及士卒射弩技术的责任。

由于饱受多年流亡生涯的苦痛和即位后四年所受墨者集体殉义的感召，献公自始即对墨者有充分的信任，以致墨者似乎成为秦国军队中的全能干部和严格纪律的执行者。

被聘募的墨者也一再表示对献公效忠之忱。平时对“重室子”（贵家子弟）表面上予以优待，而事实上是严加看守。敌军来攻时，令重室子居城隅高楼上作侦察守候的工作，“失候斩”。其他“守城之重禁”和“大奸之所生”“具以闻于上”。墨者对秦中央集权消除异己方面的贡献是不容怀疑的。

此外，秦国当局自始即极力汲取利用墨者对军事工程及武器制造方面的专长也是可以肯定的。总而语之，墨者对秦军事上转弱为强的重大贡献，在献公晚年与魏战于石门、斩首六万、天子贺以黼黻的大凯旋中得到充分的证实。

户籍与连坐

传统和近代中外学人研究古代中国以军统政的地缘组织的起源，每多上溯到齐桓公（在位，前685～643年）时管仲的创举和公元前543年郑国子产的改革。事实上齐、郑的改革都不能认为是秦制的先例。

管仲军政统一原则下行政单位的划分，事实上仅限于分属于桓公及国子、高子二上卿直辖的“乡”区。全国分成二十一乡之后，其中六个工商之乡与兵役无关，只有十五个“士乡”才分别由桓公和国子、高子二上卿统帅。即便在全国有限的“乡”区之内，国君都不能享有统一指挥的权力；而且维系这十五士乡人员的力量还是大部要靠旧家族的感情纽带。这种依然联系到宗法亲属关系的问题说明齐管仲的改革决不会是秦献公全国统一性户籍编制的历史前例。

近代国际汉学界研究古代中国户籍制度的第二个误解，是以为公元前543年郑子产法令中“庐井有伍”，就是全国性以军统政户籍制度的创立。为审慎计，有必要将《左传》原文及十九世纪理雅各（James Legge）英译征引如下：

《左传·襄三十年》：

子产使都鄙有章，上下有服，田有封洫，庐井有伍。

Legge译文：

Tsze—Ch'an made the central cities and border lands of the State be exactly defined, and enjoined on the high and inferior officers to wear [only] their distinctive robes. The fields were all marked out by their banks and ditches. The houses and tsing (井) were divided into fives, responsible for one another.

英译是根据杜预的诠释，文字非常清楚明白，在国际上影响很大。但杨伯峻《春秋左传注》充分汲取《左传》权威、伯父杨树达的淹博精深，往往能做出比较正确的注释。他特别指出“都鄙有章”不过是都邑和鄙野应保持传统的区别，并不意味这两种不同地区都需要精确丈量后划定（exactly defined)。“上下有服”的“服”不是指服装，而是指职守。

最重要的是“庐井有伍”的“伍”应是“赋”的借字，是纳赋税之意，而不是户籍中由五家构成的基本单位。杜预注：“使五家相保”更会引起古今读者的误会，以为是五家连坐法的初现。上世纪前半叶，童书业根据顾颉刚早期课堂笔记而撰的《春秋史》，更把“庐井有伍”释为“五家为伍的保甲制度”的滥觞。至于“庐井有伍”的“庐”字，《汉书·食货志》颜师古注：“庐，田中屋也。春夏居之，秋冬则去。”庐井一词尚具井田古制遗义，怎能是全国性军政合一的户籍制度中五家构成的基本单位呢？

为探求关键词“伍”的真义，只靠古今诸家注释是不够的，必须要了解子产颁布“庐井有伍”背后的政治实况和理念。幸而《左传》襄廿九及卅年的叙事是根据最原始的《郑书》（当时郑国的史籍），复杂繁琐之中每有耐人寻味的话语。简而言之，子产是在内外危机重重、几乎无法形成一个能勉强运作的政权的情况下，强行被命为执政的。他背后的全力支持者是无私让贤的罕氏族长正卿子皮。当“郑子皮授子产政”时，子产坚辞，因为深深了解“国小而逼，族大宠多，不可为也。”秋间受命执政初期，在答复子大叔（美秀而文的游吉，廿一年后继子产执政为正卿）问难的谈话中，子产毫无虚伪地征引《郑书》中的谚语：“安定国家，必大焉先。”意思是欲求国家的安定，必须先使世卿巨室安心。这个坦诚露骨谈话的时间大概是在前 543 年秋八月，《左传》紧接此项谈话的纪事就是子产颁布的“使都鄙有章，……庐井有伍”的法令了。如果这串法令的颁布不会晚到年底的话，他从执政之初到颁布一系列法令只有三几个月的时间。试问，在这样匆迫的时间之内，更在施政必须先姑息大族巨室原则之下，“庐井有伍”怎会是户籍制度革命的首发巨炮呢?

事实上，细读国人对子产法令的反应也会得到同样的论断。《左传·襄公三十年》:

从政一年，舆人诵之，曰：“取我衣冠而褚（贮）之，取我田畴而伍之。孰杀子产，吾其与之。”及三年，又诵之，曰：“我有子弟，子产诲之；我有田畴，子产殖之。子产而死，谁其嗣之?”

杨伯峻训“伍”为“赋”之借字，是根据《吕氏春秋·乐成》篇“我有田畴，而子产赋之。”杨注极是，因初征此税之时，国人不无疑惧，勉强从命，三年以后，田畴因封洫水利而增值，子弟乡校教育也得到改善，所以由怀疑转而歌诵；处处反映乡里聚落秩序依旧，决未曾有过强迫执行户籍制度革命性基层组织单位改革的痕迹。五年后（昭公四年，前 538 年）“郑子产作丘赋”是进一步征军赋，其性质大体与前此鲁、楚等国之用心相似，征赋主要是为改良扩充多种武器的质量，都不是从事军政合一户籍制度革命的先例。

秦国变法成功最重要的是户籍制度的革新。传统及近代中外学人几无不归功（或归罪）于商鞅。其立论的文献根据不外：

（1）《韩非子·和氏》:“商君教秦孝公以连什伍，设告坐之过。”

（2）《韩非子·定法》:“公孙鞅之治秦也，设告相坐而责其实，连什伍而同其罪。”

（3）《淮南子·泰族训》:“商鞅为秦立相坐之法……。”

（4）《史记·秦始皇本纪》附《秦纪》:“献公……十年（公元前 375）为户籍相伍。”

（5）《史记·商君列传》：孝公六年（前 356）“以卫鞅为左庶长，卒定变法之令。令民为什伍，而相牧司（伺）连坐。”

本文以下所论与前此诸说不同之处在指出连坐法禁渊源甚古，“连什伍而同其罪”则始于献公，而且俱深受墨者影响。为简捷计，先论连坐。

墨子政治理论的核心是“尚同”。笔者十余年前发现《尚同》的篇名，实际上是《孙子兵法·计》篇“道者，令民与上同意也”一语最忠实巧妙的简化。此语乍读之下似不足为奇，但具有纠正春秋“政多出门”历史积弊的深意。为适应战国初期列国间竞争日趋激烈的新情势，墨子就把这句名言引伸利用为建立一元化中央集权政体理论与实践的张本。《尚同》理论的出发点是在“未有政刑”的初民社会里，人人追逐自己的私利，人人有自己的意见，“天下之百姓皆以水火毒药相亏害，……天下之乱，若禽兽然。”欲使政治及社会上轨道，惟有人民自乡里而上，层层都服从各级的“政长”，最后所有各级的人民和政长都绝对服从于天子。这种政体一定是公正合理的，因为天子是上天为人民福利而选择出来的。《尚同》上中下三篇一再出现“一同天下之义”的语句，下篇更进而推论：“治天下之国，若治一家；使天下之民，若使一夫。……圣王皆以尚同为政，故天下治。”这显然是“道者，令民与上同意也”理论范畴最大可能的延伸和提升。

笔者无意深究墨子“政原论”逻辑上有欠圆通，但有必要考辨何以“尚同”模式的政体在国史上首度出现于秦献、孝之世。案：墨子为实现他所憧憬的一元化政制，订下一条指令性的原则：“上同而不下比。”上同之义无须再释，“不下比”的意思是，下边的百姓不准比周勾结，对当地的政治情况有所隐匿。换言之，唯有以天下百姓为耳目，高高在上的天子才能赏善惩恶，顺利推行政体的运作。

《尚同·中》：“是以数千万里之外有为善者，其室人未遍知，乡里未遍闻，天子得而赏之。数千万里之外有为不善者，其室人未遍知，乡里未遍闻，天子得而罚之。是以举天下之人皆恐惧振动惕栗，不敢为淫暴，曰：天子之视听也神。”我们必须秉公指出，墨子的手段虽不无类似近现代独裁特务统治之处，但他的居心是善良的、反侵略的，试求改善人民生计的。

最堪注意的是《尚同·下》征引已佚《大〈泰〉誓》——武王伐纣

师渡孟津的誓言——："小人见奸巧乃闻，不言也，发罪钧。"清代江声的解释："发，谓发觉也。钧，同也。言知奸巧之情而匿不以告，比事发觉，则其罪与彼奸巧者同。"这就是"连坐"。再《尚书·汤誓》："尔不从誓言，予则孥戮汝，罔有攸赦。"郑玄注："大罪不止其身，又孥戮其子孙。"同篇中武王历数纣的罪行内有"罪人以族"，可见殷代已有"连坐"《史记·秦本纪》载秦文公十三年"初有史以纪事"，二十年（公元前746）"法初有三族之罪。"三族指父母、妻子、同产（兄弟）。可见早于商鞅四百年秦国已有连坐法了。

献公即位之初，百废待举，抵御外侮，莫先于巩固城防；巩固城防，莫先于征募墨者。墨者自始即发现，"上同而不下比"的政治理念和手段，几乎无一不与献公的图强愿望与步骤同轨合拍。献公难忘回国过关的危难，城防立法之初，宁失之过严，勿失之过疏，所以本文上节所引《墨子·号令》篇围城禁令是很极端的规定，在平常的情况，同伍连坐之罪有一定的范围，伍人检举也非漫无限制。无论如何"相牧司连坐"决非始自商鞅是可以肯定的。

《史记》之《秦纪》献公十年"为户籍相伍"必须与《商君列传》"令民为什伍，而相牧司连坐"一起诠释。首先应该讨论的是什和伍这两个户籍上最低层统计单位的特点。如本节上引《国语·齐语》所载管仲在全国十五个"士乡"编制军队的各种单位是始由五家组成的"轨"，也就是伍，十轨为里，四里为连，十连为乡，根本不提什这个单位。所以如此是因为什不是最小的单位，也就不宜作为全部统计的基数。事实上，什的单位是存在的。《管子·立政》："分国以为五乡，乡为之师。分乡以为五州，州为之长。分州以为十里，里为之尉。分里以为十游，游为之宗。十家为什，五家为伍，什伍皆有长焉。"同书《禁藏》和《度地》等篇也都提到什伍之制。至于什作为组织单位的特殊功能，《尉缭子·伍制令》有很好的说明：

夫什伍相结，上下相联，无有不得之奸，无有不揭之罪，父不得以私其子，兄不得以私其弟，而况国人聚舍同食，乌能以干令相私者哉？

正是为了整军图强防谍杜奸，献公户籍改革之初即定下什伍之制。这不是全凭揣想，而是有幸《墨子》书中保存了原始第一性的记录。《备城门》："城上十人一什长"；《迎敌祠》："司马视城修卒伍……五步有伍长，十步有什长，百步有百长。"经过笔者多方考证，《迎敌祠》所言皆献公早期事，《备城门》甚至言及征募墨者之初，主客双方必要的考虑，大有助于了解秦墨早期的活动，其史料价值之高远在《史记》三言两语式叙事之上。

至于什伍所辖士兵的种型和原来的身份，《备城门》篇中两条"示范性"的规律都有说明。"守法，五十步丈夫十人，丁女二十人，老小十人，计之五十步四十人。城下（或应作上）楼卒，率一步一人，二十步二十人。城小大以此率之，乃足以守围（御）。"如果敌人大举进攻，无论师众多少，只能分四路进攻，届时守城兵士不过"丈夫千人，丁女子二千人，老小千人，凡四千人而足以应之。"可见户籍是兵农不分军民合一的。什伍战时与平时的成员可能不完全符合，但二者间必有密切的联系。从《韩非子》和《史记》相关词语及注释揣测，什伍之制应该自始即逐步推行于全国的，其最初主要动机是为防止人民违法犯禁的，防止人民犯禁最适宜的组织单位是什伍，而防止犯法的工作平时较战时更为根本。所以《商君列传》"令民为什伍，而相牧司连坐"的综述相当正确，唯一需要纠正的是什伍和连坐不始于商鞅，而始于十九年前的献公。这应该是合理的论断。

由于秦简中尚未发现户籍原件，其具体形式尚无法确知。但张金光在其廿余年心血结晶的《秦制研究》对秦户籍特色及其主要意义有扼要的解说和评估：

……秦户籍为户，役册合编，户籍同时是应役者的徭役档案。此制为汉及后世所承。……秦户籍，就其内容而言，为综合体式，详于籍注，……凡国家治术所掌握的每一个人口的一切状况、家庭关系等等，尽在户口一簿之中。因之，政府只要一簿在手，便可统理庶政。秦所开创之户籍实为人籍之综合百科人事档，是国与家最为重要的典章，是典中之典，为国家一切章法之根本。……编籍与“相伍（即编户）”相为表里，相互为用。户籍组织与社会行政编组是统一的，以县系乡，以乡系里，以里系伍，以伍系术户，以户系口。这便构成了以秦户籍为纲的一条完整的系术绳索。

从社会及政治观点，献公的户籍改革既彻底扫除传统乡遂国野的区分，又奠下走向统一集权国家的通衢大道。

参与初步推广县制

秦为增强新征服的边区冲要之地设县，可以上溯到春秋中期。穆公以后，《史记》之《秦本纪》及《六国年表》仅记有厉公二十一年（公元前456年）县频阳（今陕西富平县东北）及惠公十年（前390年）县陕（今河南三门峡西）。献公朝〈秦本纪〉只记有二年（前383年）“城栎阳”，但因《集解》引徐广“徙都”之说，引起不少近代学人误会。实际上献公决心设置具有国防意义的县，始于即位后的第六年（前379年）“初县蒲、蓝田、善明氏，”再五年后才“县栎阳”。

近年考古发掘证明即使筑成重要国防和经济基地的县以后，栎阳城垣面积和建筑规模还是远远不能与都城雍和未来的都城咸阳相比。按常理推测，当献公决意兴建一系列的县以为军事根据地时，必有墨者精英及军事工程技术专家参与筹划及领导。

推动《尚同》理念的实践

另外，尚须推测评估墨者对献公政治改革理念及实践方面的影响。

自宗师墨翟始，散于列国的弟子以专长论可分为三派：“论辩”者游说从政，“说书”者传播学说，“从事”者制器守卫。“从事”派的墨者固为献公所急需，然“论辩”、“说书”之杰出者亦决不会错过赴秦入仕的黄金机会。另方面“从事”者中的精英亦必能通解宗师的中心政治理念与实践的原则、方法和步骤。饱经沧桑的献公深明富国强兵有赖政治、社会、经济力量的平行发展，所以元年即下令废除殉葬旧俗，七年“初行为市”，十年即“为户籍相伍”。恰巧臣民之间只有外来的墨者，除技术专长外，还能秉承墨翟的尚同理念及推行政制一元化的原则与方法。

唯有墨者才能背诵“小人见奸巧乃闻，不言也，发罪钧”的历史教训。笔者相信献公之所以自始即决心迈向政制一元化的崭新大道是与墨者一再阐发《尚同》精义分不开的。此项推论的合理性，反射于一个多世纪后荀子的视察和评估之中。

《荀子·疆国》：

应侯（范雎）问孙卿子曰：“入秦何见？”

孙卿子曰：“其固塞险，形势便，山林川谷美，天材之利多，是形胜也。入境，观其风俗，其百姓朴，其声乐不流污，其服不挑（佻），甚畏有司而顺，古之术也。及都邑官府，其百吏肃然，莫不恭俭、敦敬、忠信而不楛，古之吏也。入其国，观其士大夫，出于其门，入于公门，归于其家，无有私事也；不比周，不朋党，倜然莫不明通而公也，古之士大夫也。观其朝廷，其朝间，听决百事不留，恬然如无治者，古之朝也。故四世有胜，非幸也，数也。”

范雎于公元前266年封为应侯，卒于前255年。荀子亲自观察到的秦晚期的政风民俗，岂不是百年后墨子“上同而不下比”理念高度实现的最权威的见证吗？荀子这著名的论断中唯一需要修正的是“四世有胜”的“四”应改为“五”，因为四世只能上溯到孝公，五世上溯到献公才符合本文考证的结果。总之，从上述重建多方面史实反思，献公朝确是转弱为强的枢纽，而促成这种演变的核心力量却是来自仕秦的墨者。

结　论

“大事因缘”的“因”当然是笃行兼爱非攻，不惜摩顶放踵以利天下的墨翟。“缘”则甚奇，奇在：墨者原来兼爱非攻无私救世的情怀，在竭忠尽智仕秦的过程中，竟无情地被时代化为本身生命的高酸消溶剂——这才是人类史上值得呕歌赞叹的永恒悲剧！

秦墨的命运

两千多年来哲学及思想史界最大的困惑，莫过于墨子学派何以从显学倏忽衰微沦为绝学。二十世纪前半论者有胡适、梁启超、钱穆、方授楚、陈柱、郭沫若诸家，但“在解释墨学衰微问题上，言之成理的说法少，似是而非的议论则太多，这反而防碍对真正原因的把握。”就思想及制度方面作简要的析论：

（1）墨子理想过高，难为常人接受

《庄子·天下》篇所论，至今仍有参考价值：

今墨子独生不歌，死不服，桐棺三寸而无椁，以为法式。以此教人，恐不爱人；以此自行，固不爱己。……其生也勤，其死也薄，其道大觳，使人忧，使人悲，其行难为也，恐其不可以为圣人之道，反天下之心，天下不堪。墨子虽独任，奈天下何！

（2）时代巨变不利于墨学及墨者

当秦献公征募墨者之初，秦是被侵略的弱者，正是笃信兼爱非攻的墨者乐意效忠的对象。但经过献公晚年与魏“战于石门，斩首六万，天子贺以黼黻”大凯旋后，秦迅即变成最强的军事侵略国。这一基本事实既造成所有墨者良心信念的矛盾，更切断所有墨者社团发展的机会。

（3）献公与墨者的特殊因缘

笔者曾屡度提到墨者的种种专长恰恰迎合献公迫切的需要。撰此结论之际，再度反思，深觉二者之间的关系堪称是特殊因缘。之所以特殊是：建立关系之初双方都觉得一切同轨合拍，欢同鱼水；双方都不能预料局势发展下去会只对秦国有利而对墨者极端不利。

这是因为战国期间主要国家都在建立中央控制下的新型官僚制度，墨者仕秦之初即以多种专长被分配到官僚机构中的不同部门，事功虽有册籍可稽，姓名则匿而不彰。墨者的种种技能和专长既经常被政府汲取利用，其地位和功用就越来越“边缘化”了。秦墨最无法抗拒的是统一集权中央化的政治洪流，自始只有浸泳其中任其漂荡，不能也不容逃脱。事实上，仕秦四、五世代以后业已完全消融于此洪流了。从理论及事实观点推想，至晚到始皇三十四年（公元前213）诗书百家之禁，墨者已经完全消声敛迹湮没无闻了。

由于墨学衰微，墨者无闻已久，司马迁撰《史记》只能以二十四字附墨翟于《孟子荀卿列传》之尾：“盖墨翟，宋之大夫，善守御，为节用。或曰并孔子时，或曰在其后。”然而他的《六国年表》序秦获“天助”说还值得我们玩味。

……秦始小国僻远，诸夏宾之，比于戎翟，至献公之后常雄诸侯。论秦之德义不如鲁、卫之暴戾者，量秦之兵不如三晋之疆也，然卒并天下，非必险固便形势利也，盖若天所助焉。

首先，“至献公之后常雄诸侯”一语，既有其模糊性又有其合理性。模糊性是由于秦“烧天下诗书，诸侯史记尤甚，……独有《秦记》，又不载日月，其文略不具。”合理性是“之后”两字，事实上等于默认献公对变法图强已经为孝公、商鞅做了良好的奠基工作。后世读史者往往会遇到这类传统论史的表达方式的。再则通过本文的多方考证，史迁所讲的“天之助”无疑应该是墨者“人之助”；但是秦之所以能得到墨者“人之助”就只能归之于特殊因缘了。

国史上的“大事因缘”

六十多年前，陈寅恪师对冯友兰师《中国哲学史》（下册）的《审查报告》三，特别提出两项论断：

1. 佛教经典言：“佛为一大事因缘出现于世。”中国自秦以后，迄于今日，其思想之演变历程，至繁至久。要之，只为一大事因缘，即（两宋）新儒学之产生及其传衍而已。

2. 略阐由佛引起儒释道三教混融之后，转而反溯：

儒者在古代本为典章学术所寄托之专家，李斯受荀卿之学，佐成秦治，秦之法制实儒家一派学说之所附系。……夫政治社会一切公私行动莫不与法典相关，而法典为儒家学说具体之实现，故二千年来华夏术族所受儒家学说之影响最深最钜者，实在制度法律公私生活之方面，而关于学术思想之方面，或转有不如佛道二教者。

今日反思，陈师两项论断皆有商榷余地。两宋新儒学之产生，固然是我国近千年来思想史上的大事，但就全部传统中国历史而言，真正最大之事应是秦专制集权统一郡县制大帝国的建立及其传衍。

至于陈师第二项论断——二千年来，法典为儒家学说具体之实现——之不尽符合史实，显然是由于他在冯著审查报告中近乎炫耀的自嘲："寅恪平生为不古不今之学，思想囿于咸丰、同治之世，议论近乎（曾）湘乡、（张）南皮之间。"国史上对传统政制之本质及其运作了解最深刻的当推汉宣帝和毛泽东。

《汉书·元帝纪》：

孝元皇帝，宣帝太子也。……八岁立为太子。壮大，柔仁好儒。见宣帝所用多文法吏，以刑名绳下，……尝侍燕从容言："陛下持刑太深，宜用儒生。"宣帝作色曰："汉家自有制度，本以霸王道杂之，奈何纯'任'德教，用周政乎！且俗儒不达时宜，好是古非今，使人眩于名实，不知所守，何足委任！"乃叹曰："乱我家者，太子也！"

毛泽东《读〈封建论〉呈郭老》，写于1973年8月5日：

劝君少骂秦始皇，焚坑事业要商量。

祖龙魂死秦犹在，孔学名高实秕糠。

百代都行秦政法，十批不是好文章。

熟读唐人封建论，莫从子厚返文王。

最后，"大事因缘"的"因"和"缘"尚需解释。"因"当然是笃行兼爱非攻，不惜摩顶放踵以利天下的墨翟。"缘"则甚奇，奇在：墨者原来兼爱非攻无私救世的情怀，在竭忠尽智仕秦的过程中，竟无情地被时代化为本身生命的高酸消溶剂——这才是人类史上值得讴歌赞叹的永恒悲剧！

现场问答

秦制的建立，在政治上是实现了墨家尚同的理想，可是，在这个制度背后的伦理观念并没有实现。事实上，秦国并不考虑墨子尚同的伦理标准。

杨振宁：何先生讨论了很多的史学的问题，我是外行，有听不懂的地方。但是，从演讲中可以看出他做学问的态度非常严谨。何先生研究的问题是非常大的问题，境界如此之高远、思想如此之活跃，极其有挑战性，这是我们很钦佩的。

林家翘：墨子是不是被时代冤枉了？

何炳棣：墨子不仅被过去的时代冤枉了，而且也被现代冤枉了。我虽然不是专门研究墨子的，但是我认为他是一个非常了不起的思想家、实践家，他的人品极其高尚，摩顶放踵，我非常钦佩他的那种救世济国、杀身成仁的精神。

李学勤：我们在整理秦简的过程中，有一个很重要的问题，就是在参考学习墨子的著作和《商君书·靳令篇》时，感到有很多相似的地方。以前很多年我都搞不懂：为什么这两者之间会有那么多相似的特点？因为，我们过去只是觉得墨家和法家差别很大，而且有很多相反的地方。所以，今天何先生真是给我上了一堂大课，使我明白了在秦简中墨者和《商君书·靳令篇》为什么会互相配合起来。何先生讲得非常有道理，特别是将秦墨史视为中国历史上很重要的悲剧。

那么，我请问何先生一个问题：有没有这个可能？何先生将来从秦墨史的影响，转变到商鞅变法的影响，将这两者之间的关系是否可以给我们再深入地探讨一下？

何炳棣：本文所论墨者与献公的密切关系，不就是已经修正了两千年来认为秦国由弱致强归于商鞅变法吗？

陈来：十年不见了，何先生看上去还是老当益壮，宝刀不老，声若洪钟，刚才杨先生说：何先生是用科学方法研究中国历史的第一人。在世界上享有如此崇高的声誉，这是与他一直做第一流的题目是联系在一起的。

何炳棣：1932 年，我 15 岁，南开高中二年级上学期还没有念完，因为参加学潮被开除了。1934 年考上了清华，第一次月考，我以为准备得很充分，不料因部分地误解有关埃及及宗教试题的措辞重点，只得了 89 分。坐在我右上方的姚克广（后改名姚依林）

得91分，对我说："能得89分也很不错啦！"姚的话完全是出于自然的，而且是纯友善的。可是，我心里就很难受，心想：何以如此用功而不能获得应有的报酬，看来读书思维习惯如不认真改善，将来怎能应付全国竞争的留美或留英考试。所以我即刻下决心就以西洋通史这门课作为磨练意志的对象。果然第二次月考得了99分，上学期平均得"E"（Excellent，超等）已居全班之冠。下学期更加用功深索，全年平均竟获"E+"，创了纪录，杨振宁先生曾经说过："这是传奇，还没有人能考过他的。"追忆这件琐事绝不是幼稚的自我炫耀，而是直言不讳的招供——此后治学几无不遵守清华大一读西洋通史过程中所立的"扎硬寨、打死战"式自我磨练的原则。

陈来：何先生总是如此的苦干、实干，把做第一流的学术成就视为生命，同时何先生也付出超一流的努力，所以才能成功。中国历史真正最大的事是秦制的建立以及对后世影响，这一点我很赞成。我认为，听了您的讲座有一个想法，秦制的建立是否实现了墨家尚同的理想？

何炳棣：是的，我很苦，做学问是件非常苦的事情，现在我的手和肩膀都是麻的，我的夫人几年前过世了，我们曾享有65年半的婚姻，我们是同班同学，一个家庭没有女人不成其为家。

我只能极简单地回答您的问题。秦制的建立，在政治上是实现了墨家尚同的理想，可是，在这个制度背后的伦理观念并没有实现。事实上，秦国并不考虑墨子尚同的伦理标准。

真实的孔子

杨朝明　中国孔子研究院副院长，曲阜师范大学博士研究生导师，山东省儒学研究基地主任。1962 年出生，山东梁山人。先后在曲阜师范大学、华中师范大学、中国社会科学院研究生院获得历史学学士、硕士、博士学位。曾任曲阜师范大学齐鲁学刊编辑、孔子文化学院院长、历史文化学院院长。兼任山东孔子学会秘书长、山东历史学会副理事长、山东周易研究会副会长、中国孔子基金会学术委员和《孔子研究》编委等。

孔子生前饱受磨难，历尽艰辛，希望自己的学说能治国济世，却几乎总是郁郁而不得志。除了他的少数弟子，那时几乎没有人能够真正理解他。孔子去世后，他的地位却逐渐显赫起来。在后世的宣扬之下，孔子及其学说迅速传遍各地，影响越来越大，与中国的社会历史文化结下了深深的不解之缘。然而，当我们回望之时，发现以前人们对孔子的责难，乃是缘于一种历史性的误会。我们理性地辨析，就会发现被后人尊崇的同时，孔子的形象也被历朝历代有意无意地进行了改造，孔子身上已经蒙上了一层尘埃。今天孔庙里那位一身帝王打扮的“文宣王”，那个被后世描绘为满口“纲常礼教”的封建“卫道士”，那个被谩骂为“拉历史倒车”的“复辟狂”，显然都不是真实的孔子……

孔子可能“生无须眉”

孔子可能是一位超过1.90米的大高个，比较瘦，没有胡须，上身长下身短、微微驼背、胳膊稍长、天庭饱满。

据说，有一位收藏家，收藏了两千多枚孔子头像，可以说包括了各个时代孔子的各种形象，可是，其中哪一个是真正的孔子呢?

我清楚地记得，几年前的某一年“圣诞节”前夕，山东的《齐鲁晚报》报道了一则消息：一位家长为自己三岁的孩子买了一本古诗词，诗词的第一页就是孔子的图像。没想到，孩子打开书本后大呼，说“这本书上也有圣诞老人”。当父亲为孩子纠正时，孩子却一脸严肃，认为自己没有认错，因为图像上“有长长的胡子”，“和街上的圣诞老人差不多”。且不说“洋味十足”的孩子们的生活，“长长的胡子”却是人们心中孔子的重要特征，即使前几年推出的孔子“标准像”好像也是如此。

然而，事实很可能正好相反，他不仅胡子不长，恐怕根本就没有胡须，甚至眉毛也可能很淡。

二十年前，我的老师李启谦先生和王均林先生合作在《齐鲁学刊》发表过一篇文章，题目是《孔子体态、相貌考》。该文章给我留下印象最深的，一是孔子是一位超过 1.90 米的大高个，二是孔子可能没有胡须。

说孔子是大高个没有任何问题，史书中的说法是众口一词的。《荀子》将孔子与他的弟子仲弓进行比较，说“仲尼长，子弓短”。那么，孔子到底有多高？史书一致说他“长九尺有六寸”，应当可信。这些典籍所记尺度为周制，周制一尺合今 19.91 厘米，照此计算，九尺六寸约等于今 191 厘米。即使在今天，他也可称得上“山东大汉”了。

除了身高突出，孔子还上身长下身短、微微驼背、胳膊稍长、天庭饱满。在不同的年龄阶段，孔子可能胖瘦不同，但总体上可能略瘦。他终生坎坷而操劳，《韩诗外传》说他“自东自西，自南自北，匍匐救之”，以挽救“百姓靡安，莫之纪纲，礼义废坏，人伦不理”的危局。周游列国时，有人说他“累累若丧家之狗”。“累累”就是劳累、操劳的样子。《礼记·玉藻》有“丧容累累”一语，郑玄注说：“累累，羸惫貌。”孔颖达疏说：“丧容瘦瘠，累累然”。孔子人生的绝大多数时期，其身材可能都相对较瘦。

关于孔子的体态相貌，人们也进行想象、附会、添加，以至于出现了“四十九表”之类的说法。“四十九表”是指孔子体态、相貌的四十九种标记。此说出自宋代史书《路史》，可能是集合了历代孔子形象的描述。其中有“谷窍”一目，注称引自《世本》，指头上七窍豁露，“眼露白，耳露轮，口露齿，鼻露孔”，所以又称为“七露”。这样的相貌自然被视为丑陋，所以“七露”又被称为“七陋”。今人谈到孔子，还说孔子相貌奇特、丑陋。孔子是“圣人”，其相貌似乎也应当异于常人，故后人才有这样的附会。

没有须眉更是他的奇特之处。有一本署名孔鲋所著的《孔丛子》，这是一部相当于“孔氏杂记”的书。在该书的《居卫》篇中，记有子思与齐君的对话，论述人之贤圣在德不在貌。子思说："吾先君生无须眉，而天下王侯不以此损其敬"。子思所谓"先君"就是孔子，子思明确说孔子"生无须眉"。所以，孔子天生没有浓密的眉毛，更不会有修长的胡须。

据记载，当时在场的有齐君的宠臣，那人的特点正是"美须眉"，所以齐君对子思说："假如相貌可以交换，我可以将他的须眉送给你。"子思则说只是担心不能继承前人的美德，并不担心"毛须之不茂"。可见，不仅孔子"生无须眉"，他的孙子子思也"毛须不茂"。

以前，人们往往以《孔丛子》为伪书而将这些材料置之不理，现在看来事情并不这么简单。该书虽然不可都当作"真正的史实"，但像孔子祖孙有无须眉这样的重要事项，恐怕不会空穴来风。在后世画像中，晚年的孔子好似一位美髯公，那么，在"四十九表"中一定会有所表现。而事实上，人们搜肠刮肚地为"四十九表"凑数，竟然也没有这一"表"。

人们通常看到的"孔子行教像"最早出于唐朝著名的宫廷画家吴道子，但他似乎并没有认真查考资料。另一方面，受《孔丛子》伪书说的影响，以后的孔子画像便以讹传讹，使孔子画像、雕像都浓眉长髯。实际上，前人也指出孔子没有须眉，如明陈继儒《群碎录》、清杭世骏《订讹类编》就说：孔子无须，今像多须，误。

孔子"文武双全"不是虚言

孔子通于射箭、驾车，尤其擅长驾车。孔子父亲曾经手拖下落的城墙悬门，当时就有人以"有力如虎"的诗句夸赞他。孔子与他父亲一样勇力过人。

说到孔子、儒家，人们往往与拱手、作揖、行礼之类联系起来，以往的学人也都这样解说，如《说文解字》说："儒，柔也。术士之称。"

“儒”本来是指以教书相礼等为职业的一种人。由此，人们往往将“儒”与“柔弱”相联系，好像孔子也应该是一位文弱的人。

孔子以前乃至孔子时代，“礼、乐、射、御、书、数”等“六艺”是人人必修的“小学”，按照《大戴礼记·保傅》的说法，那时，孩童至“八岁而出就外舍，学小艺焉，履小节焉”。春秋时期，“国之大事，在祀与戎”，特殊的社会历史环境，决定了战争与祭祀一样为人人关心、关注，人人必须懂得射、御，学会射箭、驾车。

孔子教授学生的“六艺”乃是“大学”的主要内容，指诗、书、礼、乐、易、春秋六种科目，是所谓“大艺”、“大节”。孩子到十五岁左右，就应当学习做人与社会管理，这便是《大戴礼记·保傅》所说的“束发而就大学”，“学大艺”、“履大节”。“六经”与“六艺”不同，被称为“六经”的《诗》《书》《礼》《乐》《易》《春秋》应当是孔子为这六种科目所编定的教科书。孔子以“六艺”教人，是为了教化社会人心，显然，这与学习射、御没有任何矛盾。

孔子是一位博通的人。有人评论孔子，说他“博学而无所成名”。孔子听后对弟子们说：“吾何执？执御乎？执射乎？吾执御矣。”说明孔子通于射箭、驾车，尤其擅长驾车。《淮南了·主术训》则说：“孔子之通，智过于苌宏，勇服于孟贲，足摄郊菟，力招城关，能亦多矣。”孟贲是“水行不避蛟龙，陆行不避兕虎”的著名勇士，传说他力大至“生拔牛角”，而孔子之勇“服于孟贲”，不难察见孔子之勇。“足摄郊菟”是说孔子奔跑能追上郊外的野兔。应当就是《吕氏春秋》说的“孔子之劲，举国门之关”，他“力招城关”应有根据。孔子父亲曾经手拖下落的城墙悬门，当时就有人以“有力如虎”的诗句夸赞他。孔子与他父亲一样勇力过人。

孔子希望向往天下大同，要求人们仁爱礼让。但现实中的孔子头脑清醒，绝不迂腐。他也懂得“文事”与“武备”之间的关系，齐、鲁两国在夹谷会盟，孔子力主带兵前往，才使得齐国的阴谋未能得逞。孔子主张和平，反对战争，反对专注于兵战问题。卫灵公向他请教这方面的问题，他就很不耐烦，说："俎豆之事，则尝闻之矣；军旅之事，未之学也。"在治理邦国上，孔子主张"足食"、"足兵"、"民信"。如果实在要放弃其一，孔子认为应当"去兵"。只留一者，也应当是"民信"，因为"民无信不立"。

孔门师徒希望"城郭不修，沟池不越，铸剑戟以为农器，放牛马于原薮，室家无离旷之思，千岁无战斗之患"，但是战争毕竟不可避免，所以他指出，如果不对百姓进行训练，不懂得战争之术，就让他们上战场参加战斗，无异于抛弃他们。据《孔子家语·正论》的记载，孔子弟子冉有为季氏带兵打仗，取得胜利。季氏问他军旅的知识从哪里来时，他说"学之于孔子"。冉有认为孔子乃是"大圣"，其学无所不包，"文武并用兼通"。《吕氏春秋》说孔子"不肯以力闻"，但他文武双全却是没有问题的。

孔子并没有"轻视妇女"

对于"女子"与"小人"，都要注意"政均"，不能"近"，也不可"远"，从而让他们恭敬、不怨。要取得他们的拥护、理解与支持不是轻而易举的事情，过于亲近，他们就难免简慢而不驯顺；如果疏远了他们，就会产生怨愤。

传统社会中妇女地位一直不高，人们往往认为是"孔子轻视妇女"所带来的恶果，而孔子"轻视妇女"的直接证据就是《论语·阳货》中孔子的那句话："唯女子与小人为难养也，近之则不逊，远之则怨。"这被视为孔子歧视妇女的铁证，谁要说孔子没有轻视妇女，首先必须越过这道坎儿。

孔子这句话人人皆知。孔子处在父权家长制时代，女性地位较低，似乎被歧视也很正常。但他的思想具有浓重的人本主义色彩，他说"仁者爱人"，难道不包括女性在内？蔡尚思写过一篇文章《我爱孔子，我更爱真理》，说："孔子大谈忠恕之道，但却不能付诸实践，将心比心，推己及人，诸如推父母，推夫及妻，推男及女等。"又说："男女性别是优劣品质的大问题。孔子站在男子的立场歧视女子的表现有多种。"蔡先生的基本论据不过就是孔子那句话。看来，正确理解这句话还影响到对孔子思想的整体认知。

事实上，问题并不如此简单。仅从情理上判断，孔子也不会就那样将占人口半数的女性给一口否定，而且他说的还不只有"女子"。《论语》出于孔门后学，可能就是孔子的孙子子思主持选编而成，难道他们也"轻视妇女"？然而，直到有一天，当读到《逸周书·和寤解》中的"小人难保"一语时，我们才恍然大悟，从而彻底消除了疑问。

孔子那句话既说"女子难养"，也说"小人难养"。《逸周书》中的"小人难养"正是"小人难保"，因为《说文解字》明确说："保，养也。"

那么，"小人难保"又是什么意思？《逸周书·和寤解》是周武王灭商前在商郊"明德于众"之作。周武王要收服民心，希望取得广大民众的支持，所以他说："呜呼，敬之哉！无竞惟人，人允忠。惟事惟敬，小人难保。"这里的"小人"乃是"平民"、"普通百姓"，而不是指人们惯常意识中的那些"道德低下的人"。依《周书序》，该篇乃是武王要求众人重视小民，不能与小民争利。他认为"小人难保"，故应"惟事惟敬"。要得到民众的支持，就要事事施之以敬，这正是周人传统"敬德保民"思想的体现。

除了《逸周书》，《尚书·康诰》也有"小人难保"一语。其中记周公告诫康叔之语曰："呜呼！小子封，恫瘝乃身，敬哉！天畏棐忱，民情大可见，小人难保。往尽乃心，无康好逸豫，乃其乂民。"当时，周公刚刚平定管叔、蔡叔与殷人勾结的叛乱，周公嘱告康叔小民不易安，应当在治理时保持一颗敬畏之心。欲安其民，就应当重视他们，就要尽心尽诚，而不能苟安逸乐。

啊，原来如此！原来"小人难保"本是周人的政治观念！

孔子学说的突出特点就是"从周"。他"十分推崇"文武之政，常常

“梦见周公”。由此，孔子的一些“拿捏不准”的言论与争议，正可以结合周代典籍中的言说进行理解。所谓“小人难养”竟然是要重视“小人”，应当心存一份敬畏和戒惧，不要忽略这一群体。

同样，“女子难养”也不会是轻视妇女。孔子特别强调要了解“民性”、“民情”，《孔子家语·入官》记孔子说：“君子莅民，不可以不知民之性而达诸民之情，既知其性，又习其情，然后民乃从其命矣。故世举则民亲之，政均则民无怨。故君子莅民，不临以高，不道以远，不责民之所不为，不强民之所不能。”这其实就是一个“度”的问题。对于“女子”与“小人”，都要注意“政均”，不能“近”，也不可“远”，从而让他们恭敬、不怨。朱熹也是这样理解的，他认为应当“庄以莅之，慈以畜之”。对于为政者，更是必须慎思慎为。对“女子”和“小民”，需要注意如何与他们相处或役使他们。要取得他们的拥护、理解与支持不是轻而易举的事情，过于亲近，他们就难免简慢而不驯顺；如果疏远了他们，就会产生怨愤。孔子此语，也可能包含有对女子和小人的重视、关注与深切体察。

《论语》开篇值得回味

《论语》首章的意思大体是：如果我的主张被时代或社会所采用，那不就太令人喜悦了吗？如果在社会上行不通，可是，忽然发现有赞同我的学说的人，不也很快乐吗？也发现不了理解自己的人，自己却坚守认定的思想观念，不也是一位了不起的君子吗？

孔子的巨大影响，使人们总是希望了解到“真实的孔子”，但孔子已经去世两千多年，由于材料的匮乏以及认识上的不同，使得每一个人都有自己心目中的孔子形象，而这些孔子形象也会各不相同。

那么，怎样才能消弭人们认识之间的差异，最大限度地接近“历史的实际”？带着这样的问题，我们去翻看与孔子相关的历史资料。

《史记》中的《孔子世家》可以说是历史上“最早的孔子传记”。读《孔子世家》，司马迁为我们记录的孔子生平的最后一个场景让人过目难忘。临终前七日的那天早晨，孔子怅然而又逍遥，他知道自己将不久于人世，便对匆匆赶来的弟子子贡说：“天下无道久矣，莫能宗予。”

孔子的话真是意味深长。司马迁的记载与《孔子家语》一致，这可以说是孔子留下来的最后的话，映照出了孔子人生的基本格调。孔子一直追求用世，希望人们讲信修睦，期盼政治理想的实现，他为此不停地思考、探索、宣传。

就研究孔子而言，《论语》的价值不言而喻。我研究《孔子家语》，发现此书的价值应在《论语》等书之上，认为可以称为“孔子研究第一书”。有朋友止面相告，认为“第一书”还应当是《论语》。

《论语》的影响当然是《孔子家语》无法比拟的，但关于《论语》章句的理解也存在众多分歧。我们认为，《论语》开篇第一章就十分耐人寻味。

《论语》首篇首章人人耳熟能详：“学而时习之，不亦说乎？有朋自远方来，不亦乐乎？人不知而不愠，不亦君子乎？”传统上认为这里所说分别是学习、交友、胸怀方面的问题。可是，这又不免让人疑惑：《论语》中不论哪篇哪章，不论其字数多少，似乎都在集中论说一个主题，为什么偏偏首篇首章显得主题散乱而不集中？

经过思考，我们发现《论语》开篇这一章传统的理解存在问题。这里的“学”应该与“道”相近，它不是动词，而是名词，指的是孔子的“学说”。“时”不应解作“时常”或“按时”，而应解作“时代”，也可引申为社会。“习”不应作“温习”讲，而应作演习、采用讲。下面的两句与之相应，第二句中的“友朋”其实就是朋友，指的是志趣相同的人。

这样，《论语》首章的意思大体是：如果我的主张被时代或社会所采用，那不就太令人喜悦了吗？如果在社会上行不通，可是，忽然发现有赞同我的学说的人，与我一同讨论问题，不也很快乐吗？再退一步说，不但自己的主张在社会难以施行，而且也发现不了理解自己的人，自己却坚守认定的思想观念，不也是一位了不起的君子吗？

这样的理解并不是什么新发现。程树德《论语集释》已经指出："'学'字系名辞。"清人毛奇龄《四书改错》也早就说："学者，道术之总名。"今还有学者专门撰文，认真进行研究，遗憾的是却没有引起人们的注意。

实际上，《论语》开篇第一章也是"夫子自道"，反映了孔子本人对于自身境遇和个人思想学说的认识，也包含了《论语》编者对孔子人生的概括。

人生的四种境界

张世英　1921年生，武汉市人。1946年毕业于昆明西南联合大学哲学系。1946～1952年在南开大学、武汉大学任教。1952年至今，历任北京大学哲学系、外国哲学研究所讲师、副教授、教授、所学术委员会主任、校学术委员会委员。现任北京大学哲学系教授、博士生导师、北京大学美学与美育研究中心学术委员会主任。兼任《黑格尔全集》中文版（人民出版社）主编、中西哲学与文化研究会会长、全国西方哲学学科重点第一学术带头人。曾应邀到德国美因兹大学、奥地利维也纳大学、日本京都大学作学术讲演，到美国、瑞士、法国、德国参加学术会议并作学术报告或公开讲演。主要著作有《我的思想家园》、《归途：我的哲学生涯》、《张世英自选集》、《境界与文化》、《哲学导论》、《天人之际》、《北窗呓语》、《解读黑格尔精神现象学》、《论黑格尔的精神哲学》、《黑格尔〈小逻辑〉译注》、《康德的纯粹理性批判》等。

按照人的自我的发展历程、实现人生价值和精神自由的高低程度，我把人的生活境界分为四个层次，即欲求境界、求知境界、道德境界和审美境界。在现实的人生中，上述四种境界总是错综复杂地交织在一起的，很难想象一个人只有其中一种境界而不掺杂其他境界。只不过现实的人，往往以某一种境界占主导地位，其余次之，于是我们才能在日常生活中区分出某人是低级境界的人，低级趣味的人，某人是有高级境界的人，高级趣味的人，某人是以审美境界占主导地位的真正的诗人，真正的艺术家，某人是以道德境界占主导地位的道德家……如此等等。

欲求境界

最低的境界，我称之为“欲求的境界”。人生之初，无自我意识和自我观念，不能说出“我”字，尚不能区分主与客，不能区分我与他人、他物。人在这种境界中只知道满足个人生存所必需的最低欲望，舍此以外，别无他求，故我以“欲求”称之。刚出生的婴儿，据心理学家测定，一般大约在两岁以前，就处于此种状态之中。此种境界“其异于禽兽者几希”（《孟子·离娄下》）。但此种境界实伴随人之终生。当人有了自我意识以后，生活于越来越高级的境界时，此种最低境界仍潜存于人生之中，即使处于我后面将要讲到的“道德境界”和“审美境界”中的道德家和诗人，亦不可能没有此种境界，此禁欲主义之所以不切实际之故也。孟子所谓“食色性也”（《孟子·告子上》），大概就是指的这种境界。

单纯处于“欲求境界”中的人，既未脱动物状态，也就无自由之可言，更谈不上有什么人生意义和价值。婴儿如此，成人中精神境界低下者亦若是。当然，在现实中，也许没有一个成人的精神境界会低级到唯有“食色”的“欲求境界”，而丝毫没有一点高级境界。但现实中，以“欲求境界”占人生主导地位的人，确实是存在的，这种人就是一个境界低下的人，我们平常所谓“低级趣味”的人，也许就是这种人。

求知境界

第二种境界，我称之为“求知的境界”（或“求实的境界”）。美国当代著名发展心理学家简·卢文格说：“刚出生的婴儿没有自我。他的第一个任务是学会把自己与周围环境区别开来，……认识到存在着一个稳定的客观世界。……在这一过程中，孩子形成了一个不同于外在世界的自我。处在这一阶段的儿童，自我与无生命的客体世界是不分的。”用哲学的语言来说，这是一个由主客不分到主客二分的过程。在达到主客二分的阶段以后，自我作为主体，不再仅仅满足于最低生存的欲求，而进一步有了认知作为客体之物的规律和秩序的要求。此种要求是科学的求实精神的萌芽。故我把这个第二境界，既称之为“求知的境界”，又称之为“求实的境界”。有了知识，掌握了规律，人的精神自由程度、人生的意义和价值大大提升了一步。所以，“求知的境界”不仅从心理学和自我发展的时间进程来看，在“欲求境界”之后，而且从哲学和人生价值，自由之实现的角度来看，也显然比“欲求境界”高一个层次。黑格尔就是这样按照自由之实现的程序来划分人生境界之高低的。他明确指出：“自由是精神的最高定性”（D ie Freihe it ist dieh? chste Bestim mungdes Geistes）。自由在于不以自己的对立面为外在的，从而也就是不以为它是限制自己的。自由的主体本身就是一个整体，他不满足于自己只是一种内在的东西，而要求把自己变成客体，在外在的东西中见到他自身，实现他自身。主体只有在这样的对立统一中，才得到自由，得到自我满足。然而，要达到充分的自由和自我满足，则有一个过程：起初，自我只要求吃饱睡足之类的感性满足和自由，这种满足和自由对主体——自我来说，显然还是很有限的。作为人的主体之自我，必然要进一步要求精神上的自由和满足。没有知识的人，不懂得客体的规律，客体对主体是异在的，他显然是不自由的。人必须从最低欲求的满足，“进而走进精神的元素中，努力从知识和意志中，从知识和行为中求得满足和自由。无知的人是不自由的，因为和他对立的是一个异在的世界……”“求知境界”之高于“欲求境界”，从黑格尔的此番论述中，得到了深刻而确切的论证。

主客二分阶段的“自我”观念，还有一个由隐到显的发展过程，这影响着求知的深浅程度。人在形成“自我”观念之初，往往把“自我”隐蔽、淹没在与自己最亲近的社会群体（家庭、同伴集体之类）之中，言所属群体的“我们”之所言，行“我们”之所行，尚不能见由己出，言个体性的“自我”之所言，行“自我”之所行。对于这种隐蔽、淹没在群体的“我们”之中的“自我”而言，群体内部的每个人和其他人都是一样的，也就是说，“自我”的个体性、独特性尚未显现于外。心理学家称“自我”的这个阶段为“遵奉的阶段”（Conformiststage）。当“自我”从“我们”中凸显出来，从而把自我与所属群体的其他个人区分开来之时，这就达到了心理学家所谓的“自主阶段”（Autonomousstage）。“自主阶段”的“自我”不再是隐蔽的，而是显现的，即真正具有个体性、主体性的自我。显然，“遵奉阶段”的“自我”是不自由的，只有到了“自主阶段”，“自我”才有了精神上的自由。与此相联系的是，“遵奉阶段”的“自我”在求知方面缺乏独立的创造性，只有到了“自主阶段”才有了独创性。此种情况表现在中西文化发展的进程中也很明显。我在《个体性自我显现的历程：中国与西方》和《我们—自我—他人》等文中，已经比较详细地论述过：中国人的传统自我观是“依赖型自我”，长期的封建专制主义让中国人大多只习惯于按自己的社会身份（即所属社会群体的“我们”）说话和行动，说官话，说套话，说空话，缺乏个性和创新。如果说，儿童在尚处于“遵奉阶段”的自我成长期，是由于年龄关系、生理关系，而“不能”见由己出。那么，在中国文化传统自我观束缚下的自我，则是屈于封建专制的压力，而“不敢”见由己出。中国传统的自我观是中国封建社会缺乏自由和科学不发达的思想根源之一。反之，西方人的传统自我观是“独立型自我”，“自我”是个体性的，不一味依赖于“我们”，故惯于和敢于见由己出。此乃西方近代科学发达，在自由民主方面曾比中国先进的思想原因之一。

是否在个人的自我达到“自主阶段”之后，民族文化发展到“独立型自我”观之后，就算是有了充分的自由呢？就算是实现了人生最高价值呢？不然。“求知境界”的自由毕竟还是有限的，也远非人生最高价值之所在。这也就是说，单纯的科学不能使人达到最高的精神境界。

所谓“认识必然就是自由”，其实只说了事情的一半。认识了客体的必然性规律之后，还有一个主体（自我）如何对待客观规律的问题：以被动的态度屈从客观规律，在客观规律面前哀鸣悲泣，那就没有自由；只有以主动的态度，“拥抱必然”，才算得上是自由。这是因为“求知的境界”以主客二分为基础，客体及其规律外在于主体，是对主体（自我）的一种限制，限制就是不自由。黑格尔在《美学》中说：“主体在理论的层面上（im Theoretischen ）是有限的和不自由的，因为物的独立自在性是预先就被假定的。”这里所谓“在理论的层面上”，亦即指认识、求知的层面。这也就是说，在“求知的境界”中，作为客体之物被假定为独立于主体之外的自在之物，它与主体相互对立，彼此限制，故无自由之可言。黑格尔说：在认识中，对象独立自在，有“片面的自由”，而主体—自我反而只是“按现成的客观性去单纯地吸纳现成的东西，从而失去主体的自我规定性（按：指主体的自由——引者）。黑格尔在《精神现象学》中也谈到这个问题：“知性”所认识的普遍、永恒的东西（按：指普遍规律），是“没有自我的”（selbstlos），“远非自知其为精神的精神”。通俗一点说，认识、求知阶段所达到的客观普遍规律，尚未与主体——自我融合为一而成为黑格尔所谓“精神”——人生的最高境界。

人之所以有求知欲，最初是出于无功用的好奇心，后来则多出于功用心，即出于通过认识规律，使客体为我所用的目的。无论如何，求知最后都落实到功用，理论最后都落实到实践。所以“求知的境界”与

"功用的境界"紧密相联。在功用、实践中，主体——自我也是不自由的。黑格尔对此也作了很好的说明：在实践中，主体按自己的意志改造外物，使之"为自己服务，把它们视为有用的（nützlich）"，"主体变成自由了"，但"实际上"这种自由也是"一种单纯臆想的自由"，因为"目的"来自主观，就"具有片面性"，而且始终存在着"对象的抵抗"。黑格尔在《精神现象学》关于"实践理性"的论述中，还谈到了人因谋利而遇到与客观必然性的矛盾，谈到了人因贪图个人利益而造成人与人之间的矛盾和自由的丧失。

奥地利宗教家、哲学家布伯（M artin Buber，1878～1965）按照人的生活态度把世界分为两重：一重是"被使用的世界"（the world to beused），一重是"相遇的世界"（the world to be met）。布伯用"我—它"（"I－It"）公式称谓前者，用"我—你"（"I－Thou"）公式称谓后者。前者实指一种把世界万物（包括他人在内）当做黑格尔所谓"为自己服务，把它们视为有用的"对象的态度，亦即把人也视为物（"它"）的态度；后者实指一种把他人视为具有与自己同样独立自由的主体性的态度。布伯所说的前一种态度，实际上，也就是本文所说的"求知的境界"——"功用的境界"；后一种态度实际上属于我即将讲到的"道德的境界"。布伯从宗教的角度极力提倡人生应由前一种态度升华到后一种态度。我以为，布伯的思想为人生境界应从"求知的境界"——"功用的境界"升华到"道德的境界"提供了强有力的论证。黑格尔在《精神现象学》中也谈到了这一转化的必然性：功用主义会导致"绝对自由与恐怖"，"精神"陷入矛盾，于是由外在的欲求转向内心，以求得真正的自由，即"道德的精神"。

道德境界

个人的道德意识，在上述个人成长的“遵奉阶段”就已见端倪。在“遵奉阶段”中，个人的独立意识已处于突破遵奉意识的过程之中，从而逐渐产生了区分“好人”与“坏人”的意识，以至达到对他人负有责任和义务的真正意义的道德意识，心理学家卢文格称之为“公正阶段”(Conscientiousstage)，紧靠“遵奉阶段”之后，甚至把这二者结合为一个水平——“公正—遵奉水平”。发展到这一水平的“自我”既然有了责任感和义务感，这也意味着他有了自我选择、自我决定的能力，他“把自己看作是命运的主人”，“而不是听凭命运摆布的小卒”。

可以看到，人生的“道德境界”与自我意识和“求知境界”的出现几乎同时发生，也许稍后。就此而言，我把“道德境界”列在“求知境界”之后，只具有相对的意义。但从实现人生意义和价值角度和实现精神自由的角度而言，则“道德境界”之高于“求知境界”，是不待言的。

从上述心理学家的论述中还可以看到，个人的道德意识也有一个由浅入深的发展过程：当独立的个体性自我尚未从所属群体的“我们”中显现出来之时，其道德意识是从“我们”出发，推及“我们”之外的他人。中国儒家的道德观就是和这种个人自我观念形成的阶段相对应的。儒家所讲的差等之爱，首先是爱与我有血缘亲情关系的“我们”，这里的“我们”就是“我”，“我”就是“我们”，爱“我们”以爱“我”为基础，由此而“推己及人”，“及人”乃是同情他人，甚至是怜悯他人。这样的道德意识显然尚未达到尊重他人、对他人负有责任感和义务感的水平，缺乏平等待人和基本人权平等的观念。我认为，这是浅层次的道德意识。只有当“自我”发展到从“我们”中突显于外，有了独立的个体性自我观念之后，自我才有敢于独立负责的观念，才有深层次的道德观念。在这里，“自我”是独立自主的，“他人”也是独立自主的，我与他人相互尊重，平等相爱，大体上说来，这就是西方传统的道德观。我在《我们—自我—他人》一文中对上述中西不同的道德观作了较详细的论述。

黑格尔的《精神现象学》在论述到“实践的理性”即人的社会活动时指出，个人的行为不能脱离他人，作为个体，他必须在别的个体中，要求并产生其现实来，黑格尔显然已认识到，自我意识、自我行为开始之时，就具有社会性，就有了道德意识的萌芽。黑格尔在论述到社会历史发展的进程时，还认为，其最初阶段是个体意识与集体意识融合为一的阶段，他称之为“真正的精神，伦理”，个人隶属于集体（城邦、家庭）。这是较低级的道德境界，个体性自我淹没于社会群体之中。后经个体性自我凸显的过程（自我异化的精神，教化），才进入深层意义的“道德”领域（“自我确定的精神、道德”）。这是一个高级的道德境界。在这里，人才在自我的个体性基础上有了独立负责、尊重他人的道德意识。

高级的道德意识首先以独立自我的主体性为前提，那种淹没于群体的“我们”之中的“自我”，不可能有个人负责的责任感。只有当个体性“自我”从“我们”中凸显出来以后，才有可能达到高级的、有责任感的道德意识水平。黑格尔强调：“道德的观点，……把人规定为主体”。道德意识是“自我”自由自主地作出决定，是自我自己负起责任，故道德意识使人的精神达到更加自由的水平。

但是，仅仅有独立的个体性自我观念，还不足以达到完满的高级的“道德境界”。欲达此境，还必须进一步有尊重他人的自由意志和独立自主性的意识。故黑格尔在界定“道德的意志”时，除了强调道德行为出自于“我”而外，还特别强调“与他人的意志有本质关系”。承认“他人”的独立自主性，是高级的道德意识的另一主要前提。尽管西方传统文化，相对于中国文化传统而言，较重责任感，但在没有达到真正承认“他人”的独立自主性以前，还不可能进入高级的道德境界。作为西方近代主体性哲学创始人的笛卡尔，由于一味强调自我的主体性，而不讲“他人”，就“没有很大的道德热忱”。

康德既否定了笛卡尔“自我”的实体性，把“自我”的主体性提升到更高的、先验的地位，同时，又强调不把“他人”当手段，而要把“他人”当目的。道德的责任含意得到了加强。但康德所讲的对“他人”的尊重，源于“自我”的理性——“纯粹理性”，即所谓“自律”。尊重他人源于尊重普遍的理性，而非尊重“他人”之“他性”。故康德哲学的“道德境界”仍未达到完满的地步。

黑格尔在《精神现象学》中明确宣称：自我意识源于“承认”“他人”。“自我意识是自在的和自为的，由于并从而因为它是自在自为地为一个他者而存在的；即是说，它只是作为一个被承认者（alsein Anerkanntes）”。每个人只有通过他人承认其为自我意识着的，才能找到自我的真实性。黑格尔把“他人”的地位抬到了多么崇高的地位！黑格尔几乎达到了对笛卡尔以来那种以我为主，以他人为客（为对象）的主体性哲学的明确批判。黑格尔说：“在道德领域，我的意志的规定性与他人意志的关系是积极的（positiv肯定的）。这里不是一个意志，而是客观化同时包含着单个意志被扬弃，从而片面的规定性消失，于是两个意志及其相互间的积极（肯定）关系建立起来了”。“在道德领域，他人的幸福至关重要。”黑格尔因此而把人生的道德境界提升到了一个新的高度。

然而从黑格尔的整个哲学体系来看，他并没有贯彻他自己所提出的上述道德观点。相反，大家都很熟悉的是，黑格尔的精神现象学，或者也可以说，他的整个哲学体系，是一个不断克服与“自我”对立的“他者”而达到绝对同一的“绝对主体”的过程。黑格尔哲学既是西方哲学史上用最多篇幅、最系统讲述“他者”、“他人”的哲学，又是一个用最多篇幅、最系统地强调“克服”“他者”、“统一”“他者”，从而压抑“他者”的哲学。在黑格尔那里，“自我”一步一步地吞噬了“他者”、“他人”，成了唯我独尊的“绝对自我”。

黑格尔死后，他的“绝对自我”和整个西方近代主体性哲学遭到批判，“自我”的霸权日渐消失，代之而起的主流思潮是主客融合，尊重“他人”。胡塞尔提出“同感”说，企图走出“自我”之外，承认“他人”

的独立自主性。接着，海德格尔更进而提出“共在”说，更进一步论证“他人”的独立地位。尽管伦理道德哲学在胡塞尔和海德格尔的哲学体系中都没有什么位置，但他们关于重视“他人”的思想观点，都为提升“道德境界”的内涵作出了重要贡献。犹太裔宗教家和哲学家、奥地利籍的布伯(M·Buber）和法国籍的莱维纳斯（E·Levinas）两人大不同于胡塞尔和海德格尔，更从宗教的角度，以不同的方式强调了“他人”的神圣性。特别是莱维纳斯，更一反整个西方以“自我”占优先地位的传统，详细论证了“他人”优先于“自我”，“自我”只能被动听从“他人”之命令的观点，把“伦理学”奉为“第一哲学”，实际上也就把“道德境界”看成了人生最高境界（关于胡塞尔到莱维纳斯的上述观点，我在《我们—自我—他人》一文中，已作了较详细论述，这里只是一点简单的概括)。尽管我不同意莱维纳斯视“道德境界”为人生最高境界的观点，也不同意他关于超感性的“上帝”观念，我认为他的道德观带有明显的乌托邦性质，但他关于对“他人”负绝对责任的思想，的确为高级的“道德境界”增添了丰实的内涵。

总起来说，黑格尔死后，从胡塞尔到莱维纳斯，其关于“他人”地位的思想学说，虽各不相同，但都给了我们一个重要启示：“道德境界”不能停留在“推己及人”和“同情”、“怜悯”的水平，那是一种“俯视”“他人”的态度，一种低层次的“道德境界”。高级的“道德境界”应是平等待人、尊重他人，对他人负责。只有具备这种道德境界的人，才是一个有高级趣味的人。

当然，说西方现当代思想家主张尊重他人、对他人负责的高级道德境界，这决不等于说西方现当代人的道德意识现实已达到了此种“尽善”的水平。相反，西方现当代人道德境界中的自我中心主义、个人主义，仍然是我们应当予以批判的。

“道德境界”对于实现人的精神自由而言，尚有其局限性：①黑格尔说：“道德的观点是关系的观点、应然（Sollen）的观点或要求（Forderung）的观点”。“应然”、“要求”、“关系”，都是说的理想与现实之间、主体与客体之间尚存在着一定的距离，尚未完全融合为一，故精神的自由仍是的限的，“应然”——“应该”就有某种强制之意，尽管“道德境界”中的强制同时又是自愿的。②“道德境界”不能完全脱离功利（尽管是为他人谋福利），对象作为工具，服务于外在的目的，在此种意义下，主与客之间也显然是对立的。由此可见，“道德境界”并未实现充分自由，不能算是人生的最高精神境界。

老舍的幽默

傅光明　文学博士。中国现代文学馆研究员、复旦大学中国语言文学博士后。《中国现代文学研究丛刊》常务副主编、中国老舍研究会副会长。著有《口述历史下的老舍之死》《老舍与中国现代知识分子命运》等。译有《古韵》《现代中国与西方》等。

8月24日是老舍先生的忌日。这一天对我来说，在他百年诞辰的1999年之前，还不太具有浓郁的历史感，因为它离我还是那样的遥远。而我正是在这一年，出版了第一本与他相关的书——《老舍之死采访实录》。两年之后的2001年，在他去世35周年之际，我与妻子合作出版了另一本《太平湖的记忆——老舍之死》。8年时间转瞬即逝，2009年是他诞辰110周年，我与妻合作的新版《老舍之死口述实录》由复旦大学出版社推出。今年是他去世45周年，复旦大学出版社又刚刚出版了拙著《老舍与中国现代知识分子的命运》。不经意间的岁月留痕，竟使我写作、出版研究他的著作，与他的生卒年天缘吻合着。如果生前常被冠以幽默大师称谓的他，最后不是以投太平湖来结束自己的生命，我会觉得冥冥之中的这种吻合有一种内在的幽默，至少是十分有趣的。但无论如何，他的幽默是留给后人的一笔珍贵的精神文化遗产。遗憾的是，庸俗的搞笑在时下常常被当成了幽默。

老舍的幽默观

幽默的果

对于老舍最后投湖自杀表示不理解的人，常有这样的疑惑：如此幽默的一个大作家，怎么会在自己生命的最后时刻想不开而自寻短见呢？幽默的老舍若能在临死前幽默一把，不也就可以翻过这道坎？因而我想在此提出两个设问：幽默的老舍可不可以不死？老舍之死是对生命的幽默吗？

先对老舍的幽默观做一番梳理是必要的。什么是幽默？“幽默是一个外国字的译音，正像‘摩托’和‘德谟克拉西’等等都是外国字的译音那样。为什么只译音，不译意呢？因为不好译——我们不易找到一个非常合适的字，完全能够表现愿意，假若我们一定要去找，大概只有‘滑稽’还相当接近原字。但是‘滑稽’不完全相等于‘幽默’。‘幽默’比

'滑稽'的含意更广一些，也更高超一些。'滑稽'可以只是开玩笑，而'幽默'有更高的企图。凡是只为逗人哈哈一笑，没有更深的意义的，都可以算作'滑稽'，而'幽默'则须有思想性与艺术性。"

老舍在《谈幽默》中，把幽默定位在"首要的是一种心态。""他是由事事中看出可笑之点，而技巧的写出来。""人人有可笑之处，他自己也非例外。""人寿百年，而企图无限，根本矛盾可笑。""细心'看'事物，总可以发现些缺欠可笑之处；及至钉着坑儿去咂摸，便要悲观了。"其实，只要稍微细心，就不难发现，使老舍登上文坛的幽默招牌之作《老张的哲学》和《赵子曰》，即不全是可笑的，里边也有叫人落泪的悲。

为了弄明白什么是幽默，老舍把与幽默意义相近的五个词——奇趣、反语、讽刺、机智、滑稽逐一加以对照。他认为"奇趣"这个词，反而不容易使人弄懂幽默，只需明白一点就够了。"假若干瘪，晦涩，无趣是文艺的致命伤，幽默便有了很大的重要。""反语""比幽默要轻妙冷静一些，"却与"幽默是没有关系的。"在老舍眼里，"讽刺"是最与幽默沾边儿的，因为要"讽刺必须幽默，但它比幽默厉害。""讽刺家的心态好似是看透了这个世界，而去极巧妙的攻击人类的短处。""讽刺者的心是热的，讽刺家的心是冷的；因此，讽刺多是破坏的。""幽默者有个热心肠儿，讽刺家则时常由婉刺而进为笑骂与嘲弄。""讽刺因道德目的而必须毒辣不留情，幽默则宽泛一些，也就宽厚一些，它可以讽刺，也可以不讽刺，一高兴还可以什么也不为而只求和大家笑一场。""机智"是讽刺的兴奋剂，"机智的应用，自然在讽刺中比在幽默中多，因为幽默者的心态较为温厚，而讽刺与机智则要显出个人思想的优越。"至于"滑稽"，老舍认为"这是幽默发了疯；它抓住幽默的一点原理与技巧而充分的去发展，不管别的，只管逗笑，假若机智是感诉理智的，闹戏则仗着身体的摔打乱闹。喜剧批评生命，闹戏是故意招笑。假若幽默也可以分等级的话，这是最下级的幽默。"所以，幽默只是有时候"有弦外之音"；幽默在态度上没有讽刺厉害；因为懂得大家都有短处，幽默"似乎把人都看成兄弟"，而没有"机智"超越的态度。滑稽的闹戏，在老舍是根本看不上眼的。因而，“所谓幽默的心态就是一视同仁的好笑的心态。”“世上最伟大的人，最有理想的人，也许正是最愚而可笑的人，吉珂德先生即一好例。幽默的写家会同情于一个满街追帽子的大胖子，也同情——因为他明白——那攻打风磨的愚人的真诚与伟大。”

在《滑稽小说》一文里，老舍也强调，幽默是一种心态，它是最重要的。“如果一个人他的心态是幽默的，不论他是那派的，不论他写什么东西，他总可以表现出那幽默的心境与觉得的。”“他看世人是愚笨可笑，可是也看出他们的郑重与诚恳；有时正因为他们爽直诚实才可笑，就好像我们看小孩子的天真可笑，但这决不是轻视小孩子。一个幽默家的世界不是个坏鬼的世界，也不是个圣人的世界，而是个个人有个人的幽默的世界。”“幽默的根源须由笑之原理找出来。矛盾与对照为招笑之源。”“小说最适宜于表现幽默。”“讽刺与幽默在分析时有显然的不同，但在应用上永远不能严格的分隔开。”

老舍自认“是个爱笑的人，”也“是个爽快的人，当说起笑话来，我的想象便能充分的活动，随笔所至自自然然就有了趣味。教我哭丧着脸讲严重的问题与事件，我的心沉下去，我的话也不来了。”但是，“您看我挺爱笑不是？因为我悲观。”“悲观有一样好处，它能叫人把事情都看轻一些。这个可也就是我的坏处，它不起劲，不积极。”而且，老舍认定，“浪漫的人会悲观，也会乐观；幽默的人只会悲观，因为他最后的领悟是人生的矛盾。”

老舍的《我怎样写〈老张的哲学〉》道出了他最初写小说，一出手就避不开幽默的原由：“我自幼便是个穷人，在性格上又深受我母亲的影响——她是个愣挨饿也不肯求人的，同时对别人又是很义气的女人。穷，使我好骂世；刚强，使我容易以个人的感情与主张去判断别人；义气，使我对别人有点同情心。有了这点分析，就很容易明白为什么我要笑骂，而又不赶尽杀绝。我失了讽刺，而得到幽默。据说，幽默中是有同情的。我恨坏人，可是坏人也有好处；我爱好人，而好人也有缺点。‘穷人的狡猾也是正义’，还是我近来的发现；在十年前我只知道一半恨一半笑的去看世界。”而“狄更斯是我在那时候最爱读的；……这就难怪我一拿笔，便向幽默这边滑下来了。”

孙钧政认为，是老舍所处的那个可笑的时代，造就了他的幽默之笔：“清末民初，社会腐败与‘猫城’无甚差异，可笑！清末民初，老张办的‘京师得胜汛公私立官商小学堂’是模范学堂，办教育之楷模，可笑！大学生不读书以胡闹为荣，可笑！响马摇身一变走马上任管地方治安，可笑！拿妻子当礼物送与上司享用，作为晋级之梯，可笑！凡社会上的人们的自私偏狭，嫉贤妒能，倨傲不逊，恃强凌弱，骄奢淫逸，虚伪矫饰，贬人扬己，愚昧顽劣，欺瞒狡诈等等都可笑，都该笑，有这可笑之事，有这可笑之人，便有了老舍的幽默之笔。”换言之，老舍是想以幽默之笔来写时代的悲剧，即要写出深刻的幽默。

但“幽默”也让老舍遇到了尴尬，没想到“幽默”竟会带来危险。老舍的《“幽默”的危险》一文既是一次辩白，也是在为自己的“幽默”正名。这自然起因于鲁迅对林语堂所办《论语》半月刊的批评，而老舍当时常给《论语》写稿。当国家身处内忧外患之际，林语堂力倡“幽默”、“闲适”，自有专事玩弄之嫌。鲁迅眼里不揉沙子，批评林语堂将幽默导向“将屠户的凶残，使大家化为一笑，收场大吉。”但从鲁迅1934年6月18日写给台静农的那封信看，鲁迅对老舍的幽默是更看不上眼的。他说：“文坛，则刊物杂出，大都属于‘小品’。此为林公语堂所提倡，盖骤见宋人语录，明人小品，所未前闻，遂以为宝，而其作品，则已远不如前矣。如此下去，恐将与老舍半农，归于一丘。其实，则真所谓‘是亦不可以已乎’者也。”

就拿当时来说，老舍与林语堂的幽默路数也毕竟是有区别的，“林语堂的文章是幽默而带滑稽，老舍则幽默而带严肃。”有趣的是，半个世纪之后，樊骏在论述老舍的幽默时，干脆认为老舍的幽默式文化批判与鲁迅的“绝望中的抗战”实属殊路同归。他认为这是老舍醉心幽默艺术的深刻用意，即“为的是能够较为委婉较为温和地写出他所咂摸到的世事的滋味，表达自己的爱憎判断——‘看透宇宙间的各种可笑’以后的悲观与恐怖。”鲁迅多次提到“我的灵魂里有毒气和鬼气，……虽然竭力遮蔽着，总还是恐怕传染给别人。”把自己的奋进抗争称为“绝望中的抗战”。因而，“在一定意义上说，老舍正是以幽默‘遮蔽’、冲淡他郁积于内心深处的悲观情绪。而且与鲁迅一样，不管世事如何令人悲哀，早年就立下的‘为破坏、铲除旧的恶习、积弊’与‘制造新的社会与文化’而‘负起两个十字架’的誓言，是老舍也坚持着自己的‘绝望中的抗战’，幽默艺术又正好成为进行思想启蒙、文化批判的主要手段。”

即便是在三十年代，李长之也认为，“老舍是擅长讽刺的，就讽刺表现的一方面说，他是出之以幽默。”他在讽刺“中国人的精神上”，就“灰色的世界中灰色人物的嘴脸”这方面，是成功的。同时，他与鲁迅“所注意的对象是非常相似的，所不同的，只在表现的作风。老舍没有鲁迅那么转折，含蓄，也没有鲁迅那么有力量。鲁迅在尖刻浓烈之中，表现着他的强有力的生命。但鲁迅是没有耐心的，所谓‘心里清楚’，当然是老舍。……同是讽刺，鲁迅的是挖苦，而老舍的乃是幽默。鲁迅能热骂，老舍却会俏皮。”

正因为此，老舍才觉有以“幽默”的方式申辩“幽默”的必要。他自然不满一般人把“油腔滑调”理解为“幽默”，难免招来“正人君子”的“诛伐”。尤其“革命期间”，若还表现出“幽默”的“可爱”，那“总是讨人嫌的，以至被正人君子与战士视如眼中钉，非砍了头不解气。”可一个人的幽默是骨子里带出来的，“他悲观，他顽皮，他诚实，”“还容让人。”“看清了革命是怎回事，但对于某战士的鼻孔朝天，总免不了发笑。他也看资本家该打倒，可是资本家的胡子若是好看，到底还是好看。这么一来，他便动了布尔乔亚的妇人之仁，而笔下未免留些情分。于是，他自己也就该被打倒，多么危险呢。”显然，老舍是在抱怨由“幽默”而受的委屈，自然也有质疑：彻底革掉了“幽默”的革命就一定是彻底的？老舍的话外音也许是，那样的革命比之“危险”的幽默更危险。

老舍是执意要“幽默”的，因为他懂得幽默者要“憎恶虚伪、狡诈等等恶德，同情弱者，被压迫者，和受苦的人。”“他既不饶恕坏人坏事，同时他的心地是宽大爽朗，会体谅人的。”而且“幽默与伟大不是不能相容的。”“一个大小说家根本须是个幽默家。”这里所谓的幽默家，“是说他必洞悉世情，能捉住现实，成为文章。”可以看出来，老舍是非要赌一口气，不信自己就成不了“幽默”而又“捉住现实”的大小说家。

幽默与写作

幽默的果

老舍写作上的幽默是与生俱来的，甚至有时到了成也幽默，败也幽默的程度。“我的脾气是与家境有联系的，因为穷，我很孤高，特别是在十七八岁的时候。一个孤高的人或者爱独自沉思，而每每引起悲观，自十七八到二十五岁我是个悲观者，我不喜欢跟着大家走，大家所走的路似乎不永远高明，可是不许人说这个路不高明，我只好冷笑，赶到岁数大了些，我觉得冷笑也未必对，于是连自己也看不起了，这个可以说是我的幽默态度的形成——我要笑，可是并不把自己除外。”我感觉，老舍的“喜剧式”幽默运用在散文里，是成功的，那是一种蕴满了灵性的智慧里的俏皮与诙谐，而一旦到了小说中，特别是早期的创作，就使作品的张力有所消解。“我极喜欢英国大小说家狄更斯的作品，爱不释手。我初习写作，也有些效仿他。……我只学来些耍字眼儿，故意逗笑等等‘窍门’，扬扬得意。”但他从来不看低幽默，因为像“英国的狄更斯……等伟大作家都一向被称为幽默作家。”“他们的爱与憎都是用幽默的笔墨写出来的。”

难得的是，老舍能够清醒地认识到，“死啃幽默总会有失去幽默的时候，到了幽默论斤卖的地步，讨厌是必不可免的。我的困难至此乃成为毛病。艺术作品最忌用不正当的手段取得效果，故意招笑与无病呻吟的罪过原来是一样的。”当老舍以成熟的悲剧家的姿态把幽默挥洒在小说里，艺术上的拿捏也是那么准确到位时，他创作上具有里程碑意义的作品——《骆驼祥子》出现了。单就幽默来说，“一味幽默”的“毛病”没有了，而是“每逢遇到可以幽默一下的机会，我就必抓住它不放手。……它（《骆驼祥子》）的幽默是出自事实本身的可笑，而不是由文字里硬挤出来的。”另外，老舍在语言的运用上，到《骆驼祥子》也达到了炉火纯青的地步。他不无自得地说：“《祥子》可以朗诵。它的言语是活的。”

我以为，与老舍小说不同，他散文里的幽默，多是轻松的、俏皮的，也是智慧的。或许他这时的幽默可称得上是中国文人幽默中的一个典范，是属于给中国人挣脸面的那种幽默。至少当有人指责中国人不懂幽默时，我们还能说老舍是幽默的。可如果中国人的幽默里就剩老舍了，那实在可悲。这也是老舍不愿看到的，因为生活中从来不缺乏可供幽默的佐料。老舍幽默散文里的佐料不全来自生活吗？他打趣、针砭、讽刺的那些个人和事，都是生活本真和病态社会诸相的反照。他把它们拆散、肢解了，和上幽默的调料，放到语言的油锅里煎炒烹炸，盛出一道道色香味俱佳的菜肴。技巧全在火候上。

关于老舍运用幽默语言，也就在掌握“烹调”火候上，有两种相反的意见。一说火候刚好，调料、用油配制得当，菜肴耐读耐看，美味可口，且极易吃上瘾。心里只有佩服的份儿，学不来这门手艺，只有去做回头客。吃得多了，胃口倒也上去了。你会慢慢发现，身边的一人一事一情一境，都是可以幽默的，或消闲，或讽刺，全在调配与火候。老舍是当然的幽默烹饪大师；二说老舍的烹调火候过了，经常故作俏皮，要幽默，结果给人一种“油嘴”的感觉。并说幽默这东西得无意间小炒，可能会是好菜。如果刻意爆炒，就会叫人吃腻了。自然，萝卜白菜，各有所爱，口味不可强求。这幽默的火候也只有大师能掌握好。火小了，半生不熟，如哽在喉，难以下咽。火大了，又满嘴油滑，利落了嘴皮子，却亏待了舌头上的味蕾，余韵皆无。

我是极偏口老舍幽默散文的，是吃上瘾的那种回头客，随便哪一篇，每每读来，从没觉得过时和陈旧，他幽默的许许多多的人和物事，有许多今天仍在生活里徜徉。《当幽默变成油抹》、《考而不死是为神》、《避暑》、《习惯》、《有了小孩以后》、《多鼠斋杂谈》等篇，怎能读得烦呢？

老舍的幽默是无处不在的，且幽默里的俏皮、机锋无不闪烁出睿智的亮色。他幽默里的自嘲，也绝不仅仅就是拿自己说事儿，而是在所谓表面“油滑”的背后潜隐着深刻的文化内涵。比如老舍在追忆1924年抵达伦敦接受英国海关检查时，曾风趣地写道：“那时候，我的英文就很好。我能把它说得不像英语，不像德语，细听才听得出——原来是‘华英官话’，那就是说，我很艺术地把几个英国字匀派在中国字里，如鸡兔之同笼。英国人把我说得一愣一愣的，我也把英国人说得直眨眼；他们说的他们明白，我说的我明白，也就很过得去了。”看似轻松的调侃，却把他所接受的英语教育数落了一下，其实也就像今天我们很多学英语的人，在接受了多年的英语教育以后，仍然说着“哑巴英语”一样。

老舍的幽默不但没过时，且具有永恒的魅力和价值。他绝不是那种耍嘴皮子，卖弄搞笑那种作家，他是真正有思想、有才华，而又精通写作之道——这点顶顶重要——的语言大师。若不谙熟写作之道，思想、才华会憋在肚了里烂掉，谁人能知晓。

结　语

老舍怕旁人对他的“幽默”产生歧义，才写了《“幽默”的危险》。“幽默的人，据说，会郑重的去思索，而不会郑重的写出来；他老要嘻嘻哈哈。假若这是真的，幽默写家便只能写实，而不能浪漫。不能浪漫，在这高谈意识正确，与希望革命一下子就能成功的时期，便颇糟心。那意识正确的战士，因为希望革命一下子成功，会把英雄真写成个英雄，从里到外都白热化，一点也不含糊，像块精金。一个幽默的人，反之，从整部人类史中，从全世界上，找不出这么块精金来。”但他坚持把幽默看成“伟大文艺的特征。”便执意要“幽默”下去了。

不过，老舍对别人执意要把“幽默”的标签戴他头上，仿佛他除了幽默文章再不会写别的，或再不该写别的，而不真正了解他幽默的个中三昧，心里并不舒服。他在1935年写的《又是一年芳草绿》即可换成一个题目叫“为幽默辩”。初看文题，谁都会以为这是写对又一年春景的印象、感受之类。但它却是老舍勾描的一幅“写家”自画像，同时也是一份自白书，少不了几分“辩白”。尽管他明白“人是不容易看清楚自己的”，他还是想努力将自己看得清楚一些，同时也使读者把他看得清楚一些。

表面看，文章一如老舍一贯轻松的幽默笔调，但读来感觉并不怎么轻松。因为老舍要说的意思常常是藏在幽默后头的，而这后头的幽默不但不轻松，有时往往还十分沉重。或许还有人在老舍的幽默里看出了他语言里不动声色的“损”。用老舍的话说就是，“一件事总得由两面瞧，是不是?”

能想象吗?他一上来先声明，他的爱笑是因为“悲观”。谁会信一个人幽默是因为“悲观”呢?“悲观”了还会“乐观”地活着?其实，这才是真正的老舍。幽默是他一种别样的武器，他从来不想也不会板起面孔阐发自己的想法。如果说他的性格像母亲一样是“软中硬”的，他的幽默也一样，壳是软的，核却常常十分坚硬，甚至扎手。他从来没有过“嬉皮笑脸，死不要鼻子”式的幽默，也从不把自己的写作看多高，他认为自己与“朋友德成粮店的写账先生”是同等的“写家”。

前边已经说过，“九·一八”以后，国难当头似乎就成了不该再幽默下去的理由。所以才有了鲁迅对林语堂式“幽默小品”的“讥诮”。虽然老舍的幽默或许更多属于鲁迅肯定的“倾于对社会的讽刺”一类，还是有许多人不理解，觉得正像鲁迅所说，“现在又实在是难以幽默的时候”。所以，老舍不去直接辩白对人们叫他“幽默的写家”这个称谓的“荣”与“辱”，他只管写就是了。因为要说文学有用，“拉长了说，它比任何东西都有用，都高明。可是往眼前说，它不如一尊高射炮，或一锅饭有用。”

老舍一方面是表达自己能幽默的理由，像“对事清淡，我心中不大藏着计划，做事也无须要手段，所以我能笑，爱笑；天真的笑多少显着年青一些。”“我爱小孩，花草，小猫，小狗，小鱼；这些都不‘虎势’。”另一方面，也软中带硬地谈了对文坛的看法，像“一个人的天才与经验是有限的，谁也不敢保了老写的好，连荷马也有打盹的时候。”正是从这一点，他尤其反感“权威”、“大家”、“大师”一类“老气横秋的字眼们”。他“愿意老年轻轻的，死的时候像朵春花将残似的那样哀而不伤。”

事实上，老舍的“幽默”也是充满矛盾的，一方面，“他爱生命，不肯以身殉道。”但另一方面，他深知悲观的好处在于能叫人把事情都看轻一些。“我的悲观还没到想自杀的程度，不能不找点事做。有朝一日非死不可呢，那就只好死喽，我有什么法儿呢?”老舍最后的自杀正是如此，一方面，他悲观，但他爱生命。另一方面，当生命让他再也爱不起来，对生命已再没有什么可留恋，即到有朝一日非死不可的境地，那就只好死了。这不是说老舍把死看得很轻，而恰恰是他把生命看得很重，重到“不肯以身殉道”。

但正像老舍在《我这一辈子》里所描述的，“年头儿的改变不是个人所能抵抗的，胳膊扭不过大腿去，跟年头儿叫死劲简直是自己找别扭。”换言之，也就是“生命简直就是自己和自己开玩笑。”老舍时常透过小说流露出对生活的悲剧认识，像短篇小说《五虎断魂枪》的引子：“生命是闹着玩，事事显出如此”，意即任何一个生命个体都无法改变时代的更迭变迁所带来的命运安排。一下子便显出一个悲剧的模子——“今天”的“火车，快枪，通商与恐怖”，早把沙子龙在江湖曾经的一切都变成了昨日梦，“他的世界已被狂风吹了走。”因为“这是走镳已没有饭吃，而国术还没被革命党与教育家提倡起来的时候。”其实，这也就是老舍说祥子的“生不逢时”。而这又何尝不是老舍笔下一切想和命运抗争的小人物们所经历和遭受的“愚蠢与残忍”?

这倒提醒我可以把老舍《“幽默”的危险》和《诗人》联系起来看，

老舍之所以感觉到“嘻嘻哈哈”的“幽默”的危险，正在于“生不逢时”，同“诗人”只被人误以为是“囚首垢面”的“怪人”、“狂士”、“败家子”，如出一辙。反过来，也正如只有“诗人”才敢在战乱祸患之际“身谏”、“投水”、“殉难”一样，非“正人君子”的幽默者面对“意识正确的战士”的“革命”时，真的能连死都看轻。“我们就盼望那大悲剧的出演，把笑改成泪。历史是血泪的凝结，珍藏着严肃悲壮的浩气。笑是逃避与屈服，笑是本无可说，永无历史。悲剧的结局是死，死来自斗争；经过斗争，谁须死确不一定。”

巴蜀文献：中华文明的重要记录

舒大刚　1959年生，重庆市秀山县人。博士，四川大学教授、国际儒学研究院院长、历史文化学院副院长兼古籍所所长，博士生导师。主要从事历史文献、儒学文献、巴蜀文献研究，曾完成国家社科基金项目《中国孝经学史》、教育部重点基地重大项目《儒家文献学研究》、国际儒学联合会项目“历代学案”等课题。目前担任中国孔子基金会重大项目《儒藏》首席专家兼主编、国家社科基金重大委托项目《巴蜀全书》首席专家兼总编纂。

巴蜀文化作为华夏文化的重要分支，与齐鲁文化、三晋文化、荆楚文化等地域文化，共同构成了辉煌灿烂的中国古代文明。巴蜀文化底蕴深厚、悠久绵长，孕育了三星堆青铜文明，历经了金沙文化玉器时代，三国蜀汉文化流光溢彩，藏、羌、彝少数民族文化独具魅力；巴蜀大地人文荟萃、英才辈出，巴蜀自古多才俊，文翁治蜀文教敷，太白诗仙李白、宋代文豪苏轼、画坛巨擘张大千、文坛英杰郭沫若等大批文人大师汇聚于此，孙中山先生曾感言“惟蜀有才，奇瑰磊落”。

作为地处巴蜀文化圈中心的高水平大学，在115年的办学历程中，四川大学植根巴蜀文明沃土，汲取蜀学文化精髓，形成了深厚的人文底蕴和具有巴蜀特质、带有川大烙印的大学文化和大学精神。学校曾汇聚了郭沫若、徐中舒、蒙文通、冯汉骥等一大批国学大师，他们对巴蜀古史传说、民族宗教、历史考古等领域进行了大量开拓性研究，取得了具有划时代意义的重大成果。其中，徐中舒先生撰写的《巴蜀文化初论》被誉为“巴蜀文化论著的里程碑”，冯汉骥先生开创了川西高原考古发掘研究的先河。目前，在人文社科领域、特别是巴蜀文化研究方面，学校拥有中国古典文献学、历史文献学、专门史、宗教学等12个国家重点学科，为培养巴蜀文化研究高层次人才提供了强有力支撑；人文社科科研经费突破1亿元大关，获得国家及教育部社科重大招标、委托项目13项，特别是获准国家社科基金重大委托项目《巴蜀全书》，开创了巴蜀文化研究的新局面；在国内较早成立了“巴蜀文化研究中心”，参与了三星堆遗址、三峡古人类遗址等巴蜀考古重大成果的发掘，编撰出版了《中国道教史》、《儒藏》、《苏轼全集校注》等一大批巴蜀文化典籍。此外，学校博物馆馆藏4万余件极具巴蜀民族、民俗文化特色的历代书画、藏羌文物、石刻艺术等珍贵文物，被誉为从事巴蜀文化研究的珍贵宝库。

大学不仅作为优秀文化传承的重要载体，更是思想文化创新的力量之源。今天，我们与光明日报社共同举办的高端文化论坛，汇聚了包括学术界、文化界以及新闻界的众多知名专家、学者，共同围绕“巴蜀文化与文化强国战略”这一主题，广泛交流巴蜀文化研究的前沿成果和发展趋势，共同思考继承弘扬巴蜀优秀文化遗产、守护中华民族精神家园的创新举措。我们相信，此次论坛上各位专家及同仁们观点的碰撞、思想的交流和智慧的启迪，必将有利于进一步提升学校人文学科、特别是巴蜀文化研究水平，必将有利于深入推进巴蜀文化遗产的保护、利用和开发，必将为开创四川乃至全国巴蜀文化研究新局面，为提升国家文化软实力、推动人类文明进步作出新的更大贡献！

历史文化记忆是由实物、遗迹、图书和口碑等方式实现的。

对实物、遗迹的考察和研究诞生了考古学；对图书和口碑的整理与研究则是文献学的任务。由于信息承载的完整性、全面性和持久性，决定了文献学成为历史研究中最古老，也是最系统的学科之一。研究历史文化，在很长时间内的很大程度上，成了对历史文献或文化典籍的研究和整理，而文献典籍也成了历史文化繁荣与否的集中反映和突出标志。

历史经验证明，一个文化发达的民族，其文献典籍必然丰富多彩而且数量庞大。换言之，一种文化是否发达，是否持久传承和永世隆昌，文献是否丰富也就成了重要的标志。历史悠久的中华先民，不仅用自己勤劳的双手创造了丰富的物质文化，也用自己的智慧创造了璀璨的精神文明。这些精神文明成果（也包括部分物质文明成就）都记录于以“经、史、子、集”为分类体系的数十万种图书资料中，它们是中华文化（也是人类文明）灿烂宝库的主体内容，它们既永恒地记录了过去历史的辉煌，也将持久地点燃人类智慧，照亮着人们生生不息、进德修业的漫漫长路。中华文明是否能够健康发展并持久繁荣，甚至中华民族是否真正实现伟大复兴，不仅取决于对现代科学技术的借鉴和运用，而且也取决于是否能对这些文献典籍所记载的中华文化优秀传统的继承和弘扬。

一国如此，一个地方也不例外。一方富庶，其文化必兴；而文化若兴，其文献必富。于是“故家乔木”、“文献旧邦”，就成为评价一个地方历史文化底蕴的专用名词。

巴蜀地区是古人类的发祥地之一，也是中华古文明的重要摇篮。这里水土肥沃，气候湿润，物产丰富，号称“陆海”、“天府”，自古就是人类繁衍生息的乐园。同时也是中华文化孕育发展的沃壤。岷峨毓秀，江汉炳灵，这里不仅有距今 204 万年的“巫山猿人”、旧石器晚期的“资阳人”，有大禹治水、蜀王蚕丛、柏灌、鱼凫、杜宇、开明和巴王廪君等优美动人的历史传说，而且还有长江三峡古文化遗址群和成都平原古城文化遗址群等重大发现。不仅有世界上历时最久的水利工程“都江堰”，人类最早利用天然气的“火井”，世界上第一张纸币“交子”等经济建设成就；也有历史悠久、魅力横生的“巴蜀古文字”、“三星堆”、“金沙”为代表的青铜文明，还有首创并主撰于巴蜀的集地理、志怪于一体的世界奇书《山海经》，这里还是政府首开学宫传播儒家“七经”从而形成历久弥新“蜀学”传统的地方，还是最早发明和运用雕版印刷术的地区之一，至今还保存着国内仅有年代最早的印刷品（同时也是世界上保存最早印刷品之一）《陀罗尼经咒》。巴蜀地区还以其丰富的物产和悠久的文化资源，哺育出一代又一代文化名贤和“蜀学”精英，有司马相如、陈子昂、李白、苏轼等文学家，有扬雄、卫元嵩、赵蕤、李鼎祚、房审权、来知德等《易》学家，有张栻、唐甄、刘沅等思想家，有洛下闳、王灼、秦九韶等科学家，有陈寿、常璩、李焘、李心传等史学家，有魏了翁、虞集、杨慎、李调元等文献学家和博物学家，还有严君平、郑子真、赵蕤、陈抟等大德隐士君子，有杨锐、刘光第、廖平、宋育仁等经学家和改良学者。此外，还有李阳冰、文与可、苏轼等书画名家，有张道陵、张鲁、宗密、马祖道一、杜光庭等宗教学者等等。他们都应时而生，卓然振起，以天下为己任，勇为天下创，创造了“文章冠天下”、“蜀学垂无穷”以及“易学在蜀”、“天数在蜀”、“宗教在蜀”、“史学在蜀”、“方术在蜀”等一个个文化奇观，丰富了祖国的文化宝库。

四川是文化大省，也是文献富省，历代学人的文化创造为我们留下了汗牛充栋、丰富多彩的文献典籍。据不完全统计，巴蜀古代文献多达 5000 余种，现存者超过 3000 部。不仅数量庞大、内涵丰富，而且风格各异，形式多样。大而言之，遍及经、史、子、集，举凡《四库全书总目》

经部10类、史部15类，类类齐全；子部14家、集部4家，家家咸有。举凡地理之沿革、政治之兴替、经济之发展、文化之繁荣、军事之胜负、社会之变化、风俗之移易，以及思想之精妙、奇士之风雅、民族之风貌，无不应有尽有。

研究巴蜀上古史，有《山海经》、《蜀王本纪》、《华阳国志》等文献；研究秦统一后的四川历史文化，则有《华阳国志》、《蜀梼杌》、《蜀中广记》、《蜀典》、《蜀故》、《蜀都碎事》等，其中特别是《蜀中广记》收集文献相当丰富，内容十分广博。研究巴蜀的地理、风俗、物产等，则有《蜀水经》、《蜀水考》，历代所撰《总志》、《通志》以及各府州县志，甚至各种山川志（如《峨眉山志》、《青城山志》、《嘉陵江志》等）和名人游记（如《入蜀记》、《吴船录》、《秦蜀驿程记》等）；如果要考察“蜀学”的发展史，既有《蜀学编》、《四川儒林文苑传》、《拟四川艺文志》等综合著述，还有蜀学大家所撰的学术专著：在《易》学上有李鼎祚《周易集解》、苏轼《东坡易传》、来知德《周易集注》、刘沅《周易恒解》等；史学上有陈寿之《三国志》、常璩之《华阳国志》、李心传《建炎以来系年要录》及《朝野杂记》、李焘《续通鉴长编》；文学上有相如扬雄之辞赋、陈子昂李白之诗歌，三苏父子之文章；科技上有冯鉴《续事始》、李石《续博物志》、唐慎微《证类本草》、秦九韶《数书九章》；子学上则有严遵《道德指归》、苏辙《老子解》、唐甄《潜书》等；术数则有扬雄《太玄》、卫元嵩《元包》；宗教则有张道陵《老子想尔注》、李荣《老子解》、彭晓《参同契注》、宗密《华严经疏》、释绍叟《五家正宗赞》、释性统《续灯正统》等；民族则有樊绰《蛮书》、来保《平定金川方略》、阿桂《平定两金川方略》、赵翼《平定两金川述略》、李心衡《金川琐记》等，无不多姿多彩，应有尽有。

除内容丰富外，巴蜀文献还具有很强的开拓性和创新性。扬雄《太玄》、《法言》，肇开拟圣仿经之先河；常璩《华阳国志》，首成地方总志之典范；赵崇祚《花间集》、苏轼《东坡乐府》，树立宋词婉约、豪放二派之风格；昝殷《经效产宝》、《食医心鉴》、陈士良《食性本草》、王灼

《糖霜谱》、唐慎微《证类本草》，始得妇科学、食疗学、制糖学、方剂学之先声。至于扬雄《方言》之开方言研究新领域，李鼎祚《周易集解》首集汉易之大成，魏了翁《周易集义》首集宋易之精义，杜大珪《琬琰集》之开碑传新史体，杨慎“古音”六书之创闢明代古音学途轨等等，皆是蜀人树之风声、成其典范的，真是“大雅出巴蜀，文章焕星斗”!

丰富多彩的巴蜀文献，既是巴蜀文化的主体载体，也是中华文明的重要记录。研究巴蜀文化乃至中华文明，固应首当关注和整理这些巴蜀文献，充分发掘其中的文化精华。而总结历代治蜀的成功经验或失败教训，凸显和表彰历代巴蜀学人敢为天下先、勇为天下创的原创精神和人文底蕴，对重振巴蜀文化、发展巴蜀文明也不无借鉴意义。在实施“文化兴川、文化强国”战略的当代社会，在充分学习与吸取世界先进文化，大力发展现代科学技术的同时，我们似乎冉也不能长此地“抛却自家无尽藏，沿门托钵效贫儿”矣！目前，一项由四川省委省政府决策批准、国家社科基金委托的重大项目《巴蜀全书》编纂，为我们全面地调查巴蜀历史文献，系统地整理巴蜀精品文献，科学地保护巴蜀善本文献，提供了很好机缘。做成、做实、做好这件事，是我们告慰于巴蜀历代先贤，服务于巴蜀当代建设，嘉惠于巴蜀后代学人的光荣使命，也是一项非常艰巨的历史任务。

批判性思维与思维基本功

谷振诣 1962年生于内蒙古赤峰。中国青年政治学院教授，从事逻辑学、批判性思维和思维方法论的教学与研究。代表著作：《论证与分析：逻辑的应用》（人民出版社，2000）、《批判性思维教程》（北京大学出版社，2006）。帕特里克·赫尔利《简明逻辑学导论》（世界图书出版公司，2010），译者之一。

职业棋手与业余棋手有一个重要的差别：职业棋手非常注重基本功训练，要花大量时间对基本功进行高强度和系统性的训练，因而都有过硬的基本功；业余棋手通常不注重基本功训练，偶尔练一练，训练的强度和系统性也不够，因而总是不能与职业棋手相匹敌。大学生是职业的学习者，职业的学习者不是知识的储存者和复述者，而是积极主动的思考者。职业的思考者必须练好思维基本功，批判性思维（Critical Thinking）就是一项非常重要的思维基本功。

宽容原则　中立原则

十七世纪法国文学家布鲁叶说：“世界上最稀有的东西，除了好的判断外，便是钻石和珠宝了。”

谈到批判，总要有一个批判的对象，也就是批判什么；还要有一个批判的标准，也就是依据什么来批判；当然，批判是有目的的。

如果对批判的对象一无所知或一知半解，那就不具有批判的资格。因而，批判首先意味着准确和充分地理解批判的对象。在这方面，批判性思维坚持理解的宽容原则，也就是以合理性的最大限度理解批判的对象。宽容原则限制批判者对所批判的对象进行歪曲的或者片面的理解，要求批判者具有公正、准确的理解能力。

任何批判都会预设一个或多个标准。批判的标准可分为两类：一类是立场性标准；另一类是中立的标准。

《孟子·滕文公下》说：“杨氏为我，是无君也。墨氏兼爱，是无父也。无父无君，是禽兽也。”杨朱“为我”的观点，主张尊重个体生命，不做自伤其生的事情，也反对他人对自己的伤害和侵夺。墨翟“兼爱”的观点，主张普遍平等地爱人，不受等级贵贱和血缘亲疏的局限。孟子对杨、墨的批判，依据的标准是立场性的，以儒家有差等的人伦之爱为标准，对杨、墨的观点进行批判。立场性批判通常不能解决争议，易于陷入“公说公有理，婆说婆有理”的境地。

苏格拉底在临终前面临三项指控：腐蚀青年；崇拜新神；不崇拜城邦诸神。苏格拉底不清楚第三项指控的确切意思，请法官美勒托为他澄清一下，美勒托说：这项指控意为苏格拉底是彻底的无神论者。苏格拉底说：倘若如此，那第二项指控就不能成立。由于“苏格拉底是彻底的无神论者”与“苏格拉底崇拜新神”相互矛盾，其中必有一个不能成立。苏格拉底对美勒托的批判，以逻辑学的矛盾律为标准，这种标准是中立的，也就是控辩双方都认同的标准。

批判性思维坚持批判的中立原则，也就是以双方无争议的或者绝大多数人认同的准则作为批判的标准。宽容原则和中立原则是确保思维公正性的原则，违背其中之一就会伤害思维的公正性。

批判性思维的目的是得出好的判断。十七世纪法国文学家布鲁叶说：“世界上最稀有的东西，除了好的判断外，便是钻石和珠宝了。”爱因斯坦说：“应该把独立思考和综合判断能力放在首位，而不是获得特定知识的能力。”若要得出好的判断，非竭尽全力、劳心苦思不可。据此，恩尼斯将批判性思维定义为：“针对相信什么或做什么的决断而进行的言之有据的反省思维。”

独立思考　严谨审慎

阅读是职业学习者的一项重要工作，如果我们只是把所读到的东西机械地转录到脑子里，这种阅读就不是批判性的。

在恩尼斯的定义中，既把批判用于思维的产品，也将其用于思维的过程。用于思维产品最常见的批判形式是批判性阅读。阅读是职业学习者的一项重要工作，如果我们只是把所读到的东西机械地转录到脑子里，这种阅读就不是批判性的。批判性阅读意味着积极主动的思考，既不抗拒作者的观点，也不是不加思考地对作者的观点加以接受，而是积极地参与作者的思考，在不遗漏作者表述的细节、不曲解作者观点的基础上，对所读到的东西进行理解、分析、比较、核对、质疑和反思等思考性工作，依据无争议的标准对所读到的东西进行权衡和评估，然后，再得出观点对错或作品好坏的判断。

让我们来看一则小测验。我让大学一年级刚入学的新生重读鲁迅的《孔乙己》，要求回答的问题是：在鲁迅笔下，孔乙己是什么样的人？几乎所有同学都认同："孔乙己是受封建科举制度毒害的人，是一位令人哀其不幸、怒其不争的人。"当我进一步质问：得出这一结论的根据是什么？有些学生茫然无语，有些学生说："老师这样教的。"

学生的回答让我感到无奈。首先，"孔乙己是受封建科举制度毒害的人"不是对"孔乙己是什么样的人"的直接回答，而是对"什么原因使孔乙己成为那样一个人"的直接回答。其次，"哀其不幸、怒其不争"是读者对孔乙己发表的看法和评论，仍然不是对"鲁迅笔下的孔乙己是什么样的人"的直接回答。在没弄清楚孔乙己是什么样人的前提下，就去推测他何以成为这样的原因，作出孔乙己让人感到悲哀或愤怒的评论，这是不合理的。最后，"老师这样教的"是一种推卸责任的回答，是不独立思考的表现。

接着，我把"孔乙己是什么样的人"这个问题细化，提出以下几个问题：

孔乙己有真才实学吗？

孔乙己有没有一技之长？

文中几次写到孔乙己挨打？

为什么挨打？

孔乙己有什么嗜好？

显然，孔乙己没什么真才实学，有真才实学的人不会向饭店的小伙计卖弄"回"字有四种写法；孔乙己有一技之长，写得一笔好字；文中六次描写孔乙己挨打，两次间接描写："皱纹间时常夹些伤痕。""孔乙己，你脸上又添新伤疤了！"四次直接描写："我前天亲眼见你偷了何家的书，吊着打。""他怎么会来？……他打折了腿了。""竟偷到丁举人家里去了，……先写服辩，后来是打。""要不是偷，怎么会打断腿？"凡写挨打之处都提到偷，因为偷人家东西挨打；孔乙己是一个酒徒。"幸而写得一笔好字，便替人家钞钞书，换一碗饭吃。可惜他又有一样坏脾气，便是好喝懒做。坐不到几天，便连人和书籍纸张笔砚一齐失踪。如是几次，叫他钞书的人也没有了。"

没有真才实学却自以为有学问，身着脏破的长衫、满口之乎者也，虚荣到了死要面子的地步；有一技之长却不好好发挥，一边干活一边偷人家东西，屡打不改，而且偷窃的胆子越来越大（举人家的笔书纸砚通常比一般人家的更贵重、更值钱）；嗜酒如命，即使被打折了腿，仅有四文大钱，还要爬到酒店去喝。虚荣、懒做、偷窃、嗜酒之人，在我们身边，这样的人难道没有吗？如今，哪个单位敢雇用这样的人？什么样制度的国家能养得起这样的人？这种人的出现与封建科举制度有多大的相关性？怒其不争气尚可，哀其不幸则未必。若是在今天，因屡次偷窃被抓，会被关进监狱，对这种"不幸"，何哀之有？

批判性思维首先倡导的是独立思考的精神和严谨审慎的思考态度。现在的学生，尤其是学文科的，这种态度和精神的匮乏，到了让人悲伤的地步。懒得独立思考，喜欢简单和模仿，动不动就找模板，或者上网搜查现成答案。思考问题缺乏耐心，在没有对结论赖以成立的根据进行深思熟虑的情况下，便匆忙得出结论，下判断时胆大、草率而任性。

杜威在《我们如何思维》中说："如果勉强让我们做选择，一个是个人的态度，另一个是关于逻辑原则的知识，也就是能顺利处理问题的逻辑方法和技术，我将选择前者。幸好，我们不必作出这样的选择，因为个人态度与逻辑方法并不是对立的。"确实，有了独立思考的精神和严谨审慎的思考态度，才会产生使用方法和技术的愿望和意志。否则，即使掌握了方法和技术，也不会不辞辛苦地使用它。

学好逻辑　用好逻辑

很遗憾，我国的逻辑和批判性思维教育很薄弱，很多教师和学生没有学过逻辑，缺乏逻辑观念，不懂得评估论证好坏的逻辑标准和方法。

当然，思维方法和技术很重要，逻辑的方法和技术就是批判性思维最重要的方法和技术。柯匹在《逻辑学导论》中说："逻辑学是研究用于区分正确推理与不正确推理的方法和原理的学问"。"在那些必须依靠下判断的地方，正确推理终究是其最坚实的基础。运用逻辑学的方法与技术，人们可以有效地区分正确的推理和不正确的推理。"赫尔利在《简明逻辑学导论》中说："逻辑的目标是研发一种方法和原则的体系，可供我们用作评价他人论证的准则，以及构造我们自己的论证的指导。""逻辑作为评价论证的科学，其目的就是开发供我们区别好论证与坏论证的方法和技术。"

很遗憾，我国的逻辑和批判性思维教育很薄弱，很多教师和学生没有学过逻辑，缺乏逻辑观念，不懂得评估论证好坏的逻辑标准和方法。何以见得呢？给出支持主张的理由和根据叫论证。表达主张的陈述叫结论，表达理由和根据的陈述叫前提，由前提得出结论的推导过程叫推理。无论是表达主张，还是陈述理由，都要使用概念。

针对论证的主张、理由、推理和概念的运用，至少有 32 种常见的逻辑错误，诸如含糊不清、混淆概念、绝对判断、不一致或自相矛盾、非黑即白、轻率概括、不当类比、熏鲱、稻草人、假因果等等，这些逻辑错误违背的都是逻辑的基本规律和准则。与错别字和语法错误相比，在论文或论著中出现逻辑错误是更加不能允许的。我们以逻辑错误为例，检阅一下论证性的思维产品，看一看我们的思维素质和思维质量如何。

先看某家报纸上的一段论证：

“唐山大地震30周年，就是10950个日子。每一个日子，都伴随和意味着数十个灵魂在逐渐远去。但是他们的名字，却应该和必须永远留下来。因为没有这些真实的名字，那场灾难就是不完整的。甚至可以说，失去了这些真实的名字，也就失去了唐山大地震的历史。其实每一场灾难都是如此。”

“30周年”应该是第30年这一年，怎么会有10950个日子？这是误用概念。很滑稽，遇难同胞的灵魂没有一起走，在这30年中，每天走数十个，一直走到现在。作者的主张是：遇难者的名字应该和必须永远留下来。理由有两个：其一，“没有这些真实的名字，那场灾难就是不完整的。”这个理由不成立，灾难一旦发生都是完整的，其完整性不取决于遇难者的名字。其二，“失去了这些真实的名字，也就失去了唐山大地震的历史。”这个理由也不成立，因为即使我们失去了遇难者的名字，也不会失去唐山大地震的历史。这个论证是无效的，可作者却在此基础上大胆地概括说：“其实每一场灾难都是如此。”这样的概括叫绝对判断。

再看某家名牌出版社出版的一本面向21世纪的大学教材中的论证：

“因此，一篇文章可以没有对比性的写作赋形思维操作，但绝对不可以没有重复性的写作赋形思维操作……但是，并非每一篇文章的写作中都必须运用‘重复’与‘对比’赋形思维的操作模型，这要看具体情况灵活而定。有时只用‘重复’，有时只用‘对比’，有时二者兼而有之。”

其中的自相矛盾是明显的。这本教材的逻辑错误很多，再看一例：

“对写作思维操作模型的建构，首先是对写作思维原理——三种写作思维操作模型——的理解，主要是认真阅读教材，认真听老师的知识阐述、举例分析、操作演示。然后是对这些理论的思考、验证，看是否能推翻这些结论。如果不能推翻，就只有深信它，迷恋它，实践它，运用它。”

“思维原理”与“思维操作模型”不是同一档次的概念，不可等量齐观；最后一句假设：“对于一种理论，要么推翻它，要么深信它，迷恋它，实践它，运用它。”在此假设之下，“如果不能推翻，就只有深信它，迷恋它，实践它，运用它”才能成立。这一假设犯了非黑即白的错误。反例是存在的，即使是不能推翻的科学理论，也没有必要“深信它，迷恋它”，否则，科学就会停止不前。

学术专著中的情况又如何呢？一本研究音乐文化的著作中有如下论述：

“王光祈曾把世界音乐分为三大体系，即：华夏乐系、希腊乐系和波斯——阿拉伯乐系。杜亚雄继承了这一体系划分，但将华夏乐系改为中国乐系，希腊乐系改为欧洲乐系，并进一步阐释了这几个乐系的特征。我接受这一划分，但仍愿意把中国乐系叫做华夏乐系。否则，我认为会有把使用欧洲乐系和波斯——阿拉伯乐系的少数民族排斥在中国以外之嫌。”

王光祈对乐系的分类依据的是文化标准；杜亚雄对乐系的分类依据的是区域标准。这是两种独立的划分，没有什么继承关系。作者将这两种分类掺和在一起：“华夏乐系、欧洲乐系和波斯——阿拉伯乐系。”在一次分类中使用了两种标准，导致分类的混乱。“否则，我认为会有……之嫌。”事实上，“华夏乐系”的外延不包括使用欧洲乐系和波斯——阿拉伯乐系的少数民族音乐，而“中国乐系”则能将它们包括其中，真是事与愿违。“我接受这一划分，但仍愿意……”，对乐系进行分类属于事实性问题，应当遵循科学和逻辑的标准，不取决于作者愿不愿意的情感偏好。在需要做出理性判断的时候，任凭情感和愿望的参与并受其左右，这种现象很普遍。

俗话说：不知者无畏。逻辑观念淡薄，缺乏逻辑方法和技术方面的基本训练，恐怕是出现这类不合格的思维产品的一个原因。讲究学术规范，最起码要符合理性的标准，而逻辑的准则是理性标准的底线。学好逻辑，用好逻辑，这是职业学习者必备的思维基本功。

创造性思维与批判性思维

怀特海说：科学研究的概率是999个想法会没有任何结果，可是，第1000个想法也许会改变世界。

就思维过程而言，我们把思考分为两个阶段：产生想法的创造性思维和判断想法的批判性思维。这两个阶段是互相交织的，在处理实际问题的思考过程中，思考会在这两者之间互动。每个人都会产生想法和判断想法，但思考质量却千差万别。面对问题或挑战，有的人只会产生简单或肤浅的想法，而且不加批判地予以认可；有些人则会产生很多想法，其中包括有原创性的和有深度的想法，他们会对这些想法进行质疑、评估、审验等批判性思考，挑选出最好的想法，并对它进行验证，以便得出经得住检验的知识和信念。

我们以居里夫人发现镭的过程为例，看一看创造性思维与批判性思维的特征和关系。

1896年，法国物理学家亨利·贝克勒尔发现含铀的结晶体具有使感光底片曝光的力量。他从这一现象得出的结论是：结晶体放射某种射线，它穿透了覆盖在感光底片上的不透明颜料，与位于下面的光敏物质发生反应。进一步的研究表明，这些射线不及用做胸透的X射线强烈，所以，贝克勒尔减弱了对它们的研究兴趣。

一年后，巴黎大学的玛丽·居里选取它作为博士论文题目。她用更适合测量射线强度的静电计替换了感光底片，为了确定射线的来源，她依然使用纯铀进行各种实验。当这些实验毫无成果后，她把注意力转向其他的金属或矿物质。为此，她测试了成百上千种金属、化合物和矿石，最后她将注意力集中到沥青铀矿上。沥青铀矿中有铀，她估计这种铀矿会放射射线，由于矿石中含有许多杂质，这些射线应当弱于纯铀的强度，事实的情况却相反，这些射线的力量更强。这一现象引起了居里夫人的注意，成为她接下来研究的核心问题。

作为对这一问题的回答，居里夫人产生了沥青铀矿中的杂质以某种方式增强了铀的放射量的想法。由这一想法得出的一个推论是：将纯铀与沥青铀矿中的杂质混合，会使铀的放射量增加。为了验证这一推论，居里夫人用各种元素与铀混合，然后测量其射线的强度。然而，混合后的放射量总是比纯铀的放射量少。因此，她放弃了这种想法。

尔后，她又提出第二个想法：较强的射线是由沥青铀矿中的其他杂质引起的。可是，除了铀之外，钍是当时唯一已知的放射性元素，而在已经检测的沥青铀矿中绝对没有钍。由此得出的推论是：某种新的未知元素增加了放射的强度。从这一想法得出的另一个推论是：通过提炼可以从沥青铀矿中分离出该元素。

她与丈夫皮埃尔一起进行元素的分离工作。由于这种元素的量异常地小，从余下的杂质中分离出可计量的量，需要付出巨大的努力。居里夫妇先把沥青铀矿磨碎，放入酸中溶解，再经过多步的过滤和添加其他化学物质后，他们获取了一小撮白色的粉末，发现这种粉末的放射性是纯铀的 900 倍。但是，由于白色粉末中的主要元素是钡，这种未知元素仍然未被分离出来。

至此，居里夫妇决定不再进行提炼工作，而是对白色粉末进行光谱分析，希望通过这种分析能揭示出未知元素的光谱特征。当白色粉末在光谱仪中燃烧时，在紫外线区域出现了一条不同于其他成分的放射线。根据光谱的复合图像和放射强度，居里夫妇于 1898 年宣布发现了新元素镭，并经过多步提炼，获得足够量的镭，从而确定了它的原子量。

科学研究主要包括四个步骤：发现问题；产生想法；从想法中得出推论；验证推论。前两个步骤主要是产生想法的阶段；后两个步骤主要是判断想法的阶段。逻辑学把科学研究中产生的想法称为假说。

好想法的产生，必须以发现一个好问题为前提。不像教师指定作业中的问题，科学研究中的好问题不是现成的，而是在富有创造性的调查研究基础上发现的。调研不只是简单地收集常规信息，而是以很强的好奇心和富有想象力的行动去探究常人想不到的问题。居里夫人测试了几百种金属、化合物和矿石，才找到了她所研究的核心问题。

好想法的产生不是一蹴而就的。最初的想法通常是不正确的，创造性思维的成功取决于持续地产生想法，直到将惯常的想法扫荡干净，才会产生富有想象力的与众不同的想法。居里夫人的第一个想法被证明是不正确的，于是她又产生了第二个想法。爱迪生说：天才是99%的努力加上1%的灵感。怀特海说：科学研究的概率是999个想法会没有任何结果，可是，第1000个想法也许会改变世界。

想法或假说的产生，来源于研究者自由的思想，用来解释事物的成因，寻找或构造相关的证据，以便揭示所观察到的事实的真相。因而，假说完全有可能是错误的。知道这一点，养成产生想法时保留判断的习惯就非常重要。

想法或假说与推论和证明息息相关。从居里夫人的事例中可见，每一个想法或假说的产生，都意味着一个或更多的推论，推论的目的在于形成可用观察和实验检验的结论。因而，假说是搜集证据的指南，告诉研究者寻找什么，忽略什么。推理是我们不但要懂而且要做的事情。如果实验的结果与推论相一致，而且有理由相信唯有被探究的这些条件才会产生这样的结果，那么这种证实就足够有力地支持了所推出的结论，至少在与结论相反的事实被发现之前，它是可信的。

在发现问题和产生想法的创造性阶段，好奇心和想象力是重要的，但是，二者必须在独立思考、勤奋辛劳和勇于承受困惑和失败的基础上，才能开出美丽的花朵。在得出推论和验证推论的批判性阶段，搜集证据和给出证明是重要的，没有经过严格证明和检验的假说只是一种臆测或猜想。尽管搜集证据和给出证明也需要发挥想象力，只有合乎逻辑的推论和经得住检验的证明，才能使好奇心和想象力开放的花朵结出丰硕的果实。

胡适将这两个阶段概括为："大胆的假设，小心的求证。"杜威把这两个阶段的思维叫做反省思维。“对任何信念或被假定的知识形式，按着支持它的根据以及由它进一步导出的结论，去进行主动的、持续的和缜密的思考，就形成了反省思维。”恩尼斯对批判性思维的定义使用了“反省思维”这个词，吸收了杜威的思想。

批判性思维是教育的使命

苏格拉底说：“未经审验的生活是不值得过的。”批判性思维是我们清除错觉、识破欺骗、破除迷信、澄清误解和做出好的判断、迈向成功人生的工具。

批判性思维倡导独立思考的精神和严谨审慎的思考态度；主张使用逻辑的方法和技术对思维产品和思维过程进行合理的质疑和反思，做出恰当的评估和判断；注重培养清晰性、准确性、一致性、合理性以及理性的公正、谦逊、真诚和执著等思维品质和习惯。批判性思维是教育的使命，是职业学习者必须进行强化训练的思维基本功。

苏格拉底说：“未经审验的生活是不值得过的。”人们按着他们所确信的“真理”来生活和工作，这不意味着他们一定依据真正的真理而行动。当我们面对相信什么或做什么的决断时，每做出一次好的判断，就使我们向真理或成功迈进了一步；每做出一次坏的判断，就使我们向谬误或失败迈进了一步。

《礼记·中庸》说：“博学之，审问之，慎思之，明辨之，笃行之。”批判性思维是我们清除错觉、识破欺骗、破除迷信、澄清误解和做出好的判断、迈向成功人生的工具。

大地与云霓

韩子勇　现任新疆维吾尔自治区文化厅党组书记、副厅长。新疆师范大学客座教授、硕士生导师。1994 年自治区社科评奖青年佳作奖，1999 年获自治区第四届社科评奖二等奖，2001 年获第二届鲁迅文学奖。

如果一个地区的文化、情感、个性、习俗，也可以用温度计来测量，新疆是强烈、热情、沸腾、极致……新疆，有一颗奔驰的心，直率的爱，喧哗的声音，无遮的视野，性感的身姿，浓颜的面庞。

锦绣中华，如果是勾角相连、逶迤于东方的华庐美居，23 个省、4 个直辖市、5 个自治区，再加上港、澳、台，是相通相连的三十五套房子，那么，新疆就是祖国西边最大、最美的一间。

这最大最美的一间，家具也出奇的大：横贯东西的天山，是一个安稳、无限的书案或餐桌。47 个民族、13 个世居民族，围着这个大书案或大餐桌，排排坐。屁股下是绿洲的软垫。大家学习、阅读、思考、工作、生活……

天池、赛里木湖，是早已备好的两杯清茶。

吐鲁番和果子沟，是随手可取的两个果盘。

天山松树，是漂亮的、码放整齐的下酒凉菜。

冰山、雪冠，是空调，也是冰激凌。

而昆仑山和阿尔泰山，是南北两个单间里的两张栖息梦想的高榻。

……

这是一间处在顶楼、视线很好的房子，远方永远在更远的地方。这是一间采光极好的房子，洒满阳光，简直就是天然画室。苍苍茫茫地平线，苍苍茫茫天地间，360 度的宽幅画面……新疆是室外的，露天的，敞开的。新疆有最好的露天效果，是在路上，地尽头，天边外。

如果一个地区的文化、情感、个性、习俗，也可以用温度计来测量，新疆是强烈、热情、沸腾、极致的……新疆，有一颗奔驰的心，直率的爱，喧哗的声音，无遮的视野，性感的身姿，浓颜的面庞。我想看清新疆的容颜、气质和心灵。

“疆”字仿佛专为说明新疆而设。这个字左右结构，左西右东：危险来自西方。“疆”中之“弓”，一次次向西张开。它弯弯曲曲的“弓”字边，就像新疆 5600 多公里的漫长边境，而那片“弓”外之“土”，提示我们在近代被一系列不平等条约割让的土地。面积之大，足可立国。

“弓”字告诉我们，我们这个国家，失败在火器盛行的工业时代。汉唐开疆扩土，不输于漠北的马镫和弯弓，但到了晚清，形势大变，再也翻不过身来，一败再败于西方的“来复枪”。

“弓”字还告诉我们，中央王朝在新疆有漫长的屯田史。自西汉开始的屯垦戍边，绵延几千年。从政治、军事而言，代表历史上中央王朝的有效管制；从文化、文明而言，源源不断地为西域注入儒家的文明。

“疆”字的右边分别是“三横两田”。“三横”由上至下排列，分别代表三条山脉：阿尔泰山脉、天山山脉和昆仑山脉。

但这是多么大的“三横”呀！

在新疆行走，不管是走上几天、几个月，茫茫天宇之下，漫漫旅途之中，“天似穹庐，笼盖四野”——在你周身围拢成圆弧的地平线上，至少有一脉大山远远相随。山顶雪线，如银蛇颤动，逶迤天际。这雪线，如老人的眼睛，似乎为了看得远些、再远些，努力地眯缝着眼睛，静静俯视脚下辽阔大地，俯视大地上的苍桑变幻和踽踽独行——你始终躲不开她的目光，你始终在她的寓言般的视线里。

“三山夹两盆”。上“田”为北，是准噶尔盆地；下“田”为南，是塔里木盆地。天山，果断地把新疆一分为二，北面是“北疆”，南面是“南疆”。就这样，新疆自然地理的骨架：166 万平方公里的土地，写出的一个大大的“疆”字。

阿尔泰山脉的大部分在境外，中国境内的阿尔泰山，是她伸向东方的脑袋。在中央电视台每天“新闻联播”后播出的天气预报中，这个高高翘起的“鸡尾巴”，就是阿尔泰山。她的羽毛被来自乌拉尔山和西伯利亚的强劲水气，吹成一朵盛开的屁股花。夏雨阵阵，冬雪纷纷。这里是新疆降水最多、植被最好的地方，也是新疆最重要的牧场和肉库。中国唯一流入北冰洋的水系——额尔齐斯河，就发源于这里。这条穿行于白桦林和碎石河床之上、清澈见底的蓝水晶之流，可以说是中国最美的河。

阿尔泰山也是一座文化之山。历史上，它是驰骋于亚欧大陆北方游牧带的骑马民族国家的一个重要的纠结点，一个远离农业文明和强大中央帝国的藏匿点，一个供无数的游牧部族舔抚伤口、休养喘息、收拢部众、积攒厮杀力量的肥地沃土和理想之国。

阿尔泰山自古以来盛产黄金。古代突厥人称之为 Altun tara，在蒙古、哈萨克语中则音变为 Altai，意皆为“金”。我国古代汉文典籍将之意译为“金微山”或“金山”。现存的细石器表明，远在八九千年以前，这里就有人类活动。公元前 7 世纪中叶，中亚草原游牧群体开始进入历史舞台，阿尔泰山脉位于亚欧大草原中部，自然成为各种游牧力量活动的枢纽。

汉代的匈奴呼衍王出入“金微山”。而后，柔然又把“金山”作为主要活动区域。突厥崛兴，“金山”也是其重要的发祥之地，由柔然的“锻奴”起而立国，并由此东征西战，创建赫赫突厥汗国。突厥汗国分裂后，臣属于西突厥的“葛逻禄”主要活动于“金山”西南，之后又归于蒙元时期的窝阔台、察合台统辖。11 世纪在黄河以北败于金国的辽国契丹从北京出逃，在“金山”的额尔齐斯河流域重整旗鼓，建立包括中亚和天山南北的西辽王朝——喀喇契丹。随后，喀喇契丹与伊斯兰联军在阿富汗会战并大胜，使西亚诸国“谈契丹色变”，并造成历史性误会，中亚之人和俄罗斯，至今以普遍用“契丹”的各种音译来称呼中国。

成吉思汗曾六度金山。旌旗翻飞，铁骑成云，率领蒙古大军远征欧洲，开山劈路，四十匹神骏拖着华丽的宫帐大车，隆隆驰过阿尔泰的成吉思汗大道。一个世界历史上绝无仅有的、横跨欧亚大陆的帝国，就这样被游牧的铁蹄、箭镞、雄心、热血耕耘出来。明代“瓦剌”（卫拉特蒙古）代兴，这里又被划入准噶尔汗国的势力范围。今天，此处则是哈萨克、蒙古、汉、回等民族的生息地。总之，这里一直是游牧民族的“安乐窝”和“洞天福地”。

历史上，战争是游牧生活的重要内容。很难想象，那些流散于旷野长风之中，孤独地哼着忧伤的长调，成天尾随于羊群之后，过着简单困苦的生活，善良、可怜、待人热情的牧人，怎么就呼风唤雨、摧枯拉朽，把一个个古老而强大的文明打趴在地。

在人类漫长的冷兵器时代，马镫和弓剑组成的军旅，代表机动、速度和力量之王，是“上帝的鞭子”，如同今天的特种部队。反复上演、剧本如出一辙、残酷血腥而又无聊乏味的连续剧就这样开始了。如同冬天凛冽的西北季风，一个、又一个骑马民族，周期性地从欧亚大草原的深处，挥鞭南下，无情地冲击着中原的中央王朝、恒河流域的文明和古罗马的层层关隘。

“星天旋转
诸国争战
连上床铺睡觉的功夫也没有
互相抢夺、掳掠。”

这段卫拉特蒙古的英雄史诗《江格尔》中的句子，形象地说明游牧力量在亢奋时的样子。不知疲倦的蒙古大军席卷亚欧，所到之处，富庶的城镇顷刻变为废墟，宏丽的庙宇瞬间化为火海。一个弃城而逃的不花喇人惊魂未定地这样说：“他们到来，他们破坏，他们焚烧，他们杀戮，他们抢劫，然后他们离去”。在这场蒙古旋风之中，先后有 40 多个国家、700 多个民族归顺蒙古帝国。

不管是匈奴还是蒙古，无论游牧者统治的疆域消长盈缩，她总有几个不变的“原点”或“根据地”：顺利时从这里出发征服世界，瓦解时又龟缩此处。这样的“原点”星罗棋布，在欧亚大陆的北方游牧带连成一线。比如鲜卑人从大兴安岭北段的“嘎仙洞”石室出发，而黄河河套地区曾经是匈奴的历史摇篮，著名的蒙古高原，几乎就是众多北方游牧民族的“老窝子”，是其最重要的历史舞台和牢固的大后方。

一个有趣的现象是，在历史大时光的消磨中，游牧线不断地往北退缩，这样的“原点”也不断北移。越是深居漠北的，更原始、更新鲜、也更有战斗力的部族，也越是后来居上、有着更大的机会：这些“披发左衽、穹庐毡帐、食肉饮酪”的后起之秀们，瞄准日益成熟的农业社会的果子，扶摇直下，直到把自己消融在农民世界的稠人广众之中——“征服者被征服”，进入农耕区的游牧统治者，很快汉化，融入农业文明，一般是在50年之后，就谙熟农耕之道，成为儒家文化坚定的维护者，据关守隘，或凭借城池之险，徒劳地抵御着他们的后继者——新的游牧力量的进攻。几千年过去，牧人数量变化不大，少见城郭和地面上的变化，到今天依然地广人稀，而农人的世界却人满为患，市井如沸。

这些“原点”、“根据地”，多是山高、林茂、水丰、草密之地，而其中以阿尔泰山最典型。古代金山，居于亚欧北方草原带之十字路口，东进、西攻、南下、北上，自由挥洒的空间比较大，而距其他大的势力范围又较远。众多游牧势力啸聚于此、养精蓄锐，就不足为奇了。

按照语言学的分类，我国北方潮水般消长激荡的游牧民族，几乎统属于阿尔泰语系。匈奴、突厥、回鹘、黠戛斯、哈萨克等，属于阿尔泰语系的突厥语族；而鲜卑、柔然、室韦、契丹等则属于阿尔泰语系的蒙古语族。

在卫拉特蒙古的英雄史诗《江格尔》中，也多次提到阿尔泰山，而且似乎“江格尔可汗”的理想国——“宝木巴国”的核心区域，就是阿尔泰——至少，“江格尔”的勇士们要为他们的圣主“江格尔”建造的宫殿是在阿尔泰。

“美如开屏孔雀的阿尔泰山西侧，
生长着万年的旃檀。
在万年旃檀的中间，
杂生着珍珠宝石树，起舞婆娑
紧靠着五百株万年旃檀
为圣主江格尔建造一座
举世无双的十层九彩金殿。”

于是，勇士们用黄金、珊瑚、象牙、珍珠和宝石，为“江格尔”建造了一座“离天上的白云还差三指”的宫殿。在今天阿尔泰山脉的崇山密林和山间草地上，找不到“江格尔奇”们用空前的想象、巨大的愿望和最华丽的词藻建造的“宫殿”。

我不相信建立了皇皇帝国的游牧统治者，没有永垂不朽、青史留名的意愿。“风流总被雨打风吹去”。用不着雨打风吹，他们自己就是“雨打风吹”——他们对待历史的方式，如同他们自身存在的方式，是否仍在大时光的上游飘忽不定、“逐水草而居”？是否在用另一种我们所不熟悉的方式传递千古之谜？

阿尔泰的深山之中，有太多的历史秘密和千奇百怪，如同大海微微颤动的洋面，光天之下，天地旋转，魅影重重。游牧力量的大时光，潮水般退去。祥和、平静、如深山美人般不为人知的阿尔泰，正在被小康社会日渐兴盛的游客围观。封闭了漫长岁月的阿尔泰，如一坛刚刚开封的老酒，凛冽清纯，醇香四溢，沁人心脾。

准噶尔盆地的核心部分是古尔班通古特沙漠，蒙古语的意思是“三堆芨芨草滩”，这里是芨芨草、梭梭和骆驼刺的世界。芨芨草就是古代边塞诗中常提到的“白草”，一墩一墩，其茎细长，劲直柔韧，如箭杆密集地怒放。准噶尔盆地的自然条件、特别是植被情况，要比塔里木盆地好许多。历史上，这里是传统的游牧区，现在有水和地势平缓的土地，早已开发成连片的农业区，深山、浅山和盆地深处半荒漠的地方才是牧区。游牧区和农区的交相混杂，加之以相对发达的交通线和密集的城镇，是北疆的特点。

农耕社会的封建文人进城做官，无论官作多大，最后都愿意告老还乡，回到他出发的地方，田园才是他真正的家。而游牧民族对夏牧场的眷恋，也使他可以抛弃城市，找到自然之子的感觉。村落、族群、文化，就像野生动植物，就像由心灵、肉体和观念构成的水土，环环相扣，暗藏天机，出生、发育和成长在哪片地方，多少有一定之规。

“疆”字中间这一横，是“天山”——“天尔塔格”。

在新疆的“三山”之中，天山无疑最为重要，是新疆地理的脊梁，是新疆之书的书脊。天山，承上启下，与昆仑山和阿尔泰山隔“盆”遥相呼应，东到新疆的东大门哈密，西从伊犁入哈萨克斯坦，绵延数千公里，占有最重的份量，在新疆的历史地理中位置显赫。

这条被日本学者松田寿男称之为沙漠瀚海中的“天山半岛”，“有一个不能等闲视之的作用，就是引导草原游牧民族流入绿洲，并使之转变为农业民族”。最典型的例子是回鹘汗国溃败之后，公元840年，从漠北西迁南下，入主天山南北，与绿洲上的土著居民混合而成现代维吾尔族，并从一个游牧民族演变为农耕民族。

以农业民族的眼光来看，巨大的山脉往往是阻碍。但在游牧民族那里，有水草的山脉，是驰骋的高速公路。特别在西域的大漠热风中，天山犹如干旱世界和生命禁区的生命孔道，历史上活跃于西域的每一个游牧力量，无不是藉此东去西来、南下北上。天山的千千万万个细小褶皱中今天不为人所知的一条条马道，筛子般漏下一股股箭镞的铁骑，从而显影出历史上游牧力量在西域的影响。

天山，是历史转折时的高速公路。是牵动西域的神经和血脉。这种历史文化的“导管”的作用，不仅体现在新疆，作为一座跨国山脉，在它西段的中亚诸国也上演过同样的故事。松田寿男的结论是，“天山路通往亚洲的所有地方。古代亚洲具有代表性的势力，全都与天山路相联系，并以此十字为中轴而进行活动”。作为“亚洲心脏”的天山山脉，被赋与丰厚的历史意义：

匈奴侵入天山南北，是为了联合羌人对汉朝构成北、西、南三面合围，而西汉军队西进，“断匈奴右臂”，是为了打破合围，据有丝路商道；柔然将天山南北作为粮草财源，突厥汗国也把天山南北为其行政中心之一；“大唐雄风置安西”。不仅现在的新疆，昭武九姓——现在中亚的许多国家，都归其管辖。其开放的气度和恢弘的视野，使中央王朝的事业和疆域步入辉煌；回鹘汗国在内乱、流疫和黠戛斯人的三重打击下，据天山而入农耕，最终与当地土著合流，形成今天新疆的主体民族——维吾尔族；不可一世的成吉思汗的两个儿子——窝阔台和察合台，正是以西天山的“阿里麻里”（今伊犁一带）和天山北麓的“别失八里”（今吉木萨尔县）为中心，建立了窝阔台汗国和察合台汗国；向着太阳升起的地方，向着西天山的隘口——蒙古土尔扈特部不堪沙皇压迫，从伏尔加河流域，冲破围追堵截，毅然率部东归，长途跋涉，杀出一条血路，出发时 17 万，死伤多半，回到伊犁时，只剩下 7 万人，牲畜皆无，族人形容枯槁，衣衫褴褛，“其幼孩有无一丝寸缕者”……游牧民族的迁徙征战、离合分聚，把天山同世界的其他地方联系起来。

“疆”字的下“田”，是塔里木盆地。塔里木盆地是装满沙子的大容器。这个大容器有 53 万平方公里，是世界上最大的盆地，里面共有 9 条河流，从盆地周边的天山、昆仑山、喀喇昆仑山、帕米尔高原向盆地中心汇聚流淌，大部分最终汇入并构成中国最长的内陆河——塔里木河。沿盆地四周的河流，共发育出 80 多块绿洲，大一点的约有上万平公里，小的不足一平方公里。正是这大大小小的绿洲，负载着历史上的绿洲城郭。

在新疆漫漫沙漠、戈壁长路上行车，最初上路时的兴奋、热情，被枯燥单调、无边无际的雄浑壮阔，抚平、稀释、浇灭……突然进入绿洲，仿佛重返人间，看到稠密、鲜活、发育健康、浓烈如诗、香纯如酪，一浪一浪迎面而来的人流，你会觉得绿洲像个大会场、大巴扎、大节日，原来沙漠、戈壁上的人，终年都在这里晃荡、赶集、过节呢。面积广大的塔里木，留给人们的可耕地，就是 80 多个墨绿色的小点。而由九条河流汇聚而成的塔里木河，串起这 80 多个墨绿色的点，像康定斯基的抽象画，随意、诗意地挥洒在黄褐色的牛皮纸上。

古人把塔里木河与黄河联系起来，塔里木河消失于罗布泊之后在沙下潜行，与黄河沟通，因此也认为黄河的源头在昆仑山。黄河之水天上来。直到清朝宫廷派出寻找河源的大队人马，才搞清河源不在西域。“塔里木河”这个名称确定于清代。“塔里木”，在古突厥语中是“注入湖泊的沙漠之水”，现代维吾尔语则是“田园”或“耕地”的意思。

塔里木河结束的地方，是游移之湖罗布泊——罗布淖尔。古代典籍称之为“盐泽”、“泑泽”、“蒲昌海”、“牢兰海”。塔里木河又有“无缰野马”、“乱河”的声名——塔里木河似乎也有“游牧”的秉性，经常改道，因而这个湖的外形极似“大耳隆”。这个地理考察圣地，自十九世纪末，成就了一大批中外地理学家。

作为宗教与古代语言的“走廊”和“博物馆”的西域，几乎沉淀了亚欧大陆各种宗教和语言的影子。丝绸之路也是“求经传教之路”和“语言文字之路”。

塔里木遗落了最多的古代语言——在最安静无声的地方，留下人类最多的众声喧哗。汉文文字系统：汉文、西夏文、契丹文、日文；阿拉米文字系统：佉卢文、波罗钵文（亦称帕赫列维文、巴列维文）、粟特文、摩尼文、突厥文、回鹘文、希伯来文、阿拉伯文、哈卡尼亚文（又称喀喇汗文）、波斯文、叙利亚文、察合台文、满文、托忒蒙文；波罗米文字系统的文字：婆罗米文、梵文、焉耆——龟兹文（亦称吐火罗文）、于阗文（亦称于阗塞文）、吐蕃文、吐火罗式回鹘文、八思巴文。除上述之外，还发现有希腊文和拉丁文。有些古文字文物发现量较大，如汉文、佉卢文、焉耆——龟兹文、回鹘文，有些则量极少，仅见于印章和钱币。如契丹文、拉丁文、日文等。

新疆发现的古代语言包括属上述四大语系的诸语言，属印欧语系的语言：塞语、吐火罗语、犍陀罗语、粟特语、梵语、大夏语、婆罗钵语和帕提亚语；阿尔泰语系的语言：就没有文字的民族而言，乌孙、匈奴、鲜卑、柔然、吐谷浑等的语言都属阿尔泰语系。属该语系的有文字的民族有突厥、回鹘、契丹、蒙古、满族等；汉藏语系的语言：汉语、羌语（羌族没有文字）、古藏语、党项语（即西夏文所表现的语言）。闪含语系的语言：阿拉伯、叙利亚语等。应该指出，新疆所发现的大量汉文文献说明，汉文及汉语是新疆最古老的文字和语言之一。

只要能读懂丝绸之路上语言文字，就能搞清许多历史、宗教和文化之谜。美国人类学家摩尔根说：“塔里木河流域是世界文明的摇篮，找到了这把钥匙，世界文化的大门便打开了”。这座历史文化的迷宫，吸引着重量级的研究者，使中亚黄金腹地的研究成为学术上的“奥林匹斯”圣山，每一个要成为“宙斯”的神灵，都要经过“九九八十一难”——以西域为代表的中亚的学问，被视为畏途，成了许多学术大家最后“发言”的地方。

喀什、莎车地区，是基本连片的南疆的最大绿洲群，面积有3.6万平方公里，历史上，也正是在这个地方，出现了有一定规模的政治势力集团，而且也是在音乐文化上最具代表性、结构最为完整庞大和严谨的“十二木卡姆”的诞生地。绿洲是文明的容器，也是人文的结构，绿洲的大小，某种程度上决定文明的规模、构架和稳定性。

塔里木盆地再往南，就是莽昆仑。

在古代传说中，中华民族文明的发祥地是自西向东。传说虽非信史，但也不是完全的虚无飘渺。

顾颉刚在《中国史学入门》中说，“世界人类最古是在帕米尔高原繁衍起来的。以后，从这里分为去亚洲的、去欧洲的、去非洲的若干支”。中国神话系统，特别是创世神话，以昆仑为基座。黄帝、昊帝、伏羲、后羿、螺祖、女娲、西王母这些赫赫神灵先祖，均活动于昆仑山。昆仑是众神之山，是天帝在人间的“下都”。越是记载中华早期人类活动的典籍，从《山海经》到屈原创作的《九歌》，昆仑都是个源头，都躲不开昆仑。周穆王西巡，相会“西王母”，是在昆仑。屈原《九歌》，“登昆仑兮食玉英”，屈子向往的神仙居所，在昆仑……情况很清楚，西域、昆仑，绝不仅是自张骞“凿空”之后，才进入中原的视野和记忆。

汉族的玉崇拜，最崇拜的是和田玉。早在丝绸之路之前，就有玉石之路。这个创世神话，这个玉文化，追溯到源，是昆仑。这是不是华夏族代代相传、稀薄而夸张、对祖源地、对古老家园的集体潜意识呢？一个创世神话体系、一个把玩几千年的和田玉，都显得莫明其妙，都把自己和千里万里之外的一座高不可攀的大山联系在一起。

这一点，越往上推，越是走进时间的深处，越是让人感到震惊。是不是在人类大洪水之时，就只有这么一片未被淹没的陆地，洪水消退，祖先四散，向东的一支，落脚于河洛，文明草创，抚今追昔，对依稀模糊的过去，仅留下两样：口传的集体意识——昆仑神话和手里攒着的温润美石——昆仑玉，好像一个人，从梦里醒来，迷迷瞪瞪，失神之中，忽然忆起祖先的亡灵和遗物，从而以昆仑为创世地、以昆仑玉为神秘的礼器。

殷、周，一直到汉，河南南阳的妇好墓、江苏徐州的楚王墓、湖北随州的曾候乙墓、山西侯马的梁孝王墓和晋侯墓……王族大墓出土的“金缕玉衣”和大量的玉器，所用之玉有和田玉。宋应星在《天工开物》中说：凡玉，贵重者皆出于阗。从古至今，昆仑美玉，一直被上层奉为至宝，为皇家专营。可以肯定地说，在丝绸之路开通以前，还有一条玉石之路，在玉石之路之前，昆仑山一带也有中原居民大量活动的印记。

世界各地的文明，都有过石器时代，可能都曾和玉这样比较硬、比较美的石头有过蜜月接触。但像中华民族这样，与玉、与美石，厮守终身、从一而终的，恐怕仅此一家。中华民族对美石的挑选不是今日开始的，是从石器时代，也就是史前文明就开始了。从那时起，就相中了昆仑玉。而且，一订终身，不离不弃，再不移情别恋。汉字中玉旁的字，在各国各民族中，恐怕是最多的。而且，皆是美意。而玉中又独独钟情于昆仑玉。中华民族如同“贾宝玉”，是“衔玉而生”，而且是衔昆仑玉而生，并以地球上最大的山脉——昆仑为基座，演绎创世神话、祖先功绩。

我在想，祖先为什么把最早的神话放在这里呢？为什么能在这浩瀚荒寒的地域找到如此美石呢？关于昆仑玉，一定是在漫长的历史中，一代代生活在这里的人，才有可能发现这样的美石。

昆仑是也可能就是中华民族的祖源地，是中华民族的神山圣域。中华民族始终一贯的“昆仑情结”，一定还有更深的原因，那永远迷失的黑暗记忆，很可能是中华先民的早期的“集体记忆”或“集体无意识”。不要低估我们的先人，不要以个人和后来历史的尺度，囿于上古的情况。

如何理解老子的“道”

方尔加　男，1955 年 10 月 10 日出生，中国政法大学教授。祖籍安徽省桐城县。1982 年毕业于北京大学哲学系，获哲学学士学位；1984 年毕业于中国社会科学院研究生院历史系，获历史学硕士学位；1987 年毕业于中国人民大学哲学系，获哲学博士学位。2002 年以来在国内几十所著名高校、党校、党政机关、企业讲解《儒家文化》、《法家文化》、《道家文化》，产生了较大的影响。近作有：《儒家思想讲演录》、《大学中庸意释致用》、《道德经意释致用》。

主持人开场语 相传在二千多年前的春秋时期，函谷关的关守尹喜看见东方有紫气西迈，知有圣人将至。不久，老子骑牛来到函谷关，应尹喜之请，写下了《道德经》，随后出关，不知所终，遂有“紫气东来”之说。在民间，骑青牛、御紫气的老子渐渐成为仙人；在中国文化史上，《道德经》则成为最重要的思想典籍之一。

光明讲坛以前也谈过老子及《道德经》，《道德经》富有诗意的语言同时简洁古奥，使后世学者的解释也言异义殊，但这并不妨碍我们从中获得精神的力量，展现自我并自由地抒发性灵。这次我们听一听方尔加老师是怎样从哲学的层面理解无名无形的“道”的。他的说法别有新意。

老子之“道”是什么？长期以来这是个让人头疼的问题。《道德经》开篇就设卡堵路——不许使用语言名称诠释“道”：“道可道，非常道。名可名，非常名。”（《道德经》第一章）“道”如果能够直接表达出来，就不是真正的“道”，“道”如果能够直接给予确定的名称，这个名称一定不是真正反映“道”的名称。一旦下定义就破坏了“道”的本义。“常”者真也，被定义出来的“道”一定不真了。

明代思想家王阳明也如此看“道”。一位学子刘观时向王阳明请教“道”：（刘观时）问于阳明子曰：“道有可见乎？”（王阳明）曰：“有，有而未尝有也。”曰：“然则无可见乎？”曰：“无，无而未尝无也。”曰：“然则何以为见乎？”曰：“见而未尝见也。”观时曰：“弟子之惑滋甚矣。夫子则明言以教我乎？”阳明子曰：“道不可言也，强为之言而益晦；道无可见也，妄为之见而益远。夫有而未尝有，是真有也；无而未尝无，是真无也；见而未尝见，是真见也。（《王阳明全集》卷四《见斋说》，上海古籍出版社 1992 年 12 月）王阳明的意思很清楚，“道”不可言说，一言说就破坏了“道”，越言说，“道”的真实含义离我们越远。法国直觉主义哲学家柏格森在谈到哲学真理的特点时说：“形而上学（即哲学）就是一门不用符号（即概念）的科学。”（《形而上学导言》刘放桐译，商务印书馆 1963 年，第 4 页）这是说哲学层次的真理是不能用语言表达的。

"道"虽然不可言说，但是"道"是一定存在的，老子绝不可能杜撰一个不存在的东西欺骗世人。可"道"又不能表达，怎么办？为了让世人理解"道"，老子还是撰写了《道德经》，洋洋五千言，想尽办法让世人领会他所说的"道"。如何领会老子的"道"？本人拟讲三点：

解读"道"的方法"道"是什么，老子强调不可道、不可名，即下不出定义，但"道"却可以被形容描绘出是什么样子。老子的《道德经》各章就是从各个角度描绘"道"是什么样子的。

老子明明说"道"不可道，可他还是给道出来了。怎么道出来？不说"道"是什么，只形容描绘"道"是什么样。历史上有此类先例，有的认知对象一时无法下出定义，人们可以在形容描绘它是什么样的过程中研究和开发它。比如"力"，有人认为迄今还没有一个恰当的定义。可古希腊的阿基米德、中国春秋时代的墨家、近代英国的牛顿、当代的犹太科学家爱因斯坦，他们对力的研究和开发成就宏巨，使人类今日进入了航天航空时代。有关力的学科分支分层划分得细而又细，研究机构多而又多。可究竟什么是力？仍没有一个大家都认可的定义。没有定义怎么研究呢？人们可以形容它、描绘它、叙述它是什么样子。现在的中学课本说："力是物体之间的相互作用"。我以为，这还是没有说出力是什么，只能说是从宏观低速的角度描绘力是什么样子。"道"是什么，老子强调不可道、不可名，即下不出定义，但"道"却可以被形容描绘出是什么样子。老子的《道德经》各章就是从各个角度描绘"道"是什么样子的。怎样描绘？用喻象性的表达方式。

所谓喻象性就是通过对具体事物的描绘启发人们体悟"道"。按照这种方式来体悟，老子的"道"就是生活之"道"，剥离了生活就不可能领会"道"。东郭子问于庄子曰："所谓道，恶乎在？"庄子曰："无所不在。"东郭子曰："期而后可。"庄子曰："在蝼蚁。"曰："何其下邪？"曰："在？稗。"曰："何其愈下邪？"曰："在瓦甓。"曰："何其愈甚邪？"曰："在屎溺。"（《庄子·知北游》）别看庄子对"道"的形容玄不可测，但他也意识到，了解"道"应通过接触眼前卑微琐细之物。

深受道家影响的王阳明所说的“道”就是“良知”，他要求学生在具体事物中体会“良知”。王阳明的学生请求老师用语言解析“良知”概念，王阳明认为，若脱离具体事物单独解析会越解越糊涂，只有入于事情中才能弄懂。他说：“政事虽剧，亦皆学问之地。”（《王阳明全集》卷四《文录一答徐成之》）“郡务虽繁，然民人社稷莫非实学。”（《王阳明全集》卷五《二答路宾阳》）甚至“饥来吃饭倦来眠”也是求“良知”的活动。

从庄子到佛教禅宗再到王阳明，虽然都使用喻象性的方式，但最先使用喻象性方式表达“道”的是老子。老子说：“上士闻道，勤而行之；中士闻道，若存若亡；下士闻道，大笑之。不笑不足以为道。”生活在上层的士整天养尊处优，不了解基层情况，听说了“道”，只做文字理解，以为简单，赶紧推行，务求立即成功；生活在中层的士听说了“道”，因其对上层下层都只是一知半解，对“道”的认识模糊不清，不知所措；生活在下层的士听说了“道”不由得哈哈大笑，因为下层的士生活在基层，入于民众琐细之事中，发现“道”就寓于他们频繁接触的日常生活之事中，没有什么神奇的，不由得哈哈大笑。不哈哈大笑说明不懂得日常生活，不懂得日常生活就不可能弄清楚“道”，也就不能行“道”。绝对的“道”就寓于相对的具体事物中。

老子说：“天长地久。天地所以能长且久者，以其不自生，故能长生。”（第七章）老子还引用古人的至理名言（“建言”）发挥了这个道理：“明道若昧，进道若退，夷道若类，上德若谷，大白若辱，广德若不足，建德若偷，质真若渝，大方无隅，大器晚成，大音希声，大象无形。道隐无名。”（第四十一章）闪亮的“道”就体现在明暗交错的光线之中；笔直前进的“道”就体现在轮回曲折的运动之中；平坦的“道”就体现在崎岖不平的道路之中；最高层次的“德”就体现在参差的“德”性之中；适用性最广的“德”就体现在每一个有局限性的“德”性之中；最刚健的“德”就体现在每一个舒缓的“德”性之中；纯真之质就体现在质地驳杂的物料之中；纯白之色就体现在浊杂之色当中；锐角就体现在秃缓的拐角之中；最优秀的器物由无数有缺陷的器物步步过渡而成；巨大的声音靠寂静才能衬托出；最大的物象是超出一切有形之物的无形；“道”隐藏在万物之中，因其所隐之物的名称为名称，其自身无名。

河南三门峡市灵宝县的太初宫，相传老子在此写下《道德经》

明代刻本《道德经》

老子说“道”不可道，但《道德经》五千言对“道”的形容描绘多少还是向世人透露出了“道”的内涵。

许多人把“道”解读为规律、法则，这大错特错。从对“道”的形容描绘中我们体会出：“道”就是生命力。

怎样理解这种生命力？

第一，“道”不可以分割，只能整体把握。老子描绘“道”时竭力强调“道”的混沌性：“视之不见，名曰夷；听之不闻，名曰希；搏之不得，名曰微。此三者不可致诘，故混而为一。”（第十四章）“不可致诘”即不可刨根问底，不非要确切地说出“道”是什么，避免将“道”片面化。“有物混成”（第二十五章）形容“道”不可拆。“道之为物，惟恍惟惚。惚兮恍兮，其中有象；恍兮惚兮，其中有物。”（第二十一章）“挫其锐，解其纷，和其光，同其尘，是谓‘玄同’。”（第五十六章）恍惚混沌故不可分割，不分割保持完整，才具有生命力。老子形容“道”用“冲”字：“万物负阴而抱阳，冲气以为和。”（第四十二章）“大盈若冲，其用不穷。”（第四十五章）“道冲，而用之或不盈。”（第四章）学者多解“冲”为“空”，但我认为，这个“空”可不是日常生活说的虚空，而是隐含着勃发生机的“空”，所以“冲”或许在一定意义上表达了“道”这种生命力的特征。

老子憧憬“小国寡民”：“小国寡民。使有什伯之器而不用；使民重死而不远徙。虽有舟舆，无所乘之，虽有甲兵，无所陈之。使民复结绳而用之。甘其食，美其服，安其居，乐其俗。邻国相望，鸡犬之声相闻，民至老死，不相往来。”（第八十章）很多人就此批评老子在社会文明发展上开倒车。这种批评未免过于草率。且不说提出“小国寡民”缘于他当时特殊的背景，更应该注重的是老子是在用“小国寡民”诅咒社会过度的两级分化：“朝甚除，田甚芜，仓甚虚；服文采，带利剑，厌饮食，财货有馀；是为盗夸。非道也哉!”（第五十三章）朝廷无人办公，田地无人耕种，国库空虚，人们困苦。而极少数人却过着“金玉满堂”奢侈腐化的生活。这样的社会已经失去了生命力，无法继续向前发展。所以老子的“小国寡民”实际是表达了对社会发展生命力的渴求。

第二，“道”能够激活万物。老子说：“道生一，一生二，二生三，三生万物。”（第四十二章）“生”——激活也。“道”激活整体（“一”），整体激活部分（“二”），部分激活各个部分的统一体（“三”），各个部分的统一体激活了“万物”。“天下万物生于有，有生于无。”（第四十章）

这里的“无”是生命力，“有”是整体，“生”是激活。“天得一以清，地得一以宁，神得一以灵，谷得一以盈，万物得一以生，侯王得一以为天下正。”（第三十九章）“一”是整体。各种天象——日月星辰、风雨雷霆、春夏秋冬，形成为一个有序列的整体。认识到这个整体，人类对天的认识和掌握就清楚明了；大地万象——群山原野、草木花果、湖泊池沼、兽禽虫虱、都邑路蹊、异国群族形成为一个有序列的整体，大家就都过上宁静的生活；种类繁多的占卜活动不相互矛盾冲突，能够共同启发人们应对眼前困境，就会使人感到灵妙；深谷中的土石、水流、草木、昆虫、动物形成为一个相互依赖、良性循环的整体，就会充盈着繁荣；万物各得其位、各得其养、互相促进、共存共荣，就能够生机盎然。总之，一旦构成为整体，每一个局部就会被激活。整体能够激发局部的生机，为局部提供运行的轨道。一个人无论多么能干，一个品物无论多么优秀，都不能单独起作用，必须纳入到一个整体性的体系中。甚至自身有某种缺陷的局部，一旦进入到良好的整体中，也能很好地发挥作用。

“太上，不知有之；其次，亲而誉之；其次，畏之；其次，侮之。信不足焉，有不信焉。悠兮其贵言。功成事遂，百姓皆谓：‘我自然’。”（第十七章）最上乘的统治者是让百姓不知道他的存在，在无形中做成事；其次是日夜操劳，仁民爱物，广施恩惠，受到百姓交口赞誉；再其次是严厉不苟，铁面无私，令人生畏；再再其次是昏庸，无能，缺德乏功，令百姓鄙视。统治者信用不足，民众才不信任他。在以上几个种类的领导人中，老子最注重的是“太上”。“太上”式的领导人治国悠闲、不多费口舌，其功业的完成是百姓做的。百姓没有受到统治者具体的指教和领导，是一种无形生命力激活了他们的自觉性，使他们感觉到自己本该如此做。

“善行无辙迹，善言无瑕谪；善数不用筹策；善闭无关楗而不可开，善结无绳约而不可解。是以圣人常善救人，故无弃人；常善救物，故无弃物。是谓袭明。故善人者，不善人之师；不善人者，善人之资。不贵其师，不爱其资，虽智大迷，是谓要妙。”（第二十七章）这里描绘的还是生命力。善于驭车者无轮迹，善于说话者滴水不漏，善于计算者不用算具，善于锁闭大门者不用门闩别人也打不开，善于捆缚者不用绳索不打绳扣别人也解不开。其实圣人还是要门锁、绳子之类的有形之物。只是强调用无形的生命力来激活这些有形之物。怎样激活呢？“救人”、“救物”。救他们，使他们得其用、尽其才，使天下无废弃之人，无废弃之物。这才叫做长久的明智。例如，老子讲的两种人打交道时，与人为善者是与人不善者的引导者；与人不善者是与人为善者实现自身价值的手段。与人为善者通过改造与人不善者，使之成为好人；与人不善者向好人的转变，体现了与人为善者的善良。与人为善者和与人不善者双方互相成就，缺一不可。“道”就隐藏在两者各自的角色中。若忽视其中的任何一个，冉聪明者也是糊涂。“道”的奥妙就在于此。

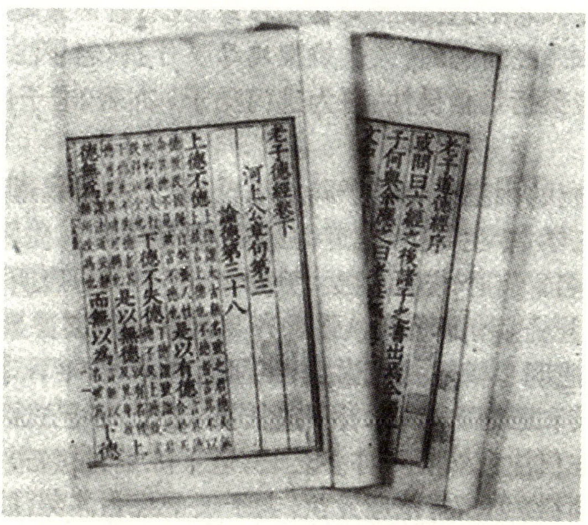

王堆出土的《老子》帛书

“道”是什么？许多人把“道”解读为规律、法则，这大错特错。从对“道”的形容描绘中我们体会出：“道”就是生命力。

“道”是最强大的生命力　“道”具有自我更新的能力，是内在的最原始的驱动力，不凝固僵化，借用无穷的力量，是最大的包容。

“道”是生命力，而且是最强大的生命力。为何这样说呢？

第一，“道”具有自我更新的能力。

这种能力的突出点在于自我，即我自己否定自己，更新自己。

“道”首先是“母”，“有，名万物之母”（第一章）。天地间任何事物都是从“道”这一母体脱胎出来。“谷神不死，是谓玄牝。玄牝之门，是谓天地根。”（第六章）柔顺之神不死亡，她是妙不可言的母性。妙不可言的母性是赋予万物生命力的门径，故称其为“天地根”。“我独异于人，而贵食母。”（第二十章）唯我与众不同，我注重的是万物之“母”，这个“母”就是“道”。“有物混成，先天地生。寂兮寥兮，独立而不改，周行而不殆，可以为天地母。吾不知其名，强字之曰道，强为之名曰大。”（第二十五章）有那么一个由万物混成的东西，生于天地未畔之前。它寂静寥廓，独立不变，循环运行不息，可以成为天地之“母”。我不知如何命称它，勉强用“道”称呼之，勉强用“大”来形容之。“天下有始，以为天下母。既得其母，以知其子，复守其母，没身不殆。”（第五十二章）天下每一物都有开端，此开端为天下每一物之根——“母”。得到每一物之根，便可深知每一物；守住每一物之根，每一物终身就没有危险。“道”这一层次的“母”是永远不死的，故曰“谷神不死”。

“道”不但是“母”，还是“婴儿”：

“沌沌兮，如婴儿之未孩”（第二十章）我处懵懂中，如婴儿初生还不能逗乐。“知其雄，守其雌，为天下溪。为天下溪，常德不离，复归于婴儿。”（第二十八章）面对强大我要守住细小，就像细小的溪水。波涛汹涌的江河渊源于细小的溪水，有了源源不绝的溪水，江河的生命力——“德”才不会丢失。守住溪水就相当于守住人的生命源头——婴儿，婴儿时期生命力基础打得好，成人阶段身体才强壮。“含德之厚，比之赤子。”（第五十五章）含“德”深厚（生命力足）的人，如同初生婴儿。“专气致柔，能如婴儿乎？”（第十章）捏拿抻卷自身的形气，能使之

老子像

柔韧有生气如初生的婴儿吗？表面看婴儿是空虚无物什么都没有。其实，小婴儿如同含苞欲放的花朵，内涵丰富、潜力无限。潜存着没有释放出来的世界，是开端。不是潜力已经释放完了的垂暮者。“道……故常无，欲以观其妙；常有，欲以观其徼。此两者，同出而异名，同谓之玄。玄之又玄，众妙之门。”（第一章）“无”并非是什么都没有，而是生机未显，故称其“妙”；“有”是说有端倪、苗头，故称其“徼”。小婴儿就是处于这样一种既有又无的矛盾状态。“视之不见，名曰夷；听之不闻，名曰希；搏之不得，名曰微。此三者不可致诘，故混而为一。其上不其下不昧。绳绳兮不可名，复归于物。是谓无状之状，无物之象，是谓惚恍。”（第十四章）小婴儿的前途就是“视之不见”、“听之不闻”、“搏之不得”和“无状之状，无物之象”的“恍惚”，非要刨根问底地追问小婴儿的前途，是什么也问不出来的。

“母”虽然生命力很强，但如果仅把“道”理解为“母”还是没有真正领会其生命力之强。“婴儿”是东升之旭日，生命力旺盛。但如果仅把“道”理解为“婴儿”也还是没有真正领会其生命力之强。“道”之所以是最强大的生命力，原因在于他既是“母”又是“婴儿”。也就是说“道”既是产生者又是被产生者。“道”自己产生自己，自己发展自己，具有自我更新的能力。《道德经》首章：“无，名天地之始；有，名万物之母。”“始”指开端，是婴儿阶段；“母”是根基，是生命之源。所以《道德经》一开始就展示出产生者与被产生者原本一体。自我更新重在自我，老子说：“知人者智，自知者明。胜人者有力，自胜者强。”（第三十三章）“自知”、“自胜”意味着把自己当做对手，“道”的生命力的强大首先在于此。

第二，“道”是内在的最原始的驱动力。

一些人认为“上帝”、“真主”、“佛”以及其他至上之神的生命力是最强大的，因为他们是宇宙最原始的驱动力，无需再追问他们之前或背后还有什么更原始更深层的动力。“道”也是如此。“含德之厚，比于赤子。毒虫不螫，猛兽不据，攫鸟不搏。骨弱筋柔而握固。未知牝牡之合而作，精之至也。终日号而不嗄，和之至也。”（第五十五章）“德”是生命力。含“德”厚的人，如同初生婴儿，骨软筋柔而不僵；小腿乱踹，拳头牢握乱打。为什么？非因毒虫螫、猛兽撕咬、猛禽搏击，其原始秉性如此；小生殖器凸然勃起，非因异性影响而产生交媾之情，其天性如此；这些都是自身生命力旺盛喷涌激发的突出表现，故曰“精之至也”。我们成人哭泣都是有缘由的，因财富而哭，因荣誉而哭，因情感而哭，凡因什么而哭嗓子会哭哑。小婴儿整日啼哭嗓音却不沙哑，“和之至也”，即生机柔和，这也是生命力强大的表现。老子说小婴儿生命力强大，就是因为小婴儿的举动源于不为什么的原始的驱动力。

古希腊智者芝诺说万物皆静止（他提出了“飞矢不动”之类的命题），就是着眼于哲学层次的。芝诺找来一个与他的观点相反的朋友当作辩友，不厌其烦地论证世界是不动的，说得口干舌燥，可是辩友却不吱一声，只是来回踱步。芝诺奇怪地问辩友为何不反驳？辩友回答说他一直在反驳，他来回踱步的事实本身就是一种反驳。辩友的这种反驳是浅薄的。芝诺难道低能到看不到万物在运动吗？芝诺这里谈的是哲学，他是从哲学层次论证世界的静止。他的辩友也应该上升到哲学层次论证世界是运动的，而不应该仅仅满足于感性的事实。同理，小婴儿生命力之强大也是从哲学层次上讲的，不能从物理、化学、生物学上理解。

“善者吾善之，不善者吾亦善之，得善。信者吾信之，不信者吾亦信之，得信。”（第四十九章）与人为善的人我善待之，不与人为善的人我也善待之，因为善待他人就是我的品德；讲信用者我对他讲信用，不讲信用者我也对他讲信用，因为讲信用是我的品德。我行善讲信用什么都不为，它就是我的生命力，这一道德力量作为内驱力强大无比。

在宇宙中，推动事物发展的最大动力莫过于源自事物自身的内驱力。牛津大学有句妙语：“导师对学生喷烟，直到点燃学生心中的火苗。”（这个“火种”、“火苗”就是学生的内驱力）复旦大学物理系过去有个学生书读得马虎，玻璃却磨得很好，老师就发挥他的长处，对他进行鼓励，并不因此限制他。这个学生毕业后，参加了我国最高级的天文望远镜的磨制，他头脑里的火种就这样被点燃了。人无全才，但人人有才，“学校的任务就是发挥学生的天才”（《漫谈中外高等教育之差异》中国科学技术大学教务处编《教学简报》第 22 期〈总第 332 期〉2003 年 8 月 1 日）。另外，当年北大录取的一些偏才如国立清华大学校长罗家伦、合肥才女张允和，高考数学都是零分；当今世界极少将儒、道、佛文化融会贯通的国学大师之一、当年高考用真情一边哭一边写作文的叶曼，其他科目考分不合格；国际光催化领域响当当的专家付贤智院士，高考分数达不到北大的标准。他们成功的最大动力无一不来自自己的内驱力。老子所说的“道”正是一种事物内驱力的生命力，所以是最强大的生命力。

第三，“道”不凝固僵化。

“天地不仁，以万物为刍狗；圣人不仁，以百姓为刍狗。天地之间，其犹橐籥乎？虚而不屈，动而愈出。多言数穷，不如守中。”（第五章）“刍狗”即草扎成的马牛羊祭品。祭祀神灵必须不断更新草扎成的马牛羊祭品，才能保证祭品新鲜，神灵馨悦。祭品用完就丢，就像过河拆桥，不符合世俗所说的“仁”，故称其“不仁”。天地的运行也需要借助具体的万物来实现，万物扮演了“刍狗”的角色。“道”就是这样，其所借助的每一具体物存在时间都是暂短的，随时被新的一拨取代。“道”就是在不断地弃取具体物中实现自身的存在。圣人治理百姓亦然。有些治理措施当时是合理的，给百姓带来了好处，但后来情况变了，需要更换新的措施。可是有些目光短浅的百姓想不开，不愿意变革。圣人为了实现对百姓更大更根本的爱，必须牺牲一些百姓眼前利益，这是对某些百姓表现出的不仁。天地之间如同大风箱，气体不断更新，什么都没留滞，但又具有容纳无数气体的能力。

老子《道德经》第一章说“道”既是“无”，又是“有”。“无，名天地之始”，意味着过去的结束了，新的过程开始了。“故常无，欲以观其妙”，“无”中有“妙”，“妙”者，有前途但不确定之意，所以“无”意味着事物不会凝固。“常有，欲以观其徼。”“徼”，苗头也，迹象也。“有”非既成的固定之物，而是事物过程的开始，内含着发展前途。不知道未来是什么样，但肯定是丰富多彩。总之，无论是“有”还是“无”，都包含着变动不居的意思。“洼则盈”，不断地往下陷才会不断有新东西充实进来；“敝则新”（第二十二章），摒掉老的才能长出新的；“大盈若冲”（第四十五章），能漏空的器皿才能盛入无穷之物。“反者道之动；弱者道之用。天下万物生于有，有生于无。”（第四十章）“道”的运动就是不断否定旧的；“道”的功能是在灵活性中实现的；有形的东西永远被无形的东西所激活。总之，这些对“道”的描绘和形容就是要说明“道”是活的，永不凝固，所以说“道”是最强大的生命力。

第四，“道”借用无穷的力量。

“为学日益，为道日损。损之又损，以至于无为。无为而无不为。”（第四十八章）“为学”是学习征服改造世界的知识，增益能力，用自己的能力去征服改造世界。“为道”就是借用世界的要素，减少主体力量的使用，直至不用自己的力量（“无为”）。治理天下须借用天下的要素，强行向天下推行自己的意志，就会治理不好。老子接着说：“取天下常以无事，及其有事，不足以取天下。”（第四十八章）老子还说：“善为士者，不武；善战者，不怒；善胜敌者，不与；善用人者，为之下。是谓不争之德，是谓用人之力，是谓配天古之极。”（第六十八章）好的武士用不着舞刀弄枪；善于作战者不用耀武扬威；能致胜者不与敌方直接接战；善于用人者待人谦下。以上讲的都是一个道理——坚守不争的品德。不争并非真的不争，而是借用对方的力量与之争，不用自己的力量与对方顶牛。这里讲的“用人之力”，就是借力打力。美籍华人程进才先生撰文谈太极拳“四两拨千斤”中的舍己从人的原理：“太极拳的歌诀讲到，‘捋挤按须认真，上下相随人难进，任凭巨力来打吾，引动四两拨千斤，引进落空合挤出，沾连粘随不丢顶，’与对方交手时，按照太极拳的歌诀要求，不顶不丢，引进落空，这就是运用舍己从人的原理。与人交手并非用拙力和对方相对抗，我守我疆，莫失重心，首先是不前俯后仰，稳定自己的中心，完全控制对方的来势方向，听准对方劲的大小，准确接捋对方劲的着力点。不卑不亢，心平气和，屈伸往来，不顶不丢，顺其势，化其力，引进落空，舍去自己的抗力顶劲，顺从对方的劲力方位路线，使对方力量用尽落空，我方再顺势加力把对方打倒。例如：对方以猛力向我打来，我舍己从人，不但不以猛力还击，且不与对方相抗，我并不受力，而是顺其打来之势，向对方劲的前进方向捋之，加大对方向前冲力，岂有不跌倒之理。就像陈照丕（陈氏太极拳一代宗师）所说‘得机得势，当场不让步，举手不留情’，对方虽重千斤，只要舍己从人，四两之力牵动，拨之必倒，这也是从舍己从人中体现出，以小胜大，以弱胜强，以慢胜快的‘四两拨千斤’的妙用。”（《试论太极拳的“四两拨千斤”》《邯郸学院学报》2009 年第三期第 24 页）太极拳“四两拨千斤”的说法，是老子“用人之力”哲学绝佳的比喻。

体现在关于治国安邦上，老子说：“以身观身，以家观家，以乡观乡，以国观国，以天下观天下。”（第五十四章）即借用个人之力管理个人，借用家族之力管理家族，借用一乡之力管理一乡，借用诸侯国之力管理诸侯国，借用天下之力管理天下。“故从事于道者，同于道；德者，同于德；失者，同于失。同于道者，道亦乐得之；同于德者，德亦乐得之；同于失者，失亦乐得之。”（第二十三章）这里的“道”指宏观层次，“同于道”即从事于宏观工作就借用宏观的要素；“德”指微观，“德”即从事于微观工作就借用微观要素；“失”指淘汰，“同于失”即从事于淘汰方面的工作就借用被淘汰事物的要素。《道德经》有的版本有：“辅万物之自然而不敢为。”即借用万物本身的要素，不逞己能（第六十四章）。“圣人无心，以百姓心为心。”（第四十九章）圣人治理民众不逞己能，只借用民众自身的要素，所以老子说：“我无为，而民自化；我好静，而民自正；我无事，而民自富；我无欲，而民自朴。”（第五十七章）

在农业生产中以虫治虫也是一种借力。沈括《梦溪笔谈》卷二十四说：“元丰中，庆州界生子方虫，方为秋田之害。忽有一虫生，如土中狗蝎，其喙有钳，千万蔽地。遇子方虫，则以钳搏之，悉为两段。旬日，子方皆尽。岁以大穰。其是旧曾有之，土人谓之傍不肯。”宋神宗元丰（1078 年— 1085 年）年间，庆州地区（今内蒙古自治区赤峰市巴林左旗林东镇南）生了“子方虫”（危害粮食和牧草的黏虫，又称剃枝虫、行军虫），正要危害秋田里的庄稼。忽然有一种昆虫产生了，样子像泥土里的“狗蝎”（蠼螋，俗称夹板子、夹板虫、剪刀虫），嘴上长有钳，成千上万，遍地都是；它们遇上子方虫，就用嘴上的钳跟子方虫搏斗，子方虫全都被咬成两段。十天后，子方虫全被杀尽，年成因此而获得大丰收。这种虫过去曾经有过，当地的人称它为“傍不肯”（四部丛刊·续编·子部，书同文数字化技术有限公司，光盘版 1998 年 2 月）。现在以虫治虫的生物防治已经很普遍。蜘蛛是害虫的重要天敌。农林蜘蛛种类很多，我国稻田蜘蛛约有 280 余种，棉田和橘园蜘蛛各有 150 余种，茶园蜘蛛有 190 种，森林蜘蛛有 140 余种，草原蜘蛛有 120 余种，菜地蜘蛛有 70 余种。蜘蛛的种类和捕食害虫的数量在害虫天敌中可算得上是冠军。如果少使用农药，每亩稻田中的蜘蛛可达 8 万～10 万只，它们能捕食掉 60％～92％的害虫。1984 年，湖南省推广水稻保蛛治虫 1700 余万亩，不仅节省了农药和防治用工，而且大大减少了虫害损失，合计经济效益约达 7 亿元。同时，生产的稻米没有农药残留，成为“绿色食品”。这正应了老子的话：“善为士者，不武；善战者，不怒；善胜敌者，不与。”（第六十八章）

第五，最大的包容。

“道”的胸怀最大，无所不包。“天下皆谓我道大，似不肖。夫唯大，故似不肖。若肖，久矣其细也夫!”（第六十七章）天下都说我行的“道”巨大，似乎不像什么。就是因为太大，世界每一物都比“道”小，所以似乎不像什么。若非得让“道”像什么，比如像高山、像大海、像太阳、像天空，所像的东西无论多么巨大，总是有限的。人追逐名利也是一样，地位无论多高，财富收入无论多多，时间长了仍会不知足。如果非得说“道”像什么，所像的东西无论多么大，最终还是把“道”贬低为渺小。“道”之“大”不是简单的空间之大，而是哲学之大。其哲学之大的内涵包括：a. 模糊不计较，一计较就渺小，成大事者遇小事经常糊涂。“道之为物，惟恍惟惚。”（第二十一章）“有物混成，先天地生。”（第二十五章）“道”的性质是混一万物，恍惚而不分彼我。b. 利万物而不争。母亲不与女儿争美，父亲不与儿子争本领高，神不与万物争强。女儿的美为母亲所赐，儿子的本领为父亲所赐，万物之强为神所赐。“上善若水。水善利万物而不争。”（第八章）高层次的善只对万物有利，不与万物相争。“道生一，一生二，二生三，三生万物。”（第四十二章）“道”利万物就是为万物注入生命力并激活之。c. 反对单极化，追求共存共荣。“天下皆知美之为美，斯恶已。皆知善之为善，斯不善已。”（第二章）天下都认为某一个东西美，结果忘记了这个美的东西离不开丑的东西的衬托。没有了衬托，美就不成其为美了。善也是一样，没有不善者的衬托，善就不成其为善。所以“有无相生，难易相成，长短相形，高下相盈，音声相和，前后相随。”（第二章）这个世界不能只关注矛盾的一方而忽略矛盾的另一方。要容纳矛盾的各个方面，不能单极化。“圣人常善救人，故无弃人；常善救物，故无弃物。是谓袭明。故善人者，不善人之师；不善人者，善人之资。不贵其师，不爱其资，虽智大迷……。”（第二十七章）圣人救所有的人，不让一个人被抛弃；救所有的物，不让一个物被抛弃。无论是“善人”还是“不善人”都应被“道”所容纳。

总之，老子追求的是包容万物，而不是相互对抗。老子这一思想后来演变为儒家的“中庸”——双赢。《中庸》说：“万物并育而不相害，道并行而不相悖，小德川流，大德敦化，此天地之所以为大也。”（第三十章）万物共同生长，互不妨害，各行其道，互不碰撞。纷繁具体的微观事物如同无数条流淌的小河，而宏观的大法则同大江大河汇合万物，波涛汹涌。天地的巨大繁荣就在于万物各自生存、发展、彼此共存共荣。

明代画家张路画的《老子骑牛图》

以上对老子“道”的理解，不再把老子的思想理解为消极、退让、倒退。老子以他的睿智洞察到在宇宙中到处存在着“道”也就是到处都存在着生命力，而且这个生命力是最强大的。我们后人通过研读《道德经》应该寻求的是如何激发事物的生命力。人类与自然界之间互相激发生命力，群体之间互相激发生命力，上下之间互相激发生命力，不同的民族、文化、宗教之间也可以互相激发生命力。

宋代晁补之绘《老子骑牛图》

元代著名书法家、画家赵孟頫笔下的老子

唐景龙二年刻《道德经》石碑，左为碑阳，右为碑阴

时代转型　阅读永恒

王余光　现任北京大学信息管理系教授，系主任。另兼任教育部高等学校图书馆学学科教学指导委员会主任，中国图书馆学会副理事长，全国古籍保护工作专家委员会委员。主要个人著作有《中国历史文献学》、《中国文献史》第一卷、《中国文字与典籍：揭开文明的篇章》、《中国新图书出版业初探》、《名著的阅读》等。另与他人合作有《影响中国历史的三十本书》、《中国读书大辞典》和《中国读者理想藏书》等。

主持人语 4月23日是世界读书日。读书，就个人而言，是学习最基本最重要的途径；就社会而言，则如高尔基的名句——“书籍是人类进步的阶梯”。传承华夏文明、涵养民族气质、培育民族精神、提升国家创造力——读书，是绕不过去的必经之途。从夏彝商尊的金文，到两汉碑刻的拓片；从晋唐书迹的遗墨，到宋代刊刻的善本；从工业时代的印刷，到网络新兴的电纸书，社会不断发展，书籍的载体和阅读的方式不断改变，但是阅读的习惯和崇尚阅读的社会风气，应该是永恒的。

这次，光明讲坛与东莞图书馆合作，请来王余光教授谈谈阅读文本的变迁和当代的社会阅读习惯。在东莞这座城市谈阅读也更有意义：某种程度上这里就像当今中国的缩影，经济发展了，怎样通过阅读，提高人的素质，最终使一座城市持续健康发展呢？

开场的话 我又一次来到美丽的东莞，在这飘逸着书香的现代化图书馆里，和大家谈谈读书的话题，是一件很荣幸的事。

早在二十世纪中期，西方不少学者与作家，就已关注人类在自然环境中，所面临的粮食、人口、能源及环境保护等方面的严重困境，讨论西方传统价值观的分裂，力图探求现代人类文明发展的新途径。

二十一世纪的今天，我们是否仍面临着这样的困境？我们在欣喜自己那巧夺天工的科学与神幻莫测的网络的同时，是否也在与传统价值观告别？

自然是人的胎盘，自然是人的居所。在自然成为人的本质创造力的显现物的同时，自然也是人的诗画，自然也是人的梦境。然而，今天，诗画的自然，梦境的自然不复存在了。人不仅摧毁自然，也在疏离自然。绿色的植被缩小了，黄色的沙漠在扩大。人口巨增，自然难以给人类提供足够的粮食和能源。人也越来越缺少纯净的水和纯净的空气。“绿树村边合，青山郭外斜。”那周遭围绕着葱郁林木的山丘，那溪水欢畅着淙淙作响的故乡，都只能成为我回忆的幻影了。

人不仅在摧毁自然，也在疏离自然。人口越来越聚向城市。在城市生活的人几乎完全被人自己创造的各式各样的产品和现代生活的紧张所包围。人缺少自然界的阳光和雨露的沐浴，缺少与大自然的对话。人变得更加焦虑和不安。

本来，社会是人生存的手段，也是人类进步的必要条件。然而现在，社会却限制着人的发展，社会把人变成了工作的机器，社会成了个人自由与完善的桎梏。我们在很多文艺作品中看到：社会造成了人们心灵的空虚、寂寞、变异与冷漠。不少青年的彷徨、消极与颓废，他们反叛正常的生活，与社会抗争。社会的动荡、冷酷、恐怖，笼罩着人的心灵。家庭出现危机与分裂。人与人相互隔绝、孤独与陌生。而电影《泰坦尼克号》不正反映了人对技术过分依赖的悲剧吗？

在这剧烈的转型时代，我们选择什么？我选择读书。

——这是一个永恒的主题，这也是一个永新的主题。

文本变迁与阅读习惯

书籍载体形式的每一次变化，都极大地改变着人们的阅读习惯。文本的变迁带来阅读的转型，是我们不得不面临的事实。阅读的热情与是否具备读书的习惯，与一个民族的特性相关。

我曾在一些文章中讨论过这一话题。书籍载体形式的每一次变化，都极大地改变着人们的阅读习惯，从甲骨到简策，从简策到纸本，从手抄到雕版，从雕版到机器印刷，从纸本到电子本。文本的变迁带来阅读的转型，这是我们不得不面临的事实。近一千年来，我们面临过几次重要的阅读转型。

十一世纪以前，抄书是一种职业，如班超就是抄书人。汉代置有专门的“写书之官”，后来历代都有抄书的活动。不少私人藏书、官府藏书、寺庙藏书、书院藏书，都有专人进行抄书。即便在印刷术发明后，我们还能看到一些知名抄本传世，如《永乐大典》、《四库全书》。明代官府藏书中，有书近百万卷，刻本只占三分之一，抄本则占了三分之二（参见《明史·艺文志总序》），可见抄本并没有因印刷术的发明而消亡。不仅中国如此，在西方，不少图书馆、修道院、学校都有专职的抄书人，八世纪的法国就要求抄写员应注意勿令本身的浮薄习气散布在所抄的字里行间，也不得轻率抄写，以免在匆忙之中产生错误。当时，抄写书籍被认为胜于栽植葡萄，因为后者仅能满足口腹，而前者则是为灵魂效劳，十分神圣。直到十六世纪后，抄写员才在西方逐渐失业。作为一种职业，抄书人消失了。作为一项活动，抄书之事并非遥远，我本人就有过抄书的经历。

在古代，抄书不仅是为了复制图书，它还是一种读书的重要方法。北宋时期，正是雕版印刷术的普及时期，苏轼（1037—1101）适逢其时，理应欢欣，但他对雕版印刷物对阅读的冲击却迷惑不解。他在《李氏山房藏书记》一文中说：

自秦汉以来，作者益众，纸与字画日趋于简便，而书益多，世莫不有。然学者益以苟简，何哉？余犹及见老儒先生，自言其少时欲求《史记》、《汉书》而不可得，幸而得之，皆手自书，日夜诵读，惟恐不及。近岁，市人转相摹刻诸子百家之书，日传万纸。学者之于书，多且易致如此，其文词学术，当倍蓰于昔人。而后生科举之士，皆束书不观，游谈无根，此又何也？

苏轼前辈学人以抄读为主，到苏轼的时候，印刷术普及，图书多而易得，后学却不读书了，让这位大文豪慨叹不已。

此后的八百年，中国的读书人在没有大变化的书籍世界中度过。他们幸福的读书生活，令人向往。即便身处乱世，亦在书中寻得快乐。试举李清照一例。宋赵明诚、李清照夫妇，早年生活优裕，至中年，逢靖康之变，明诚逝世，清照流离。虽如此，夫妇二人曾有过的藏书读书生活，载在史册中，感动后世的读书人。李清照在为赵明诚《金石录》所作的《后序》中，描写他们藏书读书的情景：

后屏居乡里十年，仰取俯拾，衣食有馀。连守两郡，竭其俸入以事铅椠。每获一书，即同共勘校，整集签题。得书画彝鼎，亦摩玩舒卷，指摘疵病，夜尽一烛为率。故能纸札精致，字画完整，冠诸收书家。余性偶强记，每饭罢，坐归来堂烹茶，指堆积书史，言某事在某书某卷第几叶第几行，以中否角胜负，为饮茶先后。中即举杯大笑，至茶倾覆怀中，反不得饮而起。甘心老是乡矣！故虽处忧患困穷，而志不屈。

收书既成，归来堂起书库大橱，簿甲乙，置书册。如要讲读，即请钥上簿，关出卷帙。或少损污，必惩责揩完涂改，不复向时之坦夷也。是欲求适意而反取？栗。余性不耐，始谋食去重肉，衣去重采，首无明珠翡翠之饰，室无涂金刺绣之具，遇书史百家字不？阙、本不讹谬者，辄市之，储作副本。自来家传周易、左氏传，故两家者流，文字最备。于是几案罗列，枕席枕藉，意会心谋，目往神授，乐在声色狗马之上。

词人李清照用她那独特清婉的笔，再现了夫妻读书生活的快乐。其乐也，乐在声色狗马之上。

中国读书人的读书生活，到了十九世纪末悄悄发生了变化。这不仅是因为印刷术的变革，而且还在于西学的引进与新式教育的普及。

随着机械印刷术的普遍应用，图书出版更加快捷，报纸杂志等一些大众读物也不断增多，这对传统阅读带来了很大冲击。而西学引进与新式教育的开展，阅读的内容也变得比以往更为丰富多样。从阅读的形式上看，过去强调高声朗诵、熟读成诵，而此时大多数人只是默读、泛泛浏览。然而还不到百年，技术革命与书籍载体的变化，让我们目不暇接。今天从电视荧屏到电脑荧屏，再到手机荧屏，我们生活在一个荧屏的时代。我们对着荧屏说话、游戏、工作、购物或聊天，我们还对着荧屏读书！

这次转型的影响差不多涉及到每一位读书人。自上世纪九十年代以来，我在教学中，与学生们就读书或阅读的转型问题展开过多次讨论。1995 年，我与研究生们曾就古籍翻译与阅读、双休日读书、荧屏时代的读书等问题，以笔谈的形式在《光明日报》上发表文章，以期人们对阅读的关注。当时网络还不普及，我们所说的荧屏主要指电视、卡拉 OK 等。其实，读书是否重要，阅读是否有情趣等话题，自古以来就有分歧。我们在《荧屏时代谈读书》的笔谈中，当时一位研究生就说，我们何苦为读书唱挽歌？她说：

中国自古就有“不为功名不读书”的说法。今天，仍然有不少人在为学业或需要而苦读。至于说到读书的情趣，也是那些有了生活保障并有较高文化素养的少数人的事，与普通百姓似乎无缘。一些人拿起书本不是打瞌睡，就是为读不懂或文字晦涩而苦恼，何乐之有？而影视则不同，它形象直观、声情并茂，使人在紧张的工作之余得到休息和放松，生动的内容和丰富的色彩，真正给人以乐趣和美的感受。更不用说它知识新、传递信息快、让人们开阔眼界了。既然时代已为我们提供较读书更令人陶醉、令人着迷的新事物，我们又何苦为那渐被冷落的读书唱挽歌呢？时代的变迁，科学的发达，影视传媒必将以其极大的优越性和不可抗拒的诱惑力征服整个人类。到那个时候，人们大概再也不会谈论“电视杀手”的问题了。

这是一种真实的感受，直到今天，仍然是我们面对的很多人的感受。而谈论读书，是不是读书人自说自话罢了？

阅读的热情与是否具备读书的习惯，与一个民族的特性相关。网络的普及，正在逐渐改变着人们固有的阅读习惯。从读书的热情到读书人口率的下降，从读纸本到读网络，以及读什么、大众阅读等一系列问题，一直是不少人关心的问题。近十年来，我曾就经典阅读与选择、推荐书目、信息时代与阅读、阅读文化、社会阅读等问题发表文章，表达对经典阅读或读书的重视。其实，是读书还是读网，这或许并不重要，重要的是，读什么内容。阅读习惯的改变，是不可阻挡的历史潮流。

现在的问题是：我们是否崇尚读书；养成了阅读的习惯；社会、家庭是否提供了必备的读书条件。

崇尚读书，设立中国读书节

一个人的精神发育史就是阅读史。一个民族的精神境界取决于阅读的水平。一个没有阅读的学校永远都不可能有真正的教育。一个书香充盈的城市必然是美丽的城市。

2006 年，中国图书馆学会科普与阅读指导委员会在东莞召开成立会，我在会上作了《让阅读成为我们生活的一部分》的报告。陈述读书对民族素质的提高、完善独立人格的重要意义。近年来，一些学者呼吁设立国家阅读节，以崇尚读书，并得到了不少读书人的赞同。2007 年，朱永新在《让阅读成为中国人的日常习惯》中，对阅读之意义概括为四点：一个人的精神发育史就是阅读史。一个民族的精神境界取决于阅读的水平。一个没有阅读的学校永远都不可能有真正的教育。一个书香充盈的城市必然是美丽的城市。他多次向政协、人大建言，设立国家阅读节，把全民阅读作为国家战略等。

2009 年，我写了一篇文章《设立国家读书节：建书香社会育智慧国民》，赞成他的提议与观点。我想说的是，为什么要有一个中国人自己的阅读节或读书日？

首先，中国是世界上图书文化最发达的国家，且极具民族特色。中国图书从载体、用墨、印装到文字，均系自身发明，形成了非常有民族特色的图书文化，并对世界的图书文化产生了重大影响。设立自己的读书日，可更好地展示民族特色。

其次，重视经典的阅读。中华民族是一个重古训、尊先法的民族，对前人圣贤的大道理看得特别重。在这样一个民族社会的背景下，结晶着前辈思想的图书，就不仅具有一种狭义的学术意义，同时在政治、思想、文化等方面都发生着不可估量的影响作用。因而，经典的出版、阅读与传播特别受到重视，经书与正史为历代所刊刻。设立自己的读书日，可更好地弘扬民族文化。

第三，对文本的尊重。不仅经典，书也是读书人生活中不可缺少的组成部分。无法想象，对于读书人来说，没有书的生活是一种怎样的生活，虽然，我们曾有过这样的年代。在读书人尊重文本的基础上所构建的私人阅读空间，如书房的内外环境、买书、藏书、借书、抄书、读书，某些读书人的如痴如疯，正是中国阅读史中最具特色和感人的篇章。设立自己的读书日，可更好地彰显民族个性。

第四，中国阅读传统强调读书为学的首要意义是修身宏道，以追求崇高的道德境界；强调读书须求广博，为学须求通达；强调读书为学须“思”、“习”、“行”相结合，正如《中庸》中所概括的“博学之，审问之，慎思之，明辨之，笃行之”；强调勤学苦读，在中国阅读史上，勤学苦读的感人事例层出不穷，如“悬梁刺股”、“凿壁偷光”、“囊萤映雪”、“韦编三绝”等等，这些故事曾激励过数千年来读书人发愤读书，积极进取，其影响至今犹存。但同时，“学而优则仕”、“书中自有黄金屋”等，也是中国阅读传统和价值观中的重要组成部分。设立自己的读书日，可更好地继承优良的阅读传统，形成健康的读书氛围。

公历 9 月 28 日，我们习惯上把这一天定为孔子诞辰日（日期的确立学界尚有争议），有人建议把这一天定为中国国家阅读节或读书日（也有人建议把这一天定为“圣诞节”或教师节）。目前，国内一些图书馆，如苏州图书馆、东莞图书馆，每年以 9 月 28 日为标志，开展读书活动。虽然目前在法律层面上，这一天并不是什么节日，但在实践上，苏州、东莞把这一天看成自己的读书日。

节日，从自然的属性来看，这一天与另一天相比较，并非更有意义。从文化的角度看，它关乎人的生活、生命、宗教与信仰。中国设立阅读节或读书日，正是为了确立人们对书籍的尊重、对知识的热爱，对读书的崇尚。

创造读书条件，享受公共图书馆之利

图书馆要成为大众阅读、民众继续教育的一个重要的机构，在信息时代，图书馆是一个地区或者一个社区、一个学校的信息中心，能够有力地提供阅读的保障。中国的公共图书馆已经走过了 100 多年的历史。早在上世纪前期，图书馆的研究者、工作者以及有识之士，都一直在呼吁图书馆要成为大众阅读、民众继续教育的一个重要的机构，图书馆要有大众意识，对公众免费开放，不管他是什么人，都能够得到阅读的机会。公共图书馆以及各类图书馆，都有这样一个使命。三十年代，图书馆学前辈学者李小缘在《全国图书馆计划书》中呼吁：

图书馆“能使公开群众，无论男女老幼，无等第，无阶级，举凡学生、工人、农夫、行政家、商人、军人等，皆能识字读书，享受图书馆之利益，则方可谓图书馆之真正革命，之真正彻底改造，之真正彻底建设者也。”

图书馆“专为普及民众，故当多设分馆于居民众多之处，以广书籍之流通。”

图书馆“此外得依地方需要，有所专重。如商民多者则应偏重商业，农人多者，则应偏重农事。即多购各专门书籍。”

“使全国民众，无论男女老幼，皆有识字读书之机会。”

早期图书馆学家的见识在中国得到逐步实现。今天，图书馆成为人们阅读的重要保障。在信息时代，图书馆是一个地区或者一个社区、一个学校的信息中心，能够有力地提供阅读的保障。因为我们建立家庭藏书只是一个方面，毕竟家庭藏书是有限的，杂志、报纸往往都不具备，也没有必要，而图书馆可以提供我们一种连续阅读的保障。图书馆在我们大众的阅读生活里面意义就被凸现出来。随着大众传媒的兴起，人们的阅读更加呈现多元化的趋势，不同的人有各自不同的爱好，而只有图书馆所收藏的包括所有学科的专业知识，包括各种水平和深度的读物才能满足读者不同的爱好和需求。另外，图书馆能保证大众阅读的连续性，也能满足大众新的阅读需要。目前新技术的崛起改变了年轻一代人的阅读习惯，网络出版和网络阅读成为新的发展趋势，而图书馆事业也与时俱进，发展数字图书馆工程，满足读者网络阅读的需要，成为大众阅读新的阵地。图书馆总是不断更新读物和技术来满足读者的新需求。图书馆可以满足各种读者的需求，其他地方做不到。东莞对图书馆事业的重视与发展，就是很好的例证。我们大家坐在宽敞、明亮、现代的图书馆里读书、听讲座，还可以享受到 365 天 24 小时服务。从比较的角度来说，这个图书馆是最好的图书馆。作为东莞人很自豪，这里有多少五星级酒店并不重要，重要的是有一个非常好的图书馆。因为图书馆是一个城市精神成长的居所和见证。

图书馆为人们提供连续阅读的保障，还主动地采取一些措施来推动社会阅读。图书馆以其专业性、权威性和独有的丰富资源成为读书活动的一个主要阵地，也是倡导全民阅读、终身阅读等阅读基本理念的中坚，是联系群体阅读和个体阅读的桥梁。2005 年，中国图书馆学会增设了一个专业委员会——“科普与阅读指导委员会”（2009 年更名阅读推广委员会），以期来推动全国性的阅读活动。

以一年来儿童阅读为例，我本人也参与其中，深感中国图书馆界在推动儿童读书方面所作的努力。去年，相关单位与中国图书馆学会，以 2009 年 4 月 23 日至 2010 年 4 月 23 日为“全国少年儿童阅读年”，举办活动，推动儿童读书。2009 年 4 月 23 日，中国图书馆学会在天津少年儿童图书馆举办“2009 全国少年儿童阅读年”启动仪式，同时举办“少年儿童阅读高层论坛”。国内儿童文学作家与阅读推广专家赵玫、梅子涵、卢勤、秦文君，及两位德国专家与各公共、少儿图书馆馆长一起，就少儿阅读推广与服务进行了专题研讨。我在论坛上也作了《家庭与儿童阅读》的演讲。同年 8 月，我赴重庆少年儿童图书馆，参加“全国少年儿童阅读年——少儿阅读讲故事大赛”，来自辽宁、山东、安徽、广西、湖北、浙江、福建、安徽、广东、广西、重庆的少儿图书馆和公共图书馆选送的 44 名优秀选手齐聚山城、同场竞技，其中最小的 6 岁，最大的 15 岁。我作为大赛的评委，被孩子们讲故事的生动、可爱的场景所感动。仅在东莞就有 6000 个小朋友参赛，三个参加全国赛的都得了奖，这说明东莞阅读学习的氛围良好。同年底，我受邀前往广东中山市图书馆，参加“中国图书馆学会青少年阅读推广专业委员会第一届委员会成立会”。这个委员会的成立，是中国图书馆界重视儿童读书的一个重要标志。诚如该委员会所言：青少年阅读推广专业委员会，将承担着理论研究和实践推动的双重任务，在培养青少年阅读意识、阅读习惯，开展阅读研究等方面担负着主要责任，希望为每一个孩子心中播撒阅读的种子，成为孩子们心灵成长的守望者。以上活动的参与，让我感到，中国图书馆界不仅意识到儿童阅读的重要，而且已经开始行动。

图书馆还要营造一种阅读的氛围。我曾去过一家大学的老图书馆，极有这种读书氛围。阅览室里那宽大的落地窗、古典的书柜、宁静的氛围……我觉得这就是我理想中的读书环境。我曾在 1995 年的一篇文章《双休日谈读书》里专门谈到这种感受，“双休日，图书馆应当成为人们读书的好去处”。今天我想变换一下说法：让图书馆成为每个读书人的理想居所。

“诗书继世”与“耕读传家”

如果说中国家庭阅读有一种传统的话，那就是耕读传家与诗书继世。

今天在具备了一定经济基础的情况下，我们有能力重建家庭藏书。

但中国还有不少地区，图书馆建设还不够快，因而倡导家庭藏书与读书就更为重要。

如果说中国家庭阅读有一种传统的话，那就是耕读传家与诗书继世。“耕”是这个以农业文明为主体社会的物质的需要。而“读”则是伦理道德确立和传递的最有效的方式。自汉以下的古代中国，“耕读传家”的理念，即是家庭价值观的核心。今天，我们在一些老宅子里，还能常常看到“耕读传家”、“诗书继世”的对联，以窥见当年这些书香门弟与读书世家的辉煌。

“耕读传家”的传统随着传统家庭的解体，逐步在现代社会消失。随着现代各种媒体，如电视、网络、手机等的不断普及，其进一步分流人们的注意力，分割人们有限的闲暇时间，全国国民的读书率可能会进一步降低。我国家庭藏书与读书人的比例在21世纪将继续呈下滑趋势。在这样的背景下，我们推广读书、鼓励读书，希望重建家庭藏书，让书籍走入每个家庭，为儿童营造一个读书的环境，让“耕读传家”的传统在新时代能赋予更丰富的内涵，并得以延续，是重要而有意义的。

今天在具备了一定经济基础的情况下，我们有能力重建家庭藏书。据调查，家庭阅读环境的好坏直接影响儿童的学习兴趣和学习能力。因此，营造一种爱读书、经常与幼儿交谈的家庭学习气氛，便成为家庭文化环境建设中极为有意义也是非常重要的任务。

我主张应将购书经费列入家庭开支，建立家庭必备的基本藏书。家庭藏书的主要目的有两个方面。一方面，能让家庭成员有一些必备的读物，有些人家里根本无书可看。在目前图书馆还不是十分普及的前提下，我们提倡家庭阅读，就不仅是继承传统，还具有实际的意义。让每一个角落的每一个人都有书看，家庭藏书在目前能够作为图书馆的一个重要补充。另一方面家庭藏书可以给家庭成员营造一个阅读的环境和氛围。在此基础上，方可开展国际上比较流行的培养有修养的母亲、提倡亲子阅读等活动。如果让一个孩子从小就养成读书习惯的话，他一生都受用无穷。

对　话

读书风尚与社会发展

编者按：王余光教授的《时代转型阅读永恒》演讲结束后，一些专家与读者以“对话”的方式分享了阅读的心得体会，座谈阅读对一座城市的意义。下面撷取部分对话内容，以飨读者。

主持人：当前中国正处在一个转型时期。经济社会双转型，对人的素质提出了更高的要求。黄老师，作为一个知识分子，您认为一座城市或一个地区的发展与当地的读书风气有什么关系？

黄铁苗（广东省委党校教授）：我觉得，一个地方要持续健康的发展，人的素质是基础，读书当然是提高人的素质的有效方法。就拿广东来说吧，改革开放以来，广东的经济发展一直比较快，可如今在国际金融危机的冲击下，产业结构、需求结构、自主创新能力等都暴露出了很多问题。例如，2007 年广东服务业的比重为 43.2%，低于北京的 71.3%、上海的 51.9%，远低于发达国家 72.2%的平均水平；制造业的设计研发机构也大多在香港，广东只能赚取有限的劳务费；自主创新能力也比较弱，技术对外依存度高达 50%。要改变这种局面，广东经济由传统的粗放型模式向集约型模式转变，都和阅读、人的素质的全面提升有着密切关系。广东要实现发展模式的根本转换，推动产业升级，必然要求在这里生活的人拥有这种推动转型的能力，必然要求营造和谐融洽的转型氛围，而实现以上条件的一个重要途径就是阅读。

主持人：黄老师认为，一个地方持续健康的发展也需要人的素质的提高。那么，詹老师您能否具体谈谈阅读对东莞这座城市本身的意义吗？

詹谷丰（东莞市作家协会主席）：阅读，对一座城市而言，是孕育城市文化，提升城市品位，塑造城市形象，凝集城市力量的重要方式。东莞作为一个拥有500多万外来务工人员的城市，如果没有一种博大的胸怀，没有一种强烈的精神感召，没有一种文化的包容，就不可能在新的一轮经济发展中凝聚力量，赢得竞争，就不能提升发展能力，推动经济社会的双转型。可能正是基于这种考虑，东莞市委、市政府在近几年在文化建设中，大力加强“图书馆之城”、“博物馆之城”、“广场文化之城”建设，增加文化的内涵，使生活在东莞这块土地上的人们自觉或不自觉地亲近东莞，阅读东莞，热爱东莞。

就拿我个人来说，我对东莞的热爱可以通过阅读来证明。我的家乡在千里之外的江西，东莞和我的家乡一样，有着深厚和灿烂的文明史，但这种文明在与经济的较量中显得黯淡从而被人误读为文化沙漠。没有人愿意生活在文化的沙漠之中，但是证明东莞文化绿洲的根据需要到文化的海洋深处去打捞，这需要用情感作横渡的船筏，潜入到文献沧海的深处打捞捕捉历史的碎片，然后串联成文明的珍珠项链。最近，我从单纯的对现当代文学作品的关注转移到了对东莞历史的探寻和阅读。邓慕尧编的煌煌150万字的《东莞人物丛书》，让我触到了自古至今当地杰出人物的体温；杨宝霖发现并点校的崇祯《东莞县志》，让我进入到东莞1600多年的时光隧道；《虎门遗韵》、《虎门历代诗选》、《悬榻斋集》、《王宠惠与中华民国》、《莞城千年文化》、《庐江郡何氏家记》以及袁崇焕、邓植仪、蒋光鼐、张荫麟等杰出人物的研究专著，让我领略了东莞深厚的历史、灿烂的文化和星光闪耀的名人。我由此感到自己的渺小，浅陋，同时也油然生出生活在这个城市的自豪和荣耀。

一座城市就是一本大书，它包罗万象。阅读是没有国界的，它像一棵古树的枝叶，铺天盖地，但它的根却深深地扎在泥土中，需要我们用锐利的眼光，透视生活的本质。东莞的地域文化是我阅读的根，东莞的地域文化，可以让所有的阅读者，从东莞城市文化的粤音中，看到东莞这个新兴城市不会与他人混淆的籍贯和具有独特个性的面孔。

主持人：看来阅读对于一个城市而言，总是铭刻着历史的印痕。东莞给人的印象似乎是新兴的制造业城市，田老师，是这样吗？

田根胜（东莞理工学院中文系主任、教授）：东莞是一座有着悠久的读书传统和良好的阅读风气的城市。在鸦片战争至新中国成立近百年的时段里，先后涌现出多个光彩耀人的学问家族：例如，以政法起家的虎门王氏家族（王宠惠、王宠佑）；以官而学的莞城邓氏家族（邓镜容、邓尔雅）；以商而学的麻涌莫氏家族（莫伯骥）；以武功起家而后以诗、画著名的可园张氏家族（张敬修），等等。最为知名的是以学术起家的莞城容氏家族。在容氏家族中，容庚是国学大师王国维称赞的“古文字学四少年”中年龄最长、著作最多的一位；容肇祖是著名古典哲学研究家、民俗学家和民间文艺学家。

东莞人喜欢读书，更喜欢藏书。明代诗文家陈琏，家有万卷堂，所藏图书多是秘府没有的书；清末明初著名学者陈伯陶，喜欢收藏明清野史以及万历以后的奏议别集，家中藏书达万卷以上；著名学者、藏书家伦明，专门收藏四库没有收藏的书籍，藏量达数百万卷，并将住处命名为续书楼；民国广东藏书第一人莫伯骥，藏书 50 万卷，并将其藏书楼命名为“五十万卷楼”；著名古文字学家、考古学家、书法篆刻家容庚，收藏金石书籍过万册，居住地命名为“五千卷金石书室”。

此外，在明清县级书院中，东莞分布数目达 35 所，居全国榜首。另据东莞方志记载，东莞历史上有 240 人中科举进士，1714 人中举人。明代四品以上的东莞官员 64 人，其中一品有何真、袁崇焕、陈策等 3 人。如今，东莞在经济高速发展的同时，图书馆事业、教育事业也得到了空前的发展，这不仅为东莞市民提供了广阔的阅读空间，而且，也使这座城市逐步成长为新兴的阅读之城。

主持人：在前面王余光老师的演讲中，提到图书馆在推进全民阅读的过程中发挥的作用越来越大，李馆长，您能否谈谈公众图书馆怎样发挥这个作用呢？

李东来（东莞图书馆馆长）：要让公众图书馆真正为提升人的素质起到作用，我觉得要做好这样几点：

一是要让所有的市民都有条件阅读。这就需要在全市范围内建立起公益、丰富、便捷、高效的公共图书馆服务体系，让城市处处成为便利的读书之所。东莞图书馆通过总馆、分馆、服务站、图书流动车、图书馆ATM等三级网络、五种形态的合理布局，在全市范围内建立起1个总馆、46个分馆、102个服务站、5个图书馆ATM的服务体系，并实现了“一馆办证，多馆借书；一馆借书，多馆还书”的服务模式，极大地方便了市民的读书学习。而且，还通过总、分馆的实体网络和全国文化信息共享工程、东莞数字图书馆相结合，通过自助图书馆和图书馆ATM实现了365天每天24小时全天候服务，为市民读书学习不受时间、地点、方式限制提供了良好的条件。

二是要让所有的市民都有兴趣阅读。这就需要有效的载体去推动，比如举办读书节等丰富多彩的读书活动。从2005年开始，东莞每年举办一届读书节，迄今为止举办了五届，累计举办各类活动2000余项，参与群众1500余万人次。从我们图书馆来说，也在促进转型。我们建设传统纸本文献与现代数字文献并重的复合式馆藏，推出了漫画图书馆、衣食住行图书馆等10个主题图书馆，开办全开放、全免费的公益讲座、打工学堂、市民空间等培训讲座活动，推出数字图书馆、东莞市民学习网、手机图书馆等新的阅读载体，提供不同的阅读体验，激发市民的阅读兴趣。

三是要让所有的市民有积极性阅读。这就需要有效的机制去保障，比如激励机制、创建机制、考评机制等。一个人读书，是个人的自觉；一个群体读书，需要榜样的示范和积极的引导；一个城市读书，还需要有政府的因势利导，读书氛围的营造，读书平台的构建，以及科学的筹划和持续的指导。东莞通过评选、巡展、巡讲、总结表彰等方式对各类学习成才、学习创业典型进行表彰，通过典型示范、榜样引领、激励驱动在全市范围内培育起好学向上的风尚。通过文化建设考评使各单位、各镇（街）在阅读活动的开展中，形成努力有方向，学习有榜样的良好局面。

主持人：那么，上面提到的这些措施，对生活在东莞的人来说，是否起到作用了呢？杨海龙，作为一个东莞人，您对读书节的是怎么看的？

杨海龙（东莞市东华医院）：我常想，读书本是个人的行为，一个城市为什么要以读书节的形式去推动，并且一年一届，一年活动常态开展？后来我领悟到，通过读书节这种形式可以体现一座城市“以读书为荣”的价值观念，以“以读书为乐”的生活方式。东莞读书节的举办，不仅表明东莞这个制造业名城的文化态度和精神追求，而且也表明东莞对未来的远大志向。作为一个读书人，我每年都关注东莞读书节，并且还参加其中一些活动。

主持人：较好地利用图书馆，有助于提升个人的素质，成就事业的辉煌。海沫，作为一个外来务工人员，阅读是否带给了你帮助？

海沫（东莞读者）：我是2003年来到东莞的。初到东莞，对东莞一无所知，只知道要先找一份工作养活自己。过后不久，我在工厂找了一份普通的文职工作。在工作中，我明显感觉到了压力，这种压力促使我每个周末都来到东莞图书馆。我发现图书馆的市民学堂有公益技能课堂、公益生活课堂、公益讲座等三个不层次、不同内容、不同形式的学习模式供我们选择。因我不会讲广东话，工作和社交都受到影响，于是我和朋友相约一块参加了公益技能课堂的粤语学习后，我和朋友粤语水平进步很大。后来，为了开阔视野，我一有时间就来东莞图书馆倾听专家的讲座，借阅自己感兴趣的图书，经过几年坚持，我从专家的讲座中聆听出了智慧和勇气，从借阅中的图书读出了心态的平和和宁静。通过几年的努力学习，我的职位得到了升迁，生活也发生了改变，这与东莞图书馆给我的帮助是分不开的。

时名谁可嗣　父子尽贤良

曾枣庄　1937年1月20日生，四川简阳人。1960年中国人民大学历史系毕业。四川大学古籍整理研究所退休教授，现为四川师范大学文理学院教授。与刘琳共同主编有《全宋文》1.1亿字，另主编有《中华大典·文学典·宋辽金元文学分典》1200万字。在个人研究方面，早年从事杜诗研究，著有《杜甫在四川》。后从事三苏研究，先后著有《苏洵评传》、《苏轼评传》、《苏辙评传》、《三苏传》、《苏诗汇评》（全四册）、《苏词汇评》、《苏文汇评》、《苏轼研究史》。后研究领域有所扩大，出版有《论西昆体》、《宋文纪事》（全二册）、《集部要籍概说》、《宋文通论》等。

一提起“三苏”，人们都会想到他们是文学家；一提起苏轼，人们就会想到他是通才。其实，“三苏”都是通才、全才，父子三人不仅在文学史，而且在政治史、思想史、史学史、艺术史上都有巨大的成就，崇高的地位，只是苏轼的贡献更大，影响更深远而已。《宋史·苏辙传》说：“辙与兄进退出处无不相同。”但世上没有什么“无不相同”的人和事，三苏父子的性格、政治态度、学术思想及文学风格的差异都很大，苏辙政治主张的激烈、学术思想的复杂都超过了苏轼。

这里，我想比较全面地讲述他们在文化史上的地位及其异同。

大器晚成与少年得志

苏洵年近五十才成名，成名后的他地位也很低。苏轼一生八典名郡，地方政绩显著，在朝廷官至礼部尚书。苏辙一生的政绩主要表现在元?年间，由一个小小的县令升至副相，比苏轼的官位还高。

苏洵（1009—1066年）字明允，少不喜学，而喜欢游览祖国的名山大川。他二十七岁才开始发愤读书，但应进士及茂材异等试皆不中。如果说苏洵初举进士不中可能与他“少不喜学”分不开，那么他二十九岁再举进士不中，特别是三十七岁举茂材异等亦不中，就要怪科举考试制度窒息人才了。

苏洵在《广士》中说：“人固有才智奇绝，而不能为章句、名数、声律之学者，又有不幸而不为者。苟一之以进士、制策，是使奇才绝智有时而穷也。”“不能为”，是说不长于此道；“不幸而不为”，是说不屑于此道。苏洵兼有二者，结果他这位“奇才绝智”之人就难免“有时而穷”了。

苏洵的可贵就在于，他没有继续让自己去适应不合理的科举考试制度。相反，在“举茂材异等不中”之后，他得出的结论是“此不足为学也”（欧阳修《苏洵墓志铭》），于是决心走自己的路。他在《上韩丞相书》中说：“及长，知取士之难，遂绝意于功名，而自托于学术。”他在二十七岁后“发愤”于科举，而在三十七岁后则开始“发愤”于学术。这是苏洵生活道路上的一个转折点。他告别了科举考试，烧掉了为应付考试而作的数百篇文章，开始凭兴趣读书，想读什么就读什么。过去是为应付科举考试不得不为文而文，没话找话说，现在是“胸中之言日益多，不能自制”（《上欧阳内翰第一书》），才著《几策》、《权书》、《衡论》数十篇，系统提出涉及政治、经济、军事等各个领域的革新主张。

苏洵 48 岁那年，他送苏轼兄弟入京应试，知益州张方平向欧阳修极力举荐苏洵。张方平与欧阳修是有矛盾的。叶梦得《避暑录话》卷下说：“张安道（方平）与欧文忠素不相能。……嘉初，安道守成都，文忠为翰林。苏明允父子自眉州走成都，将求知安道。安道曰：‘吾何足以为重，其欧阳永叔（修）乎！’不以其隙为嫌也。乃为作书办装，使人送之京师谒文忠。文忠得明允父子所著书，亦不以安道荐之非其类，大喜曰：‘后来文章当在此。’即极力推誉，天下于是高此两人。”欧阳修上其书于朝，公卿士大夫争传诵之，苏轼兄弟又于次年同科及第，父子三人遂名动京师，苏氏文章遂擅天下。苏洵可说是大器晚成，年近五十才成名。但他成名后的地位也很低，“爵不过于九品”，只做过试秘书省校书郎、霸州文安县主簿、礼院编修，相当于现在的科级干部。

苏轼兄弟的经历与苏洵刚好相反，是少年得志而一生坎坷。进士及第，名动京师时，苏轼二十二岁，苏辙才十九岁，五年后又同举制科入等。苏轼一生八典名郡，先后知密、徐、湖、登、杭、颍、扬、定八州，地方政绩显着，在朝廷官至礼部尚书。苏轼《应制举上两制书》自称他参加制科考试的策论是“直言当世之故，无所委曲”。而苏辙的《御试制科策》比苏轼更加激列、尖锐，矛头直接对准了年老的仁宗，指责仁宗“沉湎于酒，荒耽于色，晚朝早罢，早寝晏起，大臣不得尽言，小臣不得极谏。左右前后惟妇人是侍，法度正直之言不留于心，而惟妇言是听”。结果在朝廷引起轩然大波，进行了一场激烈的争论。苏轼制科考试“入三等”。宋王朝的制科考试，一二等都是虚设，从没有人入一二等，因此三等实为一等，在此以前只有吴育一人入过三等。司马光参与崇政殿复试，认为苏辙在应试者中最为切直，也第以三等。初考官胡宿认为，苏辙之策以致乱之君况盛世，力请黜之。但仁宗不同意，他说：“吾以直言求士，士以直言告我，今而黜之，天下其谓我何！”（苏辙《遗老斋记》）仁宗同时还读到苏轼的《制科策》，高兴地说：“朕今日为子孙得两宰相矣。”（《宋史·苏轼传》）于是以苏轼入第三等，苏辙入第四等次。但斗争还没有结束。苏辙既入等，于是以他为试秘书省校书郎，充商州（今陕西商县）军事推官。知制诰王安石认为苏辙袒护宰相，专攻人主，不肯撰制词。苏辙深感失望，奏乞留京侍父，辞不赴任。这当然只是表面

清朝冯绘所作《三苏图》

理由，正如苏轼的《病中闻子由得告不赴商州三首》所说："答策不堪宜落此。"《御试制科策》对苏辙一生的影响是深远的，不仅迫使他当时辞官，而且使得他"自是流落凡二十余年"（《遗老斋记》），一直担任幕职，直至神宗去世前不久才任绩溪（今属安徽）县令。

苏辙一生的政绩主要表现在元年间，由一个小小的县令升至副相，比苏轼的官位还高。南宋何万在《苏文定公（苏辙）谥议》中说："元九年之间，朝廷尊，公路辟，忠贤相望，贵幸敛迹，边陲绥靖，百姓休息，君子谓公之力居多焉。"这段话对元之政虽有过份美化之嫌，但对苏辙在元之政中的作用的估计，是大体符合实际的。苏辙的政治才能只在哲宗元年间才得到比较充分的发挥。

北宋变法前后的政论家、政治家

苏洵虽被誉为"王佐才"，但无法施展自己的政治抱负，而只能算作政论家。苏氏兄弟是"言之者而又行之者"，都是当时著名的政治家。

苏洵虽被誉为"王佐才"，但从未成为"王佐"，也无法施展自己的政治抱负，而只能算作政论家。苏氏兄弟是"言之者而又行之者"，都是当时著名的政治家。

在政治上，北宋王安石力主变法时，三苏强调革新吏治。在苏洵生前，王安石变法还未开始，但争论已经开始。苏洵在《衡论》中已经提出了"政之失，非法之罪"的观点。嘉佑三年（1058），苏洵与王安石分别有《上皇帝书》和《上仁宗皇帝言事》。他们未必看到过对方的上书，故很难说是谁反驳谁。但比较一下这两篇上书的内容，便能看出苏、王分歧的实质。王安石认为，当时形势危急的原因是"患在不知法度"，出路在于"变革天下之弊法"。苏洵却认为，"法不足以制天下，以法制天下，法之所不及，天下斯欺之矣。且法必有所不及也。先王知其有所不及，是故存其大略而济之以至诚。使天下之所以不吾欺者未必皆吾法之所能禁，亦其中有所不忍而已。”正是从这一观点出发，苏洵在《上皇帝书》中才大谈改革吏治，主张重爵禄，罢任子，严考课，尊小吏，复武举，信大臣，重名器，专使节，停郊赦，远小人。其中除停郊赦一条外，其余九条都谈的是吏治改革。

苏轼兄弟后来对王安石变法的态度，实为苏洵与王安石分歧的的继续。熙宁二年初，兄弟二人守父丧期满返京时，王安石变法已经开始，以苏轼为殿中丞、直史馆、判官告院，以苏辙为变法机构制置三司条例司检详文字。王安石以吕惠卿起草的青苗法向苏辙征求意见。苏辙说：“以钱货民，使出息二分，本以援救民之困，非为利也。然出纳之际，吏缘为奸，虽重法不可禁；钱入民手，虽良民不免非理之费；及其纳（还）钱，虽富家不免违限。如此，则鞭棰必用，自此恐州县事不胜繁也。”王安石变法期间还加强盐禁，严禁私人煮盐贩盐。王安石也曾同苏辙讨论这个问题。苏辙说：“利之所在，欲绝私贩，恐理难也。”王安石有办法，他说，一村百家俱贩私盐，败者止一二，故贩不止；“若二十家至三十家败，则不敢贩矣！”苏辙回答道：“如此，诚不贩矣。但恐二三十家坐盐而败，则起为他变矣！”（苏辙《龙川略志》卷三）熙宁二年八月，他写了《制置三司条例司论事状》，对新法作了全面批评，同时要求外任，免去他在条例司检详文字的职务。为人“谨重”的苏辙，上书反对新法比苏轼早四个月，而要求离京外任比苏轼将近早两年。

熙宁二年（1069 年），王安石准备变科举，兴学校。神宗对此有些怀疑，征询意见，苏轼上《议学校贡举状》。神宗对苏轼的意见很重视，他说：“吾固疑此，得轼议，意释然矣。”神宗立即召见苏轼，问“方今政令得失”，并说：虽朕过失，指陈可也。苏轼也不客气，批评神宗“求治太急，听言太广，进人太锐”。神宗当即表示：“卿三言，朕当熟思之。”并鼓励苏轼说：“当为朕深思治乱，无有所隐。”（《宋史·苏轼传》）故苏轼又有《上神宗皇帝书》，对王安石变法作了全面批评。变法派于是下决心把他赶出朝廷。御史知杂事谢景温诬奏苏轼扶父丧返川时，曾在舟中贩运私盐，并追捕当时船工进行拷问，想获得“罪”证。苏轼“实无其事”，不屑同这些人争辩，只求出任地方官避祸。于是被命通判杭州。苏轼一生多次被诬陷，这是其中的第一次。

对元祐之政的态度，也表明苏辙在政治上往往比苏轼更激烈。苏辙在元祐元年二月至十一月担任右司谏期间共上奏章七十四篇（苏轼同期所上奏章为二十篇），几乎涉及当时所有的重大政治问题。他主张严惩推行新法的朝廷大臣，而对执行新法的小臣给予改过自新的机会。八次上书要求责降右仆射韩缜，三次乞诛窜吕惠卿，并一论章?，再论安焘，五论蔡京。大家都知道，苏轼草拟的《吕惠卿责授节度副使制》是一篇著名的制词，却不一定知道这篇制词主要是根据苏辙的《乞诛窜吕惠卿状》起草的。此状历数吕之过恶说：“吕惠卿赋性凶邪、罪恶山积。自熙宁以来所为青苗、助役、市易、保甲、簿法（手实法）皆出于惠卿之手”；“兴起大狱，以恐胁士人”；“排击忠良，引用邪党，惠卿之力十居八九”；其为人更加阴狠险毒：“（王）安石之于惠卿有卵翼之恩，有父师之义。方其求进则胶固为一，更相汲引，以欺朝廷；及其权位既均，势力相轧，反眼相噬，化为仇敌。”以致“发其私书，”“其一曰‘无使上知’，安石由是得罪。夫惠卿与安石出肺腑，托妻子，平居相结，唯恐不深。故虽欺君之言，见于尺牍，不复疑问。惠卿方其无事，已一一收录，以备缓急之用。一旦争利，遂相抉择，不遗余力，必致死地。此犬彘之所不为，而惠卿为之曾不愧耻。”苏辙主张对这样的人应“略正典刑，纵未以污，犹当追削官职，投畀四裔”。

苏轼兄弟在元年间的主张也不尽相同。例如苏轼只是私下劝告章说，司马光“时望甚重”，“不可慢”（《亡兄子瞻墓志铭》）。苏辙却上章要求罢免章枢密使之职。在役法问题上，苏轼认为：“差役免役，各有利害”，“以彼易此，民未必乐”。苏辙却认为，“差役可行，免役可罢，不待思虑而决”（《论罢免役钱行差役法状》）。司马光恢复诗赋取士，苏轼作《复改科赋》称美此事，但苏辙比哥哥冷静得多，他虽然不反对司马光恢复诗赋取士，但主张推迟一届施行，并因此得罪了司马光，“君实（司马光）始不悦矣”（《颍滨遗老传》）。

三苏祠，位于四川省眉山县城西

三苏都是我国历史上著名的文学家

三苏都名列唐宋八大家。苏洵的散文“辞辩闳伟，博于古而宜于今”，对改变北宋文坛风气起了巨大作用。苏轼具有多方面的文学艺术才能，在各个领域都富有创造性，都是开派的人物。苏辙的诗文成就也较高。

苏洵强调文章要“得乎吾心”（《太玄论》），要有自己的真知灼见；强调文贵自然，反对为文而文，认为不能不为之文才是“天下之至文”（《仲兄字文甫说》）；强调文贵有用，要“言必中当世之过”（《凫绎先生诗集叙》），如五谷可以疗饥，药石可以伐病。他的散文“辞辩闳伟，博于古而宜于今”，“不为空言而期于有用”（欧阳修《荐布衣苏洵状》），对改变北宋文坛风气起了巨大作用，“士争传诵其文，时文为之一变。”（张方平《文安先生墓表》）南宋朱熹从正统儒家观点出发，斥苏氏父子兄弟之学为“杂学”，但对苏洵文章却很佩服，称“老苏文雄浑”（《朱子语录》卷一三九)。元人朱夏《答程伯大论文》说:“老苏之文,顿挫曲折,苍然郁然,镵刻削厉,几不可与争锋。”苏洵存诗不多,但诸体皆备,尤以五、七古诗见长。叶梦得《避暑录话》称其诗“精深有味,语不徒发,正类其文”。其五古《欧阳永叔白兔》诗,结构谨严,形象生动,意味隽永;七古《赠陈景回》诗,波澜起伏,活泼跌宕而又情致委婉。《九日和韩魏公(琦)》更是洵诗压卷之作:“晚岁登门最不才,萧萧华发映金。不堪丞相延东阁,闲伴诸儒老曲台。佳节久从愁里过,壮心偶傍醉中来。暮归冲雨寒无睡,自把新诗百遍开。”前两句写参加韩琦重阳节的家宴;三四句感谢韩琦以他为太常寺礼院编纂,曲台指太常寺,但从“闲伴诸儒老曲台”的“闲”、“老”二字,也不难看出他那郁郁不得志之情;五六句写得最好,“佳节久从愁里过”,可见他一直不得志;“壮心偶傍醉中来”,可见他仍雄心勃勃,希望有所作为;末二句写宴后归来的心情,暮色沉沉,寒雨萧萧,辗转反侧,夜不能寐,给人以凄凉之感,表现了他壮志不酬的苦闷。

苏轼具有多方面的文学艺术才能,在各个领域都富有创造性,都是开派的人物。他的散文平易自然,笔力纵横,挥洒自如,雄辩滔滔,与欧阳修一起并称欧苏。他的诗内容丰富,境界开阔,格调清新,与黄庭坚一起并称苏黄。他的词一洗五代绮丽柔靡的词风,成为豪放词派的创始人,并提高了婉约词的境界,对后世影响很大,与辛弃疾一起并称苏辛。苏轼存词三百多首,苏辙存词仅四首,写得最好的是《水调歌头·徐州中秋》:“离别一何久,七度过中秋。去年东武(今山东诸城)今夕,明月不胜愁。岂意彭城(今江苏徐州)山下,同泛清河古汴,船上载《凉州》。鼓吹弄清赏,鸿燕起汀州。坐中客,翠羽帔,紫绮裘。素娥无赖西去,曾不为人留。今夜清樽对客,明夜孤帆水驿,依旧照离忧。但恐同王粲,相对永登楼!”从此词可知,苏辙并非不能作词,只是不喜作词罢了。此词上阙从长年离别写到今朝欢聚。一、二句写兄弟离别之久,从熙宁四年颍州之别至熙宁十年,已经整整七年了。“去年东武今夕”二句指苏轼为怀念苏辙而写的《水调歌头·丙辰中秋,欢饮达旦，大醉，作此篇兼子由》（“明月几时有”）。苏辙词的后五句写今朝“同泛清河古汴”，《凉州》指《凉州词》，此代指唱曲的歌女。他们一面泛舟，一面欣赏歌女唱曲，惊起群群汀州鸿雁，够快乐了。但好景难长，下阙从今朝欢聚，想到明朝离别，发出一片悲凉之音。前三句写“坐中客”的装束，四五句感叹光阴易逝，盛时难再。接着以“今夜清樽对客”的欢聚之乐，反衬“明夜孤帆远驿”的别离之苦，而展望未来更不堪想

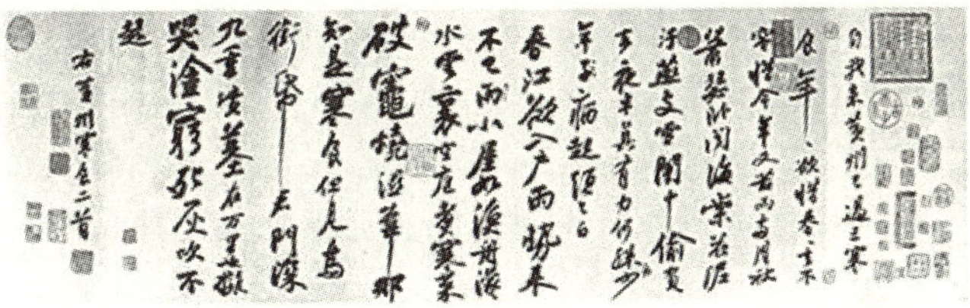

苏轼书法——《黄州寒食帖》

苏轼梅花图

象，恐怕只能像三国时王粲那样“相对永登楼”了。这个“永”字，语重千斤。苏轼《水调歌头》（安石在东海）说：“子由相从百余日，过中秋而去，作此曲以别，……其语过悲。”“悲”而且“过”就在于下阙，特别是结尾数句，太伤感了。苏轼在《中秋月寄子由》中回忆当时情景说：“歌君别时曲，满座为凄咽！”莫说那时的当事者，就是今天的读者读到这首词，也有催人泪下之感。苏轼觉得弟弟太伤感了，在和词中安慰道：“一旦功成名遂，准拟东还海上，扶病入西州。”并想象弟兄双双相亲相爱同返故里的情景说：“故乡归去千里，佳处辄迟留。我醉歌时君和，醉倒须君扶我，惟酒可忘忧。”苏轼这一功成名遂之后弟兄同归故里的愿望，一生从未实现过；后来实现的是兄弟二人“扶病”去雷州、儋州贬所。

苏辙的诗文成就也较高。关于苏氏兄弟诗文的优劣，历来有不同看法。苏轼说：“子由诗过吾远甚。”（《记子由诗》）又说：“子由之文实胜仆，而世俗不知，乃以为不如。”（《答张文潜书》）这并不是什么自谦之词，而是苏轼的真心话。苏轼论诗论文都追求“质而实绮，癯而实腴”（苏辙《子瞻和陶诗引》）、“外枯中膏，似淡而实美”（苏轼《评韩柳诗》）的艺术风格，苏辙“汪洋澹泊”的艺术风格正符合他的审美趣味。秦观《答傅彬老简》同意苏轼的看法：“中书（苏轼）尝自谓‘吾不及子由’，仆窃以为知言。”陆游、周必大也有类似的看法，周必大《跋子由〈和刘贡父省上示坐客〉诗》载，周向陆请教学诗之法，陆要周读苏辙诗。周“退取《栾城集》观，殊未识其旨趣”，后来才觉得辙诗“温雅高妙，如佳人独立，姿态易见。然后知务观（陆游）于此道真先觉也”。

三苏是琴棋书画皆通的艺术家

苏洵虽无词存世，但他是懂音乐的，蓄有雷琴；三苏会棋，但棋艺不算高明；三苏皆精书法；三苏均好画。

词是宋代的乐曲，苏洵虽无词存世，但他是懂音乐的，蓄有雷琴。苏轼《家藏雷琴》说："余家有琴，其面皆作蛇，其上池铭云：开元十年造，雅州灵关村。"苏轼为了弄清雷琴的发音情况，曾把琴拆开来进行研究。《历代琴人传》引张衮《琴经·大雅嗣音》说："古代多以琴世家，最著者……眉山三苏。"苏洵善弹琴，苏轼兄弟皆有《舟中听大人弹琴》诗，歌颂苏洵琴技，崇尚古乐而不满世俗之乐。苏辙的写法是由舟中听琴而联想到伯牙沧海学琴，末以"世人嚣嚣好丝竹，撞钟击鼓浪为荣。安知江琴独超绝，摆耳大笑不肯听"点明主题。全诗以写伯牙学琴为主，读起来平和婉转。苏轼的写法是由听琴而生议论："弹琴江浦夜漏永，敛窃听独激昂。《风松》、《瀑布》已清，更爱《玉佩》声琅。自从郑卫乱雅乐，古器残缺世已忘。千年寥落独琴在，有如老仙不死阅兴亡。世人不容独反古，强以新曲求铿锵。微音淡弄忽变转，数声浮脆如笙簧。无情枯木今尚尔，何况古意堕渺茫。江空月出人响?，夜阑更请弹《文王》。"全诗纵横恣肆，议论风生，与苏辙诗的平和婉转适成鲜明对比。

三苏会棋，但棋艺不算高明。苏轼晚年贬官儋州期间曾说："予素不解棋，尝独游庐山白鹤观，观中人皆阖户昼寝，独闻棋声于古松流水之间，意欣然喜之。自尔欲学，然终不解也。儿子（苏）过，乃粗能者。儋守张中日从之戏。予亦隅坐竟日，不以为厌也。"（《观棋》）

三苏皆精书法，《中国书法大辞典》都收有三苏的书法作品。颜真卿是唐代著名书法家，苏洵有《颜书》，前半歌颂颜真卿起兵反对安史之乱："忆在天宝末，变起渔阳师。猛士不敢当，儒生横义旗。感激数十郡，连衡斗羌夷"充满了对义士颜真卿、颜杲卿的仰慕之情。后半歌颂颜之书法："况此字颇怪，堂堂伟形仪。骏极有深?，骨老成支离。点画乃应和，关连不相违。有如一人身，鼻口耳目眉。彼此异状貌，各自相结维。离离天上星，分如不相持。左右自缀会，或作斗与箕。骨严体端重，安置无欹危。"末谓见了颜书，自己都不敢写字了："自我见此字，得纸无所施。""骏极有深?"，"骨严体端重"表明，他颇善于把握颜书的特点。

苏轼从小爱好书法，少年时代曾在眉山城西八十里的栖云寺读书，在石崖上作“连鳌山”三字，大如屋宇，雄劲飞动。在宋代四大书法名家即“苏（轼）黄（庭坚）米（芾）蔡（一说蔡襄，一说蔡京）”中，他名列前茅，是与他“幼而好书，老而不倦”（《东坡先生墓志铭》）分不开的。他曾说：“我书意造本无法，点画信手烦推求。”（《石苍舒醉墨堂》）这种信笔书写，无需推求的“无法”境界，是通过长期的依“法”练习获得的，是以“堆墙败笔如山丘”的艰苦劳动为前提的。正因为如此，他在《书唐氏六家书法后》中才批评那些没有学会正楷就在那里胡乱作草书的人：“今世称善草书者，或不能真（楷书）行（行书），此大妄也。真生行，行生草；真如立（立正），行如行，草如走（跑）。未有未能行、立而能走者也。”这段话充分说明了“无法”必须以有法为前提，“意造”必须以苦练为基础。苏辙的《石苍舒醉墨堂》诗也说：“石君得书法，弄笔岁月久。经营妙在心，舒卷功随手。”这也同样说明了只有“弄笔久”，才能“得书法”，只有苦心“经营”，才能“舒卷功随手”。

三苏均好画。阎立本是唐代著名画家，净因大觉琏师以阎立本所画水官（水神）赠苏洵，苏洵撰《净因大觉禅师以阎立本画水官见遗，报之以诗》来表示感谢。诗的大部份内容是描述这幅画的：或写水官：“水官骑苍龙”，“龙行欲上天”，“浩若乘风船”，“不知几何长，足尾犹在渊”；或写从臣，说他们“矍铄相顾失，风举衣袂翻”；或写侍女，说她们“手执雉尾扇，容如未开莲。”这些描写都很形象，见诗如见画。诗的结尾更别开生面，苏洵没有向大觉琏师直接表示感谢，而是说阎画“见者谁不爱，予者诚已难”。但是，“在我犹在子，此理宁非禅报之以好词，何必画在前！”这样结尾就不落俗套，比直接以谢语结尾有味得多。苏轼《次韵水官诗》叙云：“因大觉琏师以阎立本画水官遗编礼公。公既报之以诗，谓某‘汝亦作’。某顿首再拜次韵，仍录二诗为一以献之。”此称其父为“编礼公”，嘉六年（1061）七月朝廷才以苏洵为霸州文安县主簿，编纂礼书。故此诗必作于苏洵晚年。苏洵还曾向文同（字与可）索画，有《与可许惠舒景，以诗督之》诗。苏轼《四菩萨阁记》说：“始吾先君于物无所好，燕居如斋，言笑有时，顾尝嗜画。弟子门人，无以悦之，则争致其所嗜，庶几一解其颜。故虽为布衣，而致画与公卿等。”为了使父亲“一解其颜”，苏轼曾“以钱十万”，购得吴道子画献与苏洵。在苏洵所珍藏的百余幅名画中，此为压卷之作。

苏轼二十一岁曾在成都净慈寺为镇守成都的张方平画像，后来与文同成为文人画即湖州画派的开创者。他在《文与可画筼筜谷偃竹记》中总结文同绘画经验时提出了著名的胸有成竹说：“画竹必先得成竹于胸中，执笔熟视，乃见其所欲画者。”所谓“熟视”，就是仔细观察所要画的竹子，所要表现的客观对象；同时就在进行艺术构思，使所欲画的竹子，所要表现的对象完整地呈现于胸中。他在《书蒲永升画后》中说：“始（孙）知微欲于大慈寺寿宁院壁，作湖滩水石四堵，营度经岁，终不肯下

“连鳌山”——苏轼青年时手书

笔。一日仓皇入寺，索纸墨甚急，奋袂如风，须臾而成，作输泻跳蹙之势，汹汹欲奔屋也。”“仓皇”、“甚急”、“如风”、“须臾”，正是灵感爆发，创作激情高涨的表现；而这种灵感突发是建立在“营度经岁”，即长期酝酿的基础之上的。没有“营度经岁”就不可能有“须臾而成”。

王维是唐代的著名诗人和画家。苏轼曾称赞王维“诗中有画”，“画中有诗”（《题蓝田烟雨图》）。当时在开元寺东塔，有王维画的真迹，他在《王维吴道子画》中说：“摩诘（王维）本诗老，佩芷袭芳荪。今观此壁画，亦若其诗清且敦。”这里同样强调了王维诗画相通，诗情画意融成一体的特点。吴道子名道玄，是唐代名画家，世尊为画圣。宋时开元寺和普门寺都有他的真迹：“道子实雄放，浩如海波翻。当其下手风雨快，笔所未到气已吞。”可见吴道子的画以“雄放”为特色。苏轼本人就是画家，他很推崇王维和吴道子的画：“吾观画品中，莫如二子尊。”在二人中尤其推崇王维：“吴生虽妙绝，犹以画工论。摩诘得之于象外，有如仙翮谢笼樊。吾观二子皆神俊，又于维也敛衽无间言。”苏辙经常反驳苏轼，他在同题诗中针锋相对地反驳其兄说：“壮马脱衔放平陆，步骤风雨百夫靡。美人婉娩守闲独，不出庭户修容止。女能嫣然笑倾国，马能一蹴至千里。优柔自好勇自强，各自胜绝无彼此。谁言王摩诘，乃过吴道子”在苏辙看来，壮马奔驰是“刚杰”之美，美人嫣然一笑是“软美”，对二者不应有所轩轾。其实，苏轼在这里是在比较文人画和画工画的高低，他并不否认美的多样性。他在《孙莘老求墨妙亭诗》中说：“杜陵评书贵瘦硬，此论未公吾不凭。长短肥瘦各有态，玉环、飞燕谁敢憎?”可见他们兄弟在美的多样性，风格的多样性问题上，实际是没有分歧的。

得《史记》笔意，正《史记》讹漏的史学家

苏轼没有历史专著，但写了大量单篇史论；苏洵所著《史论》是一

部很重要的历史著作；苏辙应制科试所上《进论》含有史论，晚年又撰《历代论》，多为历史人物论。

在史学领域，苏洵、苏辙的成就高于苏轼。苏轼没有历史专著，但写了大量单篇史论，其中以应制科试所作的二十五篇《进论》和晚年所作的《志林》中的史论部分为最有名。苏洵撰有《史论》上中下三篇，系统阐述了他的史学观；又与姚辟合着《太常因革礼》一百卷，因欧阳修以参知政事为此书提举官，有些书目往往列在欧阳修名下。这既是一部礼书，又是一部史书。《中国丛书综录》即归入史部。苏洵《史论上》论经、史异同，认为其同有二：其义（写作目的）同："史与经皆忧小人而作"；其用（具体要求）同："事以实之，词以章之，道以通之，法以检之。"其别有三：经、史都离不开事、词、道、法，但侧重点各有不同，"经以道、法胜，史以事、词胜"；经靠史证实褒贬，史靠经斟酌轻重，二者作用不同而又相互为用；经为"适于教"的需要，或"隐讳而不书"，故经非实录；史是"实录"，其中有可遵循者，有不可遵循者，故史非"常法"。儒家的传统观点是把经奉为文章的最高典范，苏洵却经史并重，认为二者体不相沿而用实相资，"经不得史无以证其褒贬，史不得经无以酌其轻重"。《史论中》论修史的四种方法："其一曰隐而章，其二曰直而宽，其三曰简而明，其四曰微而切。"他阐明了史书的真实性同政治性（教化作用）的关系。史书是"一代之实录"，必须如实地反映客观历史情况；但又不能作纯客观的记述，而应通过作者对史料的精心剪裁和安排，表现作者的爱憎和褒贬，体现道与法，达到惩恶扬善的目的。对于"功十而过一"的人，本传记其功，他传发其过，这样，既忠于史实，又达到了褒善的目的；对于"过十而功一"的人，既要记其过，又要详记其功。这样，既能惩恶，又能开其自新之路。这就把史书的真实性和教化作用统一起来了。《史论下》历评司马迁《史记》、班固《汉书》、范晔《后汉书》、陈寿《三国志》的得失。苏洵说："迁之辞淳健简直，足称一家。"但指责司马迁"裂取六经传记"杂于《史记》之中，指责班固"袭蹈迁论以足其书者过半"。历史就是历史，是既成事实，可以删其繁冗，补其遗漏，纠其谬误，但不能再创造。若已无冗可删，无漏可补，无谬可纠，则照抄前人记述比把前人记述改头换面以充己作，倒是更老实的治史态度。但班固照抄司马迁、扬雄的记述而不知剪裁，以至造成体例不统一。苏洵强调史书必须忠于史实，指责班固"贵谀伪"，陈寿帝魏而臣吴蜀，都是不忠于客观历史实际的表现。苏洵的多数观点，均切中前四史的要害。雷简夫称其"《史论》，真良史才也"，"得（司马）迁史笔"（邵博《闻见后?》卷一五），茅坤《唐宋八大家文钞》卷一一一称其"评骘诸家如酷吏断狱"，并非虚美之词。

苏辙与苏轼一样，应制科试所上《进论》也含有史论，即"上自三王而下至五代"的朝代论十二篇，晚年又撰《历代论》四十五篇，多为历史人物论。苏辙有史学专著《古史》，是为纠正司马迁《史记》之讹，补充其佚而作。苏籀《栾城遗言》说："公年十六为夏、商、周论，今见于《古史》。"可见苏辙《古史》也是从青年时代起就开始撰著，但主要是两次贬官筠州（今江西高安）时完成的。其《古史序》中说："太史公始易编年之法为本纪、世家、列传，记五帝三王以来，后世莫能易之。然其为人浅近而不学，疏略而轻信。"其《后记》云："尧舜三代之遗意，太史公之所不喻者于此而明；战国君臣得失成败之迹，太史公之所脱遗者于此而足，非闲废有所不暇者也。"元人刘埙《隐居通议》卷一五称"其所作《古史》，则议论高绝，又非坡所及"。

苏辙亦长于当代史，其《龙川略志》十卷、《龙川别志》四卷（今本为上下两卷），《颍滨遗老传》（自传）两卷，均属当代史。苏辙一生曾见过朝廷很多名臣，如欧阳修、张安道、韩琦、司马光、王安石等等。元祐年间在朝时，刘贡父曾对苏辙说："予一二人死，前言往行堙灭不载矣。君苟能记之，尚有传也。"（《龙川别志序》）但当时他政务繁忙，无暇记这些名臣言行。晚年贬官循州（今广东龙川），他完成了《龙川略志》、《龙川别志》。苏轼晚年写了很多即兴式的笔记，而苏辙的《龙川略志》、《龙川别志》的写作却是有计划的，《略志》记所历，《别志》记所闻。《东坡志林》记了很多奇幻怪异的事，表现了苏轼对新奇事物的浓厚兴趣。《略志》、《别志》所载，除少量炼丹术、养生术外，绝大多数都是严肃的朝政。苏轼的笔记，文学色彩浓，具有较高的美学价值。苏辙的笔记政治色彩浓，具有较高的史料价值。正如《四库提要》卷一四所说："《略志》惟首尾两卷记杂事十四条，余二十五条皆论朝政。盖是非彼我之见，至谪居时犹不忘也。……《别志》所述多耆旧之余闻。朱子（熹）生平以程子（颐）之故，追修洛蜀之旧怨，极不满于二苏。而所作《名臣言行录》，引辙此志几及其半，则其说信而有征，亦可以见矣。"朱熹对苏辙《龙川略志》和《龙川别志》的重视，充分说明二书对了解元之政和北宋名臣言行，具有重大意义。

河南郏县三苏坟"青山玉瘗"坊

具有离经叛道倾向的思想家

苏洵一反孔孟的传统观点，认为"利之所在，天下趋之"。苏洵与王安石的分歧，苏轼与程颐的分歧都在于认为他们不尽人情，苏辙思想尤杂。

三苏父子都是具有离经叛道倾向的思想家。传统的儒家观点总是以礼抑情，以义抑利。宋代的理学家更进一步宣扬“存天理，灭人欲”，“饿死事极小，失节事极大”（程颐）。苏洵一反孔孟“君子喻于义，小人喻于利”的传统观点，在《上皇帝书》中认为“利之所在，天下趋之”。在《利者义之和论》中说：“利在则义存，利亡则义亡。”

三苏文集中都有《六经论》，《苏轼文集》中的《六经论》实为苏辙《栾城集》中的《六经论》，《栾城集》为苏辙自编，《苏轼文集》为误收。但苏轼论及六经的地方也很多，以人情说解释六经可说是三苏父子的共同特点。苏洵《易论》认为，“民之苦劳而乐逸也，若水之走下”，“圣人惧其道之废，而天下复于乱也，然后作《易》。观天地之象以为爻，通阴阳之变以为卦，考鬼神之情以为辞，探之茫茫，索之冥冥，童而习之，白首而不得其源，故天下视圣人如神之幽，如天之高，尊其人而其教亦随而尊……此圣人用其机权，以持天下之心，而济其道于无穷也。”在苏洵看来，《易》之所以要写得茫茫冥冥，神秘莫测，无非是圣人利用人之常情，对那些“新奇秘怪”的事物特别尊崇的心理，来维持其对圣人之道的敬畏。苏洵实际上是把儒家视为神圣的《易经》看作神道设教，看作愚民手段，以使天下之人把圣人之道当作宗教来信仰。这样看待《易经》，确实是大不恭的。《朱子语类》卷一三云：“看老苏《六经论》，则是圣人全是以术欺天下。”

苏洵与王安石的分歧，苏轼与程颐的分歧都在于认为他们不尽人情。苏洵《辨奸论》说：“面垢不忘洗，衣垢不忘浣（洗濯），此人之至情也。今也不然，衣臣虏之衣，食犬彘之食，囚首丧面而谈诗书，此岂其情也哉？凡事之不近人情者，鲜不为大奸慝。”苏轼与理学家程颐闹得冤冤不解，形成洛蜀党争，重要原因也是苏轼厌恶程颐不近人情，其《杭州召还乞郡状》说：“臣又素疾程？之奸，未尝假以色词，故颐之党人无不侧目。”《宋史纪事本末》卷四五说：“颐在经筵，多用古礼，苏轼谓其不近人情，每加玩侮。”

三苏都是深受儒、释、道影响的大杂家，苏辙思想尤杂。他们都与僧人、道士往来密切。苏洵有《彭州圆觉禅院记》、《送蜀僧去尘》、《题仙都观》等诗。北宋兴起一股疑古思潮，他们的学术著作都是这一疑古思潮的产物。陆游说："唐及国初，学者不敢议孔安国（西汉经学家），郑康成（即郑玄，东汉经学家），况圣人乎！自庆历后，诸儒发明经旨，非前人所及。然而排《系辞》，废《周礼》，疑《孟子》，讥《书》之《胤征》、《顾命》，黜《诗》之序，不难于议经，况传注乎？"（见王应麟《困学纪闻》卷八《经说》）苏辙的《孟子解》不止"疑《孟子》"，甚至斥《孟子》"为野人之言，非君子之论也"。苏轼偏重于从政治上反对佛教、道教，他的《子思论》、《荀卿论》、《韩非论》、《韩愈论》都认为正是老、庄的"轻天下万物之术"，造成了法家的"敢于残忍而无疑"，结果"秦以不祀，而天下被其毒"（《韩非论》）。苏辙在儒、释、道问题上提出了很多大胆观点。苏辙晚年作《老子解》，主张儒、释、道合一，实际上在他青年时代所作的《老聃论》中已经提出来了。他认为老、庄反对各"是其所是而非其所非"，主张"无所是非"的观点符合《论语·微子》的"无可无不可"的主张；老子既讲"常欲无，以观其妙"，又讲"常欲有，以观其徼"；既讲"无之以为用"，又讲"有之以为利"；佛家既讲断灭，又讲"无断无灭"，认为这些主张"亦近于中庸"。他公开反对以周公、孔子之言论作是非标准。他说："昔者天下之士，其论老聃、庄周与夫佛之道者皆未尝得其要也。"因为他们都以周、孔之言去驳佛、老之言，而佛、老之徒根本就不相信周、孔之言，因此，他认为"老聃、庄周之言不可以周、孔辩"。这就像与邻里辩论，"而曰吾父以为不然"，谁会以你父亲的话为是非标准？要怎样才算"得其要"呢？苏辙认为只能"平心而观焉，而不牵乎仲尼、老聃之名，而后可与语此"。只能就观点本身的"是非利害"进行辩论，只有那些"辩之而无穷，攻之而无间"的观点才是"天下之道"。早在宋代，苏辙就这样明确地反对以周、孔之言为是非标准，是大胆的、深刻的。经过苏辙的"平心而观"，他认为老、庄学说比杨朱、墨翟之言深刻得多，全面得多。杨朱主张为我，墨翟主张兼爱，“天下之事，安可以一说治也？彼二子者欲一之以兼爱，断之以为我，故其说有时焉而遂穷”。老、庄就不是这样：“今夫老、庄无所是非，而其终归于无有，此其思之亦曰详矣”；“老聃、庄周，其思之不可谓不深矣”；“其论纵横坚固而不可破也。”（均见《老聃论》）这简直是公开为老、庄思想唱赞歌。苏轼多批评佛、老对治国的危害，苏辙则认为即使在治国上，儒、道两家亦各有所失，各有所得：“汉文取老子之所长而行之，是以行之而天下丰；汉武取儒者之所失而用之，是以用之而天下弊。此儒、老得失之辨也。”（《御试制科策》）由此可见，在对佛、道的态度上，苏轼兄弟的看法并不完全一致。苏辙不仅政治观点比苏轼尖锐激烈，而且他的学术思想也比苏轼更加复杂和大胆。

结　语

在三苏中，一般更推崇苏轼，但我认为更应推崇苏洵，他对两个儿子进行了精心的教育，为我们培养出苏轼、苏辙这样的一代文豪。前人经常论及这点：“时名谁可嗣，父子尽贤良”（韩琦《苏洵员外挽词》）；“一门歆、向（刘歆、刘向）传家学，二子机、云（陆机、陆云）并隽游。”（张焘《老苏先生挽词》）清人邵仁泓在《苏老泉先生全集序》中说：“二苏具天授之雄才，而又得老泉先生为之先引，其能卓然成一家言，不足异也。老泉先生中年奋发，无所师承，而能以其文抗衡韩、欧，以传之二子，斯足异也。间尝取先生之文而读之，大约以雄迈之气，坚老之笔，而发为汪洋恣肆之文，上之究极天人，次之修明经术，而其于国家盛衰之故，尤往往淋漓感慨于翰墨间。先生之文，盖能驰骋于孟（子）、刘（向、歆）、贾（谊）、董（仲舒）之间，而自成一家者也。……上继韩、欧，下开长公（苏轼）兄弟。”这段评论相当精彩，它首先强调了苏洵能成为唐宋八大家之一颇不容易。苏轼兄弟幼而习之，又有家父培养，能成一家，不足为奇。而苏洵发奋既晚，又无师承，全靠自己摸索，而能与孟、刘、贾、董抗衡，上继韩、欧，下开苏轼兄弟，确实是了不起的。

话说中国舞蹈

资华筠　舞者、学者。1950 年初中毕业于南开中学，开始专业舞蹈生涯。1952—1987 年中央歌舞团舞蹈演员，表演过中外各种风格的舞蹈，曾在国际、全国舞蹈比赛中获金奖、铜奖。1987—1999 年任中国艺术研究院舞蹈研究所所长，参与、主持国家“八五”—“十一五”规划，艺术学科重点科研课题。出版了《舞蹈生态学导论》(合著)、《舞艺舞理》(中、英文本)、《中国舞蹈》、《舞思》等十余本著述；多本散文随笔集；论文、评论未计其详。现任中国艺术研究院研究员、博士生导师、学术评议委员会副主任，国家非物质文化遗产保护工作专家委员会副主任等。

舞蹈，这门古老而又充满青春活力的艺术，伴随着人类文明的演进繁衍不息，流传至今。在人类创造文化又被文化造就的历程中，逐渐发展成为具有独立品格和独特审美价值的艺术门类——有着不可替代的社会功能。以人类自身形体动作为媒质的存在方式、呈现方式，决定了舞蹈是人类最古老的艺术形式之一——号称“艺术之母”。

人类学家常把舞蹈当成一个民族的标记物。即所谓“请你跳舞给我看，我将知道你是甚么人?”每个民族的生存环境，历史文化背景以及由此而形成的生理、心理特征——民族性格、意绪、风俗习惯、审美情趣及蕴含其中的智慧灵性，无一不以其风格各异的舞蹈——人体语言，鲜明地反映出来。因此了解、认识民族舞蹈对认识自己民族文化的精萃具有十分重要的意义。

5000 年文明古国的中华舞蹈有着光辉灿烂的历史和富庶丰厚的遗存，为世界上任何国家所望尘莫及。它源远流长，有如奔腾不息的江河，随着历史的演进，不时有新鲜水脉注入其中。它璀璨夺目，有如天空的繁星，每一颗都闪烁着独有的光芒。它绚丽多姿有如盛开在祖国大地的百花，竞相争妍，放射着异彩……我们渴望追寻“艺术之母”的踪迹，直至远古。岁月流逝、时代变迁，先民们的舞影已无踪可寻；神州大地，舞葩繁茂，倾毕生精力采撷，仅能窥测其风貌之一斑。然而，在珍贵的出土文物中，在经书诗赋的字里行间，在叹为观止的石窟崖画艺术中，在山村沟寨走会、社火、闹灯的民间节日……我们都分明感受到中华舞蹈的魂魄无所不在。

舞蹈的本体特质决定了其与人类的关系格外亲昵

与其他艺术门类相比较，舞蹈是无需依赖“第二工具”而以自身形体动作为媒质的人类有目的的行为。远古社会因劳动而实现了初级进化——手脚分工——的人体，即是呈现舞蹈的“物质材料”。自此，舞蹈就在不同的时间流程和空间环境中，或深或浅，时扬时抑地留下自己的印迹。

舞蹈的起源与萌芽可远溯至人类发展的洪荒期，很难予以确切考证。屈原在《天问》中所谓：“隧古之初，谁传道之？上下未形。何由考之？”其对天、地、人的苦苦求索似乎也包含着对“舞之源”的追问。有关舞蹈的起源在古籍、神话中确有一些传说，它使我们从中寻觅到先人对原始舞蹈的感知。1973 年，青海大通县上孙家寨出土于马家窑类型墓葬的那只轰动一时、广为人知的彩陶盆，为我们“复活”了约 5000 年前原始先民舞蹈的直观形象。其内壁的带纹上绘有三组舞人形象，五人一组手携着手，踏着统一的步伐，体态鲜活、生机昂然。画面上虽无乐手的形象，那摆向一致的鸟羽兽毛的头饰、尾饰，显示出动作节奏的一致性，联系更早出土的陶鼓、陶哨、陶埙……可以想见其奏乐起舞的情景。这样的场景与古籍中记载的：“……击石拊石，百兽率舞”（《尚书·舜典》）可相互参照，提供了远古狩猎生活和图腾崇拜的印迹。此外，考古工作者先后在新疆、内蒙古、黑龙江、宁夏、广西、广东、云南、福建、江苏等广阔的地域发现的相当数量的崖画中，都留有先民绘制的“舞蹈图”，它们几乎包罗了原始部落生活的方方面面。如：云南、内蒙古的崖画中，多有拉弓、搭箭、猎头庆功等征战的动态形象。人类在征服自然的斩棘历险中，舞蹈起到激发勇气，协同战斗动作以及习武练兵、祝捷庆功的作用。新疆呼图壁县康家石门子反映生殖崇拜的大型崖画的被发现，也曾引起不小的轰动。人类为了繁衍后代、种族兴旺，求偶、交媾是其生命感悟的本能，这种性意识的萌发往往通过舞蹈表达出来。此外，许多崖画中的劳作、征战、求偶等舞蹈形态，大都与祭祀仪式相伴。每个民族的“童年”都有自己心目中的“上帝”，那是人类对超自然主宰力的幻想——企盼冥冥中有神灵的佑护赐福以抵制“魔鬼”降祸。渐渐地形成了一种相对固定的仪式，即原始祭祀——巫术之起源。巫术的“人境”促动了人体运动的“舞化”，这恰好印证了王国维的“歌舞之兴，其始于古之巫乎?”

凡此种种，引领着我们穿越时间的隧道，感悟到人类的生命活动——劳作、征战、祭祀、求偶、愉悦、强身……激发了奔放、恣意的“生命律动”，成就了舞蹈之多元性起源。神话、传说中有关舞蹈的起源，难免带有“超人”的梦幻色彩，可考的实证却分明昭示着：舞蹈从原初起就带有很强的维系群体的生存意识和对美好的向往。原始舞蹈的诸多功能，也促进了人类的自我优化。

现代文明高度发展的当今，人类已经创造并享用着丰富的物质与精神文明成果，舞蹈的呈现依然须臾难离自身的形体。高度进化的人体更具智能性、可塑性、自由度。有能力实现高超的技艺，表现浓缩而升华了的感情，阐发自觉的审美意识，创造美的意境、美的形象……反映出特定的社会意识形态。但现代文明高度发展形成了社会分工的精细化导致脑体劳动失衡，使一部分人出现“大脑发达、四肢萎缩”（显然与“四肢发达、头脑简单”同样不可取）。面向新世纪，联合国教科文《世界教育宣言》发出了“向未来争夺身体”的呼吁。前瞻性的社会文化思潮，昭示着我们深化对舞蹈本体特质的认识，使其在当代社会中更加焕发出青春活力，起到健康人的体魄、美化人的心灵的重要作用。

就直观而言，人们不会把田间插秧当做“插秧舞”；也很容易把生活中的告别场景与反映离情的舞蹈区别开来。但是让人准确地回答“舞与非舞”之界定——为舞蹈作出准确的解释和定义，却不大容易。

舞与非舞之差异包含多种层次并存在某种模糊性，舞蹈也可从不同角度予以阐释和界定。曾有不少哲人对舞蹈做出过种种解释，如：亚里斯多德说舞蹈是“借姿态的节奏来模仿人的各种性格、感受和行动”；闻一多则有“舞蹈是人的生命情调最直接、最实质、最强烈、最尖锐、最单纯而又最充足的表现”之说。他们都不约而同地触及到舞蹈的特质，即：舞蹈是以个人的形体运动为基础条件来实现的；舞蹈生发于人的情感最激越——语言难以表达之时。正如《毛诗》序所言：“情动于中，而形于言，言之不足，故嗟叹之，嗟叹之不足，故咏歌之，咏歌之不足，不知手之舞之，足之蹈之也。”

舞蹈源于生活，却不是生活动作的简单描摹再现。它基于人的内在精神力量的迸发和情感的升华，作用于人体动作的幅度、力度、速度之呈现，往往超出生活动作的“常态”、“常量”而具有节奏性、韵律感——形成身体各部位动静格局的“同一性规律”；删汰了生活动作基于应用性、随意性而存在的芜杂、繁琐。当然，超常化的人体动作不只是舞蹈。如：杂技、体育、哑剧……它们与舞蹈之界线存在着某种模糊度，故应关注舞蹈的“中心现象”：以情感人，以美取胜；具有民族文化特异性等等。

舞蹈与其他不以形体动作为媒质的艺术门类相比较，除了实现手段——“材料”、工具之不同以外，舞蹈更富表现性和抒情性而不擅长具体地描述事物、阐释道理。人们对舞蹈的感受方式往往从“直觉”入门，而较少“理性色彩”。这些与音乐的特性似乎更为接近，但由于舞蹈所具有的直观性、形象性、动态性及其表意与审美，抽象与具象相结合的呈现方式，它所表达的内容往往比音乐更具确定性，它既是时间艺术，又是空间艺术。

所谓较少“理性色彩”的感受方式，并不意味对舞蹈无法进行科学分析。由于舞蹈存在着自娱、娱人的美感差异性，如：画家与观画者都用眼睛来欣赏绘画作品；演奏家、歌唱家和听众都以听觉来感受音乐；舞蹈却要通过动觉来自娱，娱人则要以他人的视觉感受来实现其审美功能，因此对其审美、表意元素的分析更加复杂。当我们分析各种舞蹈的风格样式时，关注点既非人类共有的审美心理的“大同”，也非因个人气质、修养和人生经历而决定的“小异”，而是由其宏观环境造成的具有文化特异性的语言体系之“共有特征”。而试图对此予以可操作性的科学分析，更非易事……这说明对舞蹈进行科学研究的必要性、复杂性，仍留有未知世界吸引着我们去探索。

强调舞蹈的本体特质，也非意味着忽视其作为舞台艺术的综合性。

舞蹈在其生成、发展过程中，音乐、服饰始终是重要的伴同物。舞蹈作品大都依据音乐的基调、意蕴，生发灵感展开想象并借助音乐的节奏、旋律、和声、织体、曲式……营造舞蹈的意境、塑造舞蹈形象。服饰在人类求生活动中，其功能从保暖而发展为遮羞、性娱悦等，待文明发达之后才逐步具有了表现礼制与审美作用。它作为人类的文化现象之一，不仅是舞蹈审美要素的重要组成部分，而且传统的民族服饰对舞蹈的原初功能具有揭示、印证作用。

文学作为“语言”艺术，对于“无言”艺术的舞蹈，也具有启迪、滋育作用，取材于文学名著的舞蹈中外皆有范例。舞蹈的空灵感和内在的节奏、气韵，与诗的品格最为接近。其动态思维媒质和浓缩、铺张的艺术呈现方式，对文学的想象力、形象化也具有启迪作用。绘画与雕塑作为视觉艺术与舞蹈更具共通性。舞蹈从绘画与雕塑形象中“最具有生发性的顷刻”（莱辛《拉奥孔》）受到启迪，孕育创作灵感，并非简单地实现静态、动态转换，而是借助画面、塑形所提供的想象空间，将凝聚其中的情感内容提炼、释放出来，以流动的肢体语言予以展现。在现当代舞蹈作品中，舞台美术已成为其不可或缺的辅助项目。现代科技的高度发展，更为舞蹈的造势增添了丰富、奇妙的手段。但是，过度的舞美“包装”不仅画蛇添足，而且会导致舞蹈本体的萎缩。此外，随着现代科学的发展和电影、电视的诞生，影视艺术与舞蹈艺术的结合也成为人们探索的新课题并在实践中得到发展。

总之，舞蹈作为一门综合艺术，应具有浓郁的文学气息，绘画、雕塑的造型感和与音乐相近的表现性。它与各种姊妹艺术的结合，绝非简单地“相加”，而应是“交流相浸”的匹配，内在审美信息的交融，只有如此方能实现真正的整合性效果。

无论怎样“综合”，人既是舞蹈艺术的创造者，又是“物化了”的“舞蹈艺术品”，这种特质决定了它与人类的关系格外亲昵。

彩陶盆

新疆呼图壁崖画

当代舞者

汪子涵《大漠孤行》

中国舞蹈经历了漫长而复杂的发展历程

有着悠久历史的中国舞蹈经历了漫长而复杂的发展历程，因其呈现方式的“转瞬即逝”和记录工具的局限性，在浩瀚的古籍中竟没有一部独立的舞蹈史。依据历代文献有关舞蹈的记述，考据论证、研究分析，可大体梳理其发展的脉络：

原始舞蹈功能变异——从娱神走向娱人。在社会演进中，一方面向着自娱性、民俗性逐渐转化，在民众中自然传衍；另一方面则向着表演艺术升华，追求更高的审美效应。在中国漫长的封建社会中，祭祀乐舞、宫廷乐舞均以“娱君”为主要目的。这种变化在中国商代已初见端倪。《尚书·商书伊训》记有商纣“以酒为池悬肉为林，使男女倮，相逐其间作长夜饮”，描述了“女乐”（乐舞奴隶）取悦奴隶主的情景。

制礼作乐寓教于舞——先秦舞蹈功能的转化：古代所谓“乐”是一种综合形式，舞蹈是其重要组成部分。周代是奴隶制向封建社会的转化期，周王为巩固其统治而制礼作乐，组成了规模宏大的宫廷乐舞机构，西周初年制定的雅乐体系，可谓我国乐舞文化发展的里程碑。其中最著名的有“六大舞”（亦称“六代舞”）：《云门》、《大咸》、《大韶》、《大夏》、《大濩》、《大武》。依次歌颂黄帝、尧、舜、夏、汤、周王的功德，前五个是传承下来的，《大武》则是为庆祝武王伐纣胜利而创编的，反映出“功成作乐，舞以象功”的宏伟气魄，可谓我国最早的庆典型“音乐舞蹈史诗”。还有“六小舞”：《帗舞》、《羽舞》、《皇舞》、《旄舞》、《干舞》、《人舞》。较多继承了古祭祀乐舞的套路，变祭天地诸神为祭先帝，形式也由浪漫色彩的民间歌舞演变为端庄典雅的宫廷乐舞。传说孔子在春秋末年曾见过《大韶》且比较欣赏；而对《武舞》则有“谓‘武’尽美矣，未尽善矣”的评论，反映了儒家对歌颂暴力的异议。而《左传》则记述了吴国公子季札对《大武》的赞扬：“美哉！周之盛也，其若此乎?”在没有传播、记录工具的古代，《大韶》、《大武》能流传百年乃至千年之久，足见其影响之久远。

四方交融雍容博大——汉唐盛世的舞蹈高峰：一个朝代的衰落，往往使宫廷乐舞走入低谷。但是，宫廷舞人流向民间以及社会动乱中的人口迁徙，客观上又促进了不同地域之间的文化交融和民间歌舞的活跃。汉魏、隋唐出现宫廷乐舞发展的两个高峰，固然与其国力强盛、经济繁荣紧密相关，民间舞蹈的发展为其注入了鲜新血脉也是十分重要的因素。

处于封建社会上升期的西汉，宫廷乐舞与各地区的民间歌舞蓬蓬勃勃。所设官署乐府机构除正乐之外另设散乐末部，负责采集散见于民间的歌舞（称俗乐），并从全国选拔技艺超群的艺人进宫表演，承担着继承、保存、提高传统舞蹈的任务。汉《乐府》可谓继《诗经》、《楚辞》之后，集诗、乐、舞之大成；由“角抵”演变而成的“百戏”综合了音乐、舞蹈、杂技、武术等多种门类之精华，也是汉代舞蹈艺术高度发展的体现。傅仪所作《舞赋》以“若俯若仰，若来若往……若翔若行，若竦若倾”对狂放、豪迈、气势恢宏的汉代舞风，作了传神的描绘。随着西汉政权的崩溃，使兴盛百余年的乐府被黜，但南北战乱却促进了南北文化的交融，孕育着盛唐乐舞的高峰。

唐代舞蹈具有广阔的文化背景，其纵向：集中体现了历代乐舞之最高水平并有所创新，其舞风对后世具有重要影响；横向：与日本、高丽（朝鲜）、真腊（柬埔寨）、天竺（印度）、波斯（中东伊朗等国）、拂林（罗马）等国和边远地区的高昌（新疆吐鲁番）、吐番（西藏）、吐谷浑（青海一带）、南诏（云南）等少数民族频繁交流，融汇了中原和异域舞蹈的优势。王室设规模宏大的专业舞队，凭借宫廷优越条件汇集了丰富多彩的民间舞蹈予以提高、发展，涌现出众多优秀舞目和技艺高超的专业舞人。此高峰的出现，体现了文化大交融促进大发展的规律。其交融是多层次的：中与西，中原与边疆，民间与宫廷，宗教与世俗以及各艺术门类之间的相互影响与交融；大发展则体现了强大的主体性和高超的技艺性，发扬了中华舞蹈文化之精华，对其他国家亦有所影响。有关唐代舞蹈的图文记载、壁画、雕塑、出土文物等比较丰富，全唐诗中描述乐舞的达二百余首，其中可查证的舞目百余个，可见辉煌唐舞之一斑。

流向民间异峰突起——宋以后之舞风变异：与唐代相比，宋代宫廷乐舞的规模和水平不可同日而语，但民间歌舞却异军突起，非常活跃。颇有代表性的《队舞》，继承了唐代表演性舞蹈的基因，流传到民间与宗教、祭祀、农闲娱乐相结合，成为民俗、民风的组成部分而不断传衍。随着商业经济的发展和市民阶层的壮大，城镇出现了“勾栏”、“瓦子”，为民间艺术剧场化、民间艺人职业化创造了条件，也促进了民间舞蹈向表演艺术的演进。

元代杂剧的崛起，使舞蹈有些相形见绌，但仍有《十六天魔舞》等颇负盛名。明代的宫廷礼乐、宴舞主要行仪仗、排场之功能，属“四夷乐”的兄弟民族舞蹈和百戏、歌舞亦时有进宫表演。清代的宫廷乐舞具有浓郁的满族风格，他们的《队舞》既留有祖先狩猎的遗迹，又以弯躬骑射的雄姿颂扬清王朝之强盛和历史功德。

自宋代以后，舞蹈作为独立的表演艺术呈衰落趋势——融入综合了唱、念、作、舞（武）的戏曲艺术，成为其重要的构成因素。“戏曲舞蹈”继承了乐舞的优秀传统，融汇了民间舞蹈、杂技、武术之精华，经过历代杰出艺人的雕琢、创造，形成了相对完整的程式和独特的训练、表演体系，也是中国舞蹈十分珍贵的遗产。

与纵向梳理向对应，还可依功能缕析：

雅乐舞蹈：遵循着儒家思想，追求伦理观念与审美意向相统一的“尽善尽美”，形成了中国舞蹈重教化的传统。但当其从摈弃“纵情声色”走到“礼乐刑政，其极一也”的另一极端，便逐渐远离人间饮食男女和现实生活而失去生机。在长期的封建社会中，雅乐几经起落却始终占据“正统”地位。

伎乐舞蹈：它与雅乐构成古代乐舞的“双翼”。凡不属于雅乐体系而由专业舞人表演的观赏性舞蹈，如：秦汉的“角抵、百戏”、“杂舞散伎”；隋唐的九、十部伎，坐、立部伎，以及宋代的队舞等等，都可纳入“伎乐舞蹈”。它是舞蹈发展到一定高度的产物，往往体现出一个时代的舞艺水平、舞风特征。今天常见的长绸舞、水袖舞、刀、枪、棒、棍、盾牌舞等，均可从汉唐伎乐舞蹈中找到渊源。但由于表演此类舞蹈的伎工出身卑微、地位低下，它们只能是“非主流地位”的“主流舞蹈”。

宗教舞蹈：其渊源是原始祭祀舞蹈，在社会演进中逐渐衰微，却随着道教的出现、佛教的传入，融入道、佛的法事活动而有所发展。今天民间流行的“走会”、“花会”等庙会活动，即源于佛教的“行像”仪式——把佛像安置在装饰性的花车上，众人随其巡行瞻仰、膜拜，此间伴有舞蹈、杂戏的演出。事实上，佛教为了有利于传播，汲取了各个民族的舞蹈，如今藏族寺庙中的“羌姆”，蒙族寺庙中的“查玛”等，也都是佛教本土化传播的产物。自南北朝起，随着佛教由西向东的传播路线——沿丝绸之路的西端直至中原，在大量的石窟寺里留有精美的乐舞石雕与壁画。如：驰名中外的敦煌莫高窟、榆林窟；规模宏大的新疆古龟兹石窟群中的克孜尔石窟，以及中原的大同云岗、洛阳龙门……潴留着历代乐舞的形象引人注目，它们虽是宗教舞蹈的遗存，却反映了人间的美好愿望。

民俗舞蹈：原始祭祀在社会演进中融入人民的生活习俗，与生产劳作、岁时节令、婚丧礼仪、信仰膜拜……相伴，逐渐衍生为民俗舞蹈。它在人类成长历程中风雨相伴，数量繁多，形态多样，有着顽强的生命力。正史中记述的舞蹈大都以王朝统治者的取向为准，文人墨客的评述又偏于个人爱好，致使民俗舞蹈难登大雅之堂。

舞蹈的发展有其自身的规律性并非与“改朝换代”绝对对应。且文献记载中的舞史大都“以事述人”（舞），较少“以人传舞”，对专业舞人在舞史发展中的独特作用有所淹没。更因自奴隶社会继巫而起的“女乐”及至历代佼佼舞人，在长期的封建社会中地位卑微，千百年来留下芳名者寥若辰星。即使如：战国时期“体肢柔软似可收怀入袖”的旋娟、提嫫；春秋吴越“饰以罗縠、教以容步、习于土城”的西施；汉代善作“翘手折腰之舞”的戚夫人、“身轻若燕，可作掌上舞”的赵飞燕；以及唐代以《霓裳羽衣舞》著称的杨贵妃……受其君王宠爱而得以扬名，亦难逃悲剧命运。其红极一时的舞蹈也悄然然逝去！当我们从白居易的“飘然转旋回雪轻，嫣然纵送游龙惊……”想象着《霓裳羽衣舞》的精妙；从杜甫“耀如羿射九日落，矫如群帝骖龙翔，来如雷霆收震怒，罢如江海凝清光”领略公孙大娘把剑器的光、声、动、静，舞到“天地为之九低昂”的境界！感佩先人非凡才艺的同时，更深深遗憾其经典舞目之失传……凡此种种，不啻引发我们反思舞史研究的方法论变革。应关注“历时性”文献追溯与“共时性”活态田野考察的密切结合，相互印证；倡导“以人传舞”与“以事述人”的辩证性，已利于舞史的信度与鲜活性。

敦煌壁画乐舞

源远流长　活力四射——百年中国舞蹈独特的风景

20世纪初叶，中国舞蹈得以从戏曲中脱胎出来，从民间的土壤中滋生出来，重塑其独立品格，是时代进步之使然。五·四新文化运动的思潮起到了重要的孕育、催生作用，亦不可否认西方舞蹈在中国的传播与影响。“新舞蹈艺术”先驱们的卓越贡献，更具有举足轻重的作用。回眸世纪的舞步，中国舞蹈呈现出独特的风景。

得天独厚的民族舞蹈文化遗存

所谓宋以后中国舞蹈失传，是指“阳春白雪”型的舞蹈融入了戏曲，在某种意义上失去了专业门类的“独立性”。但与民俗相伴——植根于生活沃土的各民族舞蹈却葆有其顽强的生命力，在民众中自然传衍着。放眼山村边寨、黄河之滨、草原牧野、蓝色的海洋、红色的峡谷及至天山脚下、大漠深处、原始密林……随手“点击”，多姿多彩的各民族舞蹈，令人目不暇接……

古风遗存奇妙多姿：民族舞蹈的原始功能淡化、消失后，常以其原生动作形态在群众自娱中传衍着。如：生活在小兴安岭的鄂伦春族流传的“黑熊搏斗舞”，是其原始狩猎、图腾崇拜的产物。如今鄂伦春人民喜跳“黑熊舞”，寄予着对勇猛的崇尚和对生活的热爱。云南边陲景颇族有着一年一度跳“目脑纵歌”的习俗。届时全村盛装出动，男女老少在统一的律动中尽情欢舞。村寨“中心广场”树起的四根绘有崴叶纹的木牌柱，象征着祖先迁徙的艰难——为原始祭祀的遗存。其他如：苗族的“芦笙舞”、土家族的“摆手舞”、藏族的弦子、锅庄舞、维族的多郎舞……不胜枚举。更不可思议的是某些原始祭祀舞蹈仪式如：石克特立氏萨满跳神的《火炼金神》（流传于吉林省九台县胡家乡小韩村）；青海黄南自治州流传的土族的《于菟》等，得以相对完整地保存，弥足珍贵！

隆隆鼓声动人心魄：似“击石拊石”之延续，舞蹈从远古走来总是伴随着鼓声。如：西藏山南昌果卓舞是一种独具特色的腰鼓舞。传说1200多年前，佛法僧三宝具全的西藏第一个寺庙——桑耶寺落成，不同流派的卓舞汇集于此擂鼓庆祝，自此名声大振，世代相传。它分天地两派：天派面向蓝天，鼓锤似凿，地派扣响大地，长辫如炬。动人心魄的鼓声，威武狂放的舞姿，似龙争虎斗！与其遥遥相对，生活在西双版纳腹地的基诺族是中国人数最少的民族之一，但基诺《大鼓舞》却源远流长，远近闻名。传说创世女阿嫫腰白造了一对兄妹，为躲避洪水而藏于一面大鼓中，日后这对破鼓而出的兄妹繁衍了世代基诺人。他们称大鼓“司土”——视为神器，每逢三月百花盛开时节，群众集会举行“特懋克节”，由主管村社的“七老”引领击鼓祭祖。如今已成为自娱性的广场舞蹈。其他如：朝鲜族的长鼓、维族的手鼓、傣族的象脚鼓、瓦族的木鼓；彝族、壮族的铜鼓、苗族的花鼓、汉族有：陕西安塞腰鼓、山西威风锣鼓、河南盘鼓、小巧秀丽的江南花香鼓、体积等身的西北太平鼓……每一种鼓具都联系着一个古老的故事，蕴涵着特定地域的文化特色，更体现出各民族非凡的创造力。

舞具繁多智趣横生：各色舞具体现出中国舞蹈相异于西方民间舞的突出特色。手绢、扇子、长绸、碟、碗、筷子、灯、伞、高跷、旱船、小车、花轿、竹马、烟盒、笠帽、竹竿、鱼龙、狮子以及各种面具……不一而足，几乎与生活相关的器具都可以拿来舞蹈。制作道具的材料，从彩纸、彩绸及至竹、木、象骨、金属……工艺含：表、糊、缝、札、雕刻……诸多道具通过对人体的延伸、制约、遮盖、假扮来凸显舞蹈形象。如：少女手中的扇子、手绢，左右翻飞、开、合、推、拉、抖、拧、抛、接，有如花丛中飞舞的蝴蝶。夜空下手执彩灯的舞队，以流水般的步伐走出各种图形，灯影闪烁、花样层出，有如天上的星星在人间“捉迷藏”。至于那雄浑的狮舞，通过翻、腾、跌、滚、抖毛、瘙痒……尽显兽王的威武与灵秀，是通过同披一张狮皮的两人精妙配合来实现。这种隐匿人体，强调群体配合的舞蹈莫过于龙舞。重庆铜梁的大蠕龙、汕尾的滚地金龙、浦江的板凳龙、长兴的百叶龙……舞龙并非汉族的“专利”，贵阳市郊永乐布衣族聚居的罗吏木村，全寨的男女老少喜舞青龙。超级龙头净高 1.6 米，龙长达 55 米，由祖传工艺师精工制作，碧眼金鳞。27 个人共舞一龙，翻江倒海、九曲回旋、气势逼人！遍布华夏大地形式多样的龙舞，显示了龙的子孙的群体意识和腾飞精神，

神州大地秧歌知多少：秧歌堪称中国舞蹈最有代表性的舞种。不仅为人数最多的汉族所拥有，辽宁抚顺地区流传着满族秧歌；内蒙古赤峰地区流传着蒙古族秧歌《雅布楞好布木吉》。广义的秧歌应包括汉族地区春节、灯节期间“舞队”中狮子、龙灯、小车、旱船、高跷等各种形式的统称。人们常以秧歌的播布地域予以分类，并根据直观印象有所谓：辽宁秧歌“浪”、河北秧歌“哏”、山东秧歌“拧”、陕北秧歌“溜”等说法。仔细考察，仅山西省分别以“地区”、“舞具”“动作风格”、“特定角色”等定名的秧歌，五花八门不下几十种。

秧歌一词最早见于南宋陆游的诗：“时雨及芒种，四野皆插秧，家家麦饭羹，处处秧歌长”。明、清有关秧歌的记载则更多，其中对具体场景的描绘与今日秧歌队中常见的传统角色（丑婆、花公子、美少女等）十分类似。时至今日，各种秧歌的功能依然属于“种田人”的歌舞，有“南灯北歌”之说。如：流行于安徽的“花鼓灯”其功能、源流、形态应归入秧歌。至于流行于科尔沁草原的“安代舞”脱胎于萨满，活跃于田间地头，其功能、活动方式很接近秧歌；乌兰召一代“呼图克沁”的表演套路、行当与汉族秧歌也比较接近……全国各地秧歌之多难计其详。

中国农耕社会及一些少数民族原始社会形态的相对漫长，是民族舞蹈遗存丰庶的重要原因，与各地区特定的生态因素及不同舞种自身的“生态幅”（指其对环境的适应力及群众的选择作用），更有着密切关系。那看似“简单”的动作符号，蕴涵着民族特有的意绪、审美取向，成为其生活和表达感情的一种固有方式；有些则技艺精妙有极高的观赏性。它们往往在社会现代化变革中超越时代延续着。不仅为人类学、民族学、

社会学等人文科学研究提供了弥足珍贵的“活态标本”；也触发着当代艺术家的无限遐想。（有关舞蹈文化遗产的危机与保护问题当另作讨论）

毛泽东的《在延安文艺座谈会上的讲话》第一次郑重地提出了人民大众在文艺发展中的历史作用，科学地论证了“文野”、“粗细”、“普及与提高”之间的辩证关系。使创造、拥有、传衍舞蹈的广大民众获得空前的地位。延安“新秧歌”运动更引发了中国民族舞蹈之勃兴，开启中国舞蹈发展的新篇章。20世纪初叶先后登上中国舞坛的先驱们，在中国舞蹈新篇章中留下光辉的身影。

以“一腔热血与一颗丹心书写舞蹈人生”的吴晓邦（1906—1995）是中国新舞蹈艺术的开拓者、播火人。他早年留学日本，看了揭露社会罪恶的现代舞《群鬼》而改变志向——献身舞蹈，与鲁迅的“弃医从文”怀有同样的民族忧患意识和理想主义的思想光芒。他提出的“新舞蹈艺术”理念及“为人生的舞蹈”的艺术主张，倾其一生身体力行。在抗日烽火中创作表演《义勇军进行曲》、《游击队员之歌》以及怒问苍天的呐喊《饥火》，皆为经典之作。他在延安接受了革命洗礼，新中国建立后领军舞坛，并为舞蹈学高端教育奠基。

沟通中西文化使者——戴爱莲（1916—2005）出生于特立尼达，在英国接受系统的舞蹈教育，抗日战争爆发后毅然回国，先后在香港、重庆义演——投身救亡运动。建国后，她是第一任中央戏剧学院舞蹈团团长、北京舞蹈学院院长、中央芭蕾舞团团长……被国际舞坛称为“中国舞蹈第一夫人”，以其特殊的国际影响力，推动中国芭蕾跨越式发展和中西舞蹈文化交流。她说：“芭蕾是我的工作，中国民族舞蹈才是我的热爱”！她以极大的热忱学习中国传统文化，深入民间采风——从上世纪40年代直至其80岁高龄，终生乐此不疲。她早年创作表演的《瑶人鼓舞》、《哑子背疯》、抗日时期风靡大后方的《边疆舞》及建国后创作的传世经典《荷花舞》、《飞天》无一不是深入继承民族传统基础上的创新，凸显东方审美特质。

展翅翱翔的草原之子贾作光（1913—）提起他的名字，人们便想到奔腾的骏马和凌空的鸿雁，这不仅是其创作、表演的舞蹈形象，更是其跃动着的舞魂。他出身于沈阳郊区农民之家，15 岁考入“满洲映画协会”开始习舞。1945 年受吴晓邦的引领到内蒙古解放区参加革命。发生旷世之变的草原赋予他生活的激情，雄浑质朴的蒙族文化滋育着他的艺术性灵。他自称“呼德沁夫”（草原之子），长期深入牧区悉心采集民众中流传的舞蹈，予以提炼、升华，创作出大量精美的舞台艺术作品，为草原人民所喜闻乐见。其中《牧马》、《鄂尔多斯舞》、《海浪》等为传世经典。他是满族，却被内蒙人民称为“玛奈（我们的）贾作光”，是公认的“蒙族艺术舞蹈的奠基人”。

新疆第一舞人——康巴尔汉，早年留学苏联，回到故土以其专业技能将散见于“歌舞海洋”——新疆各民族自然传衍的舞蹈升华为高超的舞台艺术。其舞风端庄而妩媚，被誉为“新疆梅兰芳”，建国后以极大的热忱致力于少数民族舞蹈教育……此外，还有在南海之滨点燃新舞蹈艺术之火的梁伦等等。

几位大师的出身、民族、人生经历各异，却怀有共同的爱国主义情怀——把自己的艺术与祖国的命运紧紧相连。她（他）们接受的都是西方芭蕾、现代舞教育，却不囿于老师的窠臼，追求“中国风格、中国气派”，并以独树一帜的舞风各领风骚。新中国成立后，他（她）们自觉执行党的文艺方针，并以极大的热忱献身舞蹈教育，使相比于美术、音乐教育，起步较晚的舞蹈教育起点较高，大师们崇高的艺术信念和卓越成就，是百年舞蹈里程中的一座丰碑。

正是基于上述的各种因素，中华人民共和国成立后的一系列文化政策：抢救遗产、深入生活，百花齐放、推陈出新、古为今用、洋为中用等等，得以在舞蹈领域迅速开花结果。虽然在发展历程中，不乏曲折与落差，但是具有社会主义文化属性的中国舞蹈逐渐形成自己的特色，自立于世界民族之林。

风景独特的“民族民间舞蹈”

中国特色的“民族民间舞蹈”是一个内涵宏大——包含着多层次的概念。西方学者较少将“民族、民间”舞相提并论。他们的“民族舞”

(ETHNICDANCE) 是人类学概念，意指为不同种群、部族所拥有的舞种；而“民间舞”（FOLKDANCE）则泛指与民俗相伴的群众自娱性舞蹈。基本上都被视为“下里巴人”——与舞台艺术不相干。至于牛津大词典称“民族舞” “N ATIO N AL DAN CE”，窃以为是宽泛的“民族”——具有国家意味的概念。如：波兰舞、西班牙舞、日本舞等等。中国是多民族大国，与“NATIONNALDANCE”相对应的应是“多元一体格局”（费孝通语）中华民族舞蹈的整体概念。

当代中国的“民族民间舞蹈”包含：各个民族在民间流传着的“原生形态”舞蹈；以及艺术家根据不同民族舞蹈的风格特征，提炼加工、创作的舞台艺术品。对原生形态的民族舞蹈，我们强调“源头性——辨其本真的优质基因、整体性——含其生态环境的保护；作为舞台艺术品，则倡导在艺术家的个性化创造中体现民族特色与时代精神的结合。总之，中国民族民间舞蹈，是在其生成环境、文化渊源、时代背景，政令倡导等诸多因素影响下形成的独特文化现象。

由于拥有丰富的资源和先进文化理念的引领，以及大师们身传言教的示范作用，自新中国成立以来时至今日，舞台精品中涌现的民族舞蹈层出不穷！几乎各个民族都有其代表性作品，为群众所喜闻乐见并在国际文化交流中具有“国家形象”的象征意义。不同时期的作品，具有不同时代的审美特征。与50年代崇尚自然、和谐之美，贴近生活本色的民族舞创作风格相比，改革开放以来，新生代的舞蹈编导，在寻求突破中张显主体意识，其作品更具专业技艺性和视觉冲击力，民族舞蹈创作的题材、体裁、形态样式呈多元化发展态势。不过，举凡具有长久、广泛影响力的优秀作品，都须凸显民族文化品格，具有社会主义的时代气息并独具艺术匠心。

前苏联和东欧各国提炼民族舞蹈的实践经验曾给予我们重要的启迪；亚非拉、阿拉伯诸国也有不少民族舞蹈佳作。但民族舞蹈创作长盛不衰，并与以科学化传承为己任的民族舞教学和民族舞蹈文化研究共同发展——形成主流，无疑是中国舞蹈独特的风景。

具有“复兴”“再造”意义的“当代中国古典舞”

我们在“中国古典舞”前冠以“当代”，有特定的含义——与其特殊的历史背景、发展轨迹相关。傅雷先生曾精辟地阐释过：“‘古典’作为一种价值观念，是在一定文化圈内或在世界规模内从古至今的历史中继续保持着恒久的生命力，‘古典’意义的最高境界是在其价值观念方面追求‘经典’意义，也就是追求历史地位上的独特性及现代意义上的魅力经久性。”（《傅雷谈音乐》）所以，“古典舞”不同于“古代舞”，它是“历史流传”通过“当代选择”体现其传统文化价值的舞种。

与世界各国的“古典舞”（C LASSIC LE DAN C E）相比较，我们当下所称谓的“中国古典舞”，既不同于“芭蕾”，自文艺复兴之后逐渐发展成熟，形成了具有严格规范和程式——含语言体系、训练方法的舞种，有国际统一（“世界规模内”）的认定标准；也不像我们的一些近邻，如：日本、韩国、泰国、印度尼西亚……各自保存着历史悠久、代代相传的经典舞目和固有的古典舞学体系、学派。至于“印度古典舞”，以婆罗多、卡塔克、卡塔卡利、曼尼普里、奥迪西、库吉普迪等为代表的六大学派，业已形成严格、精致的表演、训练体系。探究其发展过程，虽也出现某种“衰微”与“复兴”，如：婆罗多舞的提炼始于 16、17 世纪，英国统治初期也曾衰落，20 世纪初在其代表人物的推动下开始复苏（详见江东所著《印度舞蹈通史》），但又与中国艺术舞蹈自宋以后融入戏曲的“断档”相径庭。其“复现”过程，一招以式地严格依照古文献提供的图文资料，因此被世界公认为保存最完整的传统舞蹈文化体系。

新中国第一代专业舞人学习中国古典舞，没有现成的教材和舞目。大都是从学习舞蹈性比较强的京剧、昆曲的折子戏入门，老师从戏曲中提炼、整理舞蹈片段：起霸、趟马、水袖、剑、刀枪把子等当教材……所谓“当代中国古典舞”不啻是在教学所需的“逼迫”下，经过几代舞人的艰苦探索，实现了“脱胎”与“再造”。它继承了戏曲、武术等中华传统文化的精粹，提炼了东方神韵的审美特质，借鉴了西方舞蹈体系化构建的经验，融铸成这一舞种的“大概念”。它不限于一种体系（学派），除北京舞蹈学院以“身韵”为核心的中国古典舞教学体系占据主流；还有以复现汉唐舞蹈文化遗存为支撑点的“汉唐舞派”；以敦煌壁画中的舞姿形象为依据的“敦煌舞派”；以及新近从昆曲中提炼、生成的“昆舞流派”。尽管它们在深入开掘、继承传统文化精神和凸显东方神韵方面，有待进一步完善。但我们可以从各个流派的训练体系的相对完整；舞蹈语言的相对自恰；已经累积了以其语言体系为创作基础的优秀舞目等，来验证这个工程的卓有成效。也正是在流派纷呈的发展态势中，展示出“当代中国古典舞”独特的风景。

超时速蓬勃发展的芭蕾舞及其民族化的成功探索，方兴未艾的现代舞，表现出中国文化的包容性、消化力和内蕴的风骨，篇幅所限此文不赘。正是在对外来舞蹈文化的“汲取、融合”中，中国当代舞蹈创作，除拥有风格性的民族舞蹈语言、程式化古典舞语言为支柱，还得以运用“掺糅型”、“通用性”舞蹈语言，获得更、灵活、丰富的创作手段和更广阔的空间。

站在巨人肩膀之上的“天之骄子”——当代舞人，若时时领悟先人的恩泽、大师的风范，时代的沐浴……力避动辄自诩“独创”、“首创”的虚妄，把握“自信与自知之明”的辩证平衡，将葆有其长久的创造力，奉献无愧于伟大时代、具有经久魅力的舞蹈作品。

……信马由缰，舞蹈实难“话说”。忖度舞蹈、亲近舞蹈主要靠“观赏”与“参与”。当我们回味北京奥运会开、闭幕式演出中那壮观的舞蹈场景，国庆60周年国家领导人与群众手拉着手联欢共舞的情境……定会感悟舞蹈作用于人的生理、心理的冲击力更直接、更强烈！正如英国哲学家赫夫洛克·埃利斯所说：“如果我们漠视舞蹈艺术，我们不但对人的肉体生命的最高表现未能理解，而且对精神生命的最高象征也一样无知。”（转引自沃特·泰勒所著《美国舞蹈》）（来源：光明网/书摘）

“目脑纵歌”

西藏山南昌果卓舞

贾作光《牧马》

中国古典舞精品《踏歌》

陕北秧歌

图片编选得到罗雄岩、康玉岩、罗斌、许锐、李北达等人的帮助，特此致谢！

图书在版编目（CIP）数据

思想的享受 / 计亚男，殷燕召主编. -- 长沙 : 湖南科学技术出版社，2013.9

（光明讲坛书系之二）

ISBN 978-7-5357-7764-5

Ⅰ. ①思… Ⅱ. ①计… ②殷… Ⅲ. ①社会科学一文集 Ⅳ. ①C53

中国版本图书馆 CIP 数据核字(2013)第 173372 号

光明讲坛书系之二

思想的享受

主　　编：计亚男　殷燕召
责任编辑：林澧波　王　斌
出版发行：湖南科学技术出版社
社　　址：长沙市湘雅路 276 号
　　　　　http://www.hnstp.com
邮购联系：本社直销科　0731-84375808
印　　刷：长沙瑞和印务有限公司
　　　　　（印装质量问题请直接与本厂联系）
厂　　址：长沙市井湾路 4 号
邮　　编：410004
出版日期：2013 年 9 月第 1 版第 1 次
开　　本：880mm×1230mm　1/32
印　　张：8
字　　数：213000
书　　号：ISBN 978-7-5357-7764-5
定　　价：26.00 元